职业教育·道路运输类专业教材

Luji Shigong Jishu
路基施工技术

殷青英　主　编
韩丽丽　副主编
程永志　主　审

人民交通出版社股份有限公司
China Communications Press Co.,Ltd.

内 容 提 要

本书为职业教育·道路运输类专业教材。本书以培养学生路基施工职业能力为主线,以路基施工项目为导向,将路基施工工作任务分解为八个项目,主要包括路基工程认知、路基施工准备、一般路基施工、路基排水工程施工、路基防护与支挡工程施工、特殊路基施工、路基施工安全与环境保护、路基整修与质量验收。全书体系完整,内容先进,知识实用,图文并茂,通俗易懂。

本书可作为高职院校道路桥梁工程技术专业及相关专业的教学用书,也可作为从事公路施工、试验检测、工程监理工作的工程技术人员的参考教材和培训教材。

本书配有教学视频、动画、图片、题库、教案、课程标准等资源(读者可通过扫码免费观看和学习);教师可通过加入"职教路桥教学研讨群"(QQ:561416324)获取课件。

图书在版编目(CIP)数据

路基施工技术 / 殷青英主编. — 北京 : 人民交通
出版社股份有限公司, 2019.5 (2024.12重印)
新时期交通土建类高职高专规划教材
ISBN 978-7-114-15219-1

Ⅰ. ①路… Ⅱ. ①殷… Ⅲ. ①公路路基—工程施工—
高等职业教育—教材 Ⅳ. ①U416.104

中国版本图书馆 CIP 数据核字(2018)第 288897 号

职业教育·道路运输类专业教材

书 名:	路基施工技术
著 作 者:	殷青英
责任编辑:	任雪莲
责任校对:	刘 芹
责任印制:	刘高彤
出版发行:	人民交通出版社股份有限公司
地 址:	(100011)北京市朝阳区安定门外外馆斜街 3 号
网 址:	http://www.ccpcl.com.cn
销售电话:	(010)85285911
总 经 销:	人民交通出版社股份有限公司发行部
经 销:	各地新华书店
印 刷:	北京建宏印刷有限公司
开 本:	787×1092 1/16
印 张:	15
字 数:	366 千
版 次:	2019 年 5 月 第 1 版
印 次:	2024 年 12 月 第 8 次印刷
书 号:	ISBN 978-7-114-15219-1
定 价:	42.00 元

(有印刷、装订质量问题的图书由本公司负责调换)

前　言
————FOREWORD————

"路基施工技术"为高等职业教育道路桥梁工程技术专业(群)的专业核心课程,该课程内容对于学生职业能力培养具有重要作用。本教材为陕西省"道路桥梁工程技术一流专业"建设教材、陕西省道路养护与管理专业职业教育专业教学资源库及陕西交通职业技术学院道桥工程专业教学资源库配套教材。本教材前身为《路基路面工程》(2009年第1版,殷青英主编,高等教育出版社出版),为高等职业教育"十一五"国家级规划教材。

为贯彻落实国务院《国家职业教育改革实施方案》(职教20条)、《关于加快发展现代职业教育的决定》等文件有关"专业设置与产业需求对接、课程内容与职业标准对接、教学过程与生产过程对接""坚持校企合作、工学结合,强化教学、学习、实训相融合的教育教学活动"精神及具体要求。在本版教材编写中,既尊重高等职业教育人才培养的基本规律,教学设计充分考虑高职学生的特点,又充分汲取校企深度融合发展和教材团队承担的陕西省教育科学"十三五"规划课题、中华职教学会课题"《路基施工技术》项目化教学改革研究"最新成果。本教材保留了原《路基路面工程》教材中路基工程部分,删去了路面工程部分,对标路基施工员职业岗位能力,基于公路路基施工工作过程,采用公路交通行业最新标准规范,选取当前公路施工一线企业使用的主流设备、工艺和方法,引入丰富案例和数字化资源,修订完成的项目化、数字化教材,经广泛调研后更名为《路基施工技术》。

本教材充分体现了"以学生为中心""项目导向、任务驱动"的教学理念。全书以具体公路工程项目为载体,以路基施工项目为导向,按照人们对事物的认知规律和路基工程施工的客观规律,将路基施工工作分解为8个项目:路基工程认知、路基施工准备、一般路基施工、路基排水工程施工、路基防护与支挡工程施工、特殊路基施工、路基施工安全与环境保护、路基整修与质量验收。每个项目紧密贴合施工现场实际设定若干学习任务,让学生"学中做,做中学",在完成任务中获取专业知识,塑造职业能力。

本教材具有如下特色:

(1)与陕西省交通建设集团公司开展深度课程建设合作,对接公路路基施工员岗位职能,学习任务的设置反映了当前施工一线企业亟需的基本技能,引入大量最新工程案例及组织施工所需的文件。

(2)教材可供开展基于"智慧职教"平台的线上教学配套使用。师生扫描教材中的二维码,可免费观看陕西交通职业技术学院道桥工程专业教学资源库的教学视频、微课、动画等数字化资源,本教材另配有PPT课件、图片等。

（3）以"习近平总书记在高校思想政治工作会议上的重要讲话"为引领,挖掘了"两路精神""工匠精神"等与本课程密切相关的课程思政、"劳动教育"元素,充分融入教材,打造了"知行合一"、集教书和育人于一体的新型专业课教材。

本书由陕西交通职业技术学院殷青英任主编,陕西交通职业技术学院韩丽丽担任副主编,陕西交通职业技术学院李青芳、赵亚兰、张军艳、任圆圆参与了编写工作,中交二公局第三工程有限公司正高级工程师程永志对本书进行了认真细致的审稿。具体编写分工为:韩丽丽编写项目一、二;殷青英编写项目三、七;赵亚兰编写项目四;李青芳编写项目五;任圆圆编写项目六;张军艳编写项目八;陕西省交通建设集团公司为本书提供了宝贵的工程案例和素材;人民交通出版社有限公司为本教材数字化出版倾注了大量心血。陕西交通职业技术学院薛安顺、张鹏教授对本教材给予了大力支持。同时编者也参考了大量相关教材、专著和资料,在此对各位同行及作者一并表示感谢。

由于编者水平有限,书中的缺点及不当之处在所难免,敬请读者批评指正!

编　者

2018 年 12 月

本书配套资源说明

资源使用说明：

1. 扫描封面二维码（注意此码只可激活一次）；

2. 关注"交通教育"微信公众号；

3. 公众号弹出"购买成功"通知，点击"查看详情"，进入后即可查看资源；

4. 也可进入"交通教育"微信公众号，点击下方菜单"用户服务-开始学习"，选择已绑定的教材进行观看。

目 录
— CONTENTS —

项目一　路基工程认知

任务一　识读路基施工图

学习目标

(1) 明确路基的概念及对路基的基本要求。

(2) 能够区分路基的结构形式。

(3) 熟知路基几何要素的相关规定。

(4) 能够判断路基的干湿类型。

(5) 能看懂路基横断面图并复核工程量。

任务描述

(1) 教师准备公路施工图文件、公路路基设计规范、路基施工图片、多媒体资源等。

(2) 本任务通过路基设计图纸和路基施工图片,要求学生能够识读路基施工图,为路基施工放样和工程量计算打好基础。

相关知识

路基是按照路线位置和一定技术要求修筑的带状构造物,是公路的基本结构,是支撑路面结构的基础,承受由路面传递下来的行车荷载,同时承受气候变化及各种自然灾害的侵蚀和影响。为了保证路基的强度和稳定性,避免外界因素对路基造成危害,除了修筑路基主体外,还要修筑路基排水及防护设施等。

图 1-1 是某公路的路基横断面图,根据路线位置和地形情况,该图所示的路基类型为半填半挖。

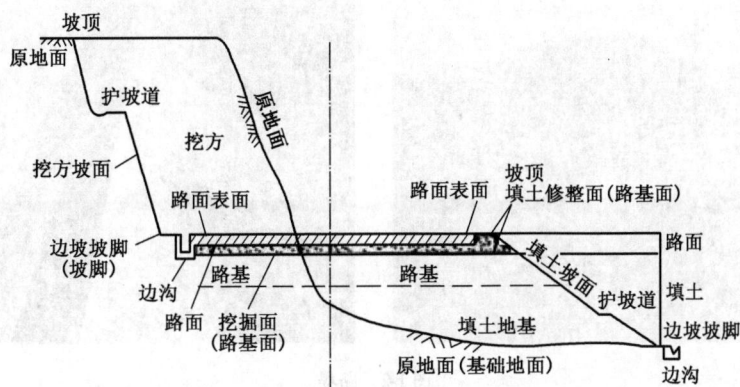

图 1-1　路基横断面图

一、路基的基本要求(视频1.1-1)

路基在天然地面上填筑或开挖而成,它的稳定性受地形、地质、水文和气候等的影响极大,如果设计和施工不当,会产生各种病害,导致路基路面遭受破坏,严重影响交通和行车安全,而修复时要耗费更多的人力和物力,故路基应满足以下三个方面的基本要求。

1.整体稳定性

路基的整体稳定性是指路基在车辆及自然因素的作用下,不致产生过大的变形和破坏的性能。路基修建后,原地面的天然平衡状态将会被改变。在工程地质不良地区,修建路基可能加剧原地面的不平衡状态,从而导致路基发生种种破坏。因此,为了防止路基在车辆及自然因素的作用下发生较大的变形和破坏,必须因地制宜地采取一定措施来保证路基整体结构的稳定性。

2.结构承载力

路基应具有足够的强度和刚度。行车荷载及路基路面的自重同时对路基下层及地基形成一定的压力,这些压力可使路基产生一定的变形,直接影响路面结构的使用性能。因此,为保证路基在外力及自重作用下不致产生过大的变形,要求路基具有足够的结构承载力。

3.水温稳定性

路基的水温稳定性是指路基在水和温度的作用下保持其强度的能力,包括水稳定性和温度稳定性。路基在地面水和地下水的作用下,其强度会显著降低,特别是季节性冰冻地区,水温状况发生变化,路基将会发生周期性冻融,导致冻胀和翻浆,使其强度急剧下降。因此,路基不仅要有足够的强度和刚度,而且要在最不利的水温状况下,保证其结构承载力不致显著降低,这就要求路基具有足够的水温稳定性。

二、路基的结构形式(视频1.1-2)

按路基填挖情况,路基的结构形式有路堤、路堑、半填半挖路基、零填零挖路基。

1.路堤

路堤是指高于原地面的填方路基,如图1-2所示。

图1-2　路堤

路床和路堤的划分,见表1-1。

路 基 部 位		路床顶面以下深度(m)
上路床		0～0.3
下路床	轻、中及重交通荷载等级	0.3～0.8
	特重、极重交通荷载等级	0.3～1.2
上路堤	轻、中及重交通荷载等级	0.8～1.5
	特重、极重交通荷载等级	1.2～1.9
下路堤	轻、中及重交通荷载等级	>1.5
	特重、极重交通荷载等级	>1.9

路堤按其填土高度的不同可划分为：填土高度小于 1.5m 的属于矮路堤；填土高度在 1.5～20m 范围内的为一般路堤；填土高度大于 20m 的属于高路堤。

路堤按其所处的条件和加固类型的不同，还可分为浸水路堤、护脚路堤及挖渠填筑路堤等。

常见的路堤横断面形式，如图 1-3 所示。

矮路堤常在平坦地区取土困难时选用。平坦地区地势低，水文条件较差，易受地表水和地下水的影响，设计时应注意满足最小填土高度的要求，力求不低于规定的临界高度，使路基处于干燥或中湿状态。路基两侧均应设边沟，如图 1-3a) 所示。

路堤填方不大(h=2～3m)时，填方数量较少，全部或部分填方可以在路基两侧设置取土坑，使之与排水沟渠结合。为保护路堤坡脚不受流水侵害，保证边坡稳定，可在坡脚与沟渠之间预留 1～2m 甚至大于 4m 宽度的护坡道，如图 1-3e) 所示。地面横坡较陡时，为防止路堤沿山坡向下滑动，应将天然地面挖成台阶，或设置石砌护脚，如图 1-3c) 所示。

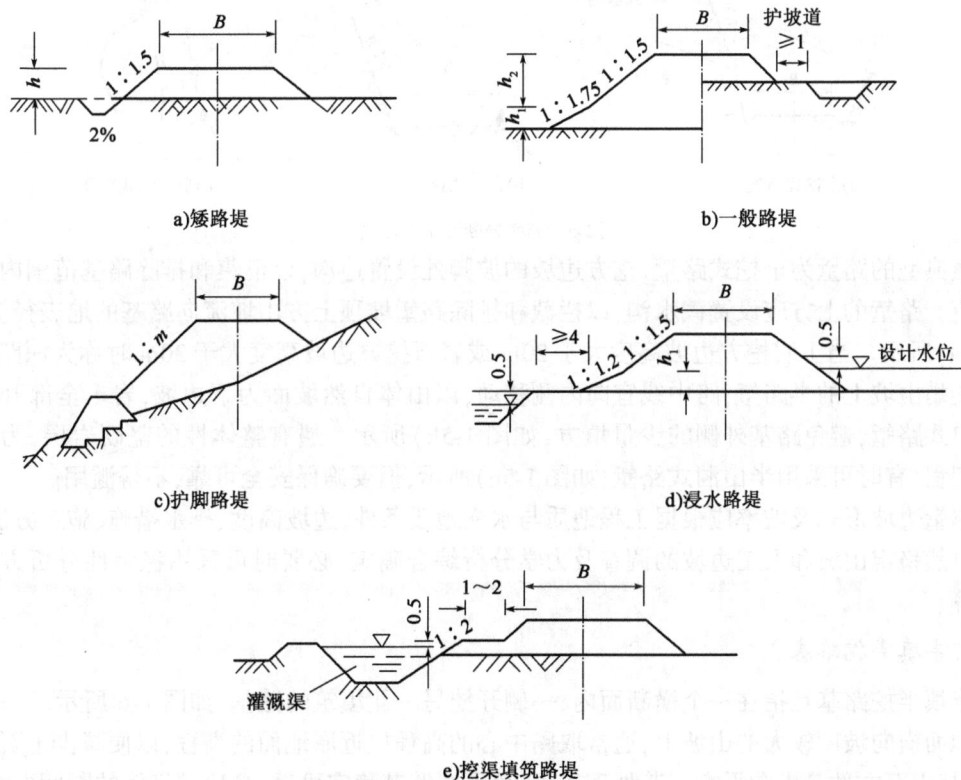

a)矮路堤

b)一般路堤

c)护脚路堤

d)浸水路堤

e)挖渠填筑路堤

图 1-3　路堤横断面基本形式(尺寸单位:m)

高路堤的填方数量大,占地多,为使路基稳定和横断面经济合理,须进行个别设计。高路堤边坡可采用上陡下缓的折线形式或台阶形式,亦可在边坡中部设置护坡道。

2. 路堑

路堑是指低于原地面的挖方路基,如图1-4所示。常见的路堑横断面形式,如图1-5所示。路堑开挖后破坏了原地层的天然平衡状态,其稳定性主要取决于地质与水文条件,以及边坡深度和边坡坡度。

图1-4 路堑

a)全挖式路堑   b)台口式路堑   c)半山洞式路堑

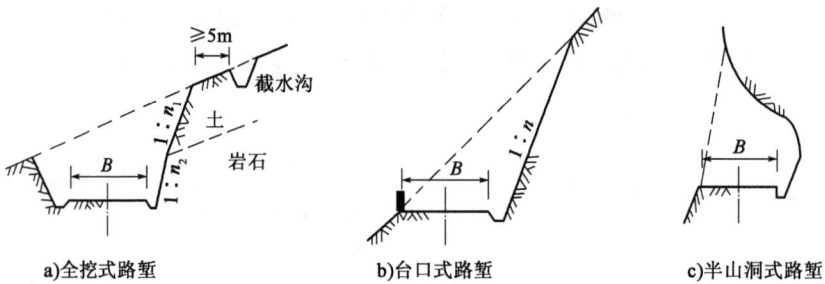

图1-5 路堑横断面基本形式

最典型的路堑为全挖式路堑,挖方边坡的坡脚处设置边沟,以汇集和排除路基范围内的地表径流。路堑的上方应设置截水沟,以拦截和排除路堑坡顶上方山坡流向路基的地表径流,如图1-5a)所示。当土质挖方边坡高度大于20m或岩石挖方边坡高度大于30m时称为深路堑。

陡峭山坡上的半路堑,路中线宜向内侧移动,以山体自然坡面为下边坡,岩土全部开挖形成台口式路堑,避免路基外侧的少量填方,如图1-5b)所示。遇有整体性的坚硬岩层,为减少石方工程,有时可采用半山洞式路堑,如图1-5c)所示,但要确保安全可靠,不得滥用。

路堑边坡形式及坡率应根据工程地质与水文地质条件、边坡高度、排水措施、施工方法,并结合自然稳定山坡和人工边坡的调查及力学分析综合确定,必要时可采用稳定性分析方法予以验算。

3. 半填半挖路基

半填半挖路基是指在一个横断面内,一侧开挖另一侧填筑的路基,如图1-6所示。一般位于原地面横向坡度较大的山坡上,通常取路中心的高程接近原地面的高程,以便减少土石方数量,保持土石方数量横向平衡。若处理得当,该形式路基稳定可靠,是比较经济的断面形式,如图1-7a)、b)所示。

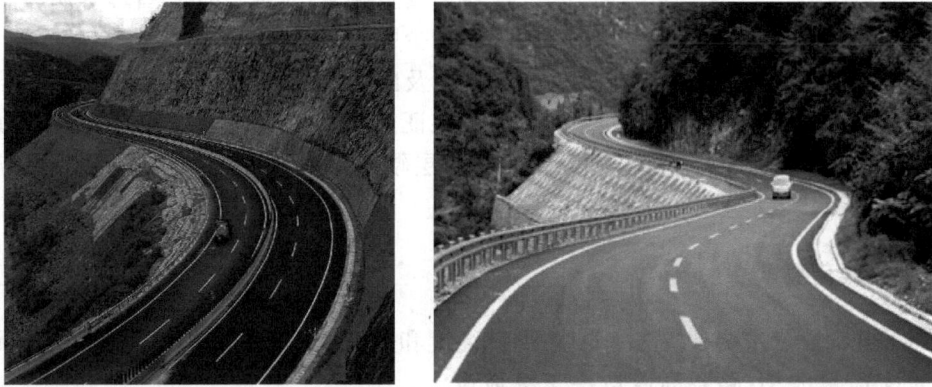

图 1-6　半填半挖路基

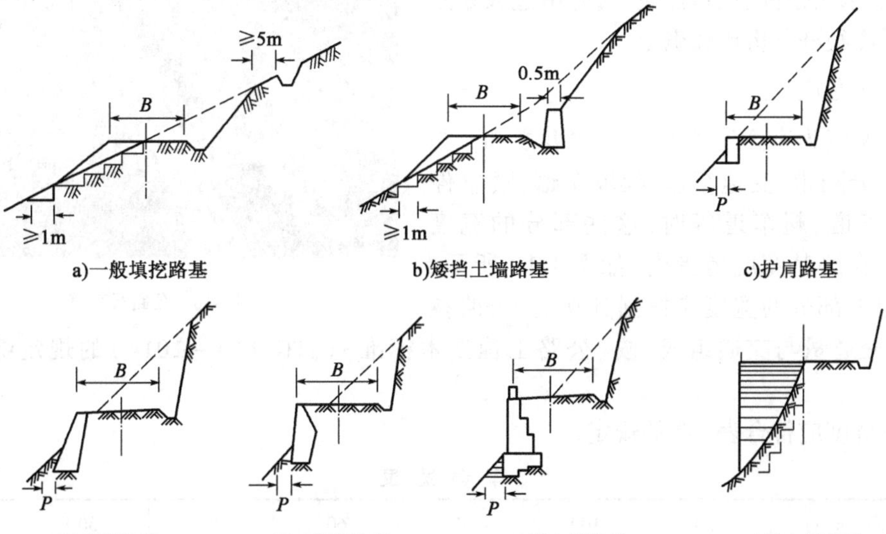
≥5m
B
≥1m
a)一般填挖路基
0.5m
B
≥1m
b)矮挡土墙路基
B
P
c)护肩路基
B
P
d)砌石护坡路基
B
P
e)砌石护墙路基
B
P
f)挡土墙路基
g)半山桥路基

图 1-7　半填半挖路基横断面的基本形式

半填半挖路基兼有路堤和路堑两者的特点，对路堤和路堑的要求均应满足。填方部分的局部路段，如遇原地面的短缺口，可采用砌石护肩。如果填方数量较大，也可就近利用废石方砌筑护坡或护墙，石砌护坡和护墙相当于简易式挡土墙，承受一定的侧向土压力。有时填方部分需要设置路肩（或路堤）式挡土墙，以确保路基稳定，进一步压缩用地宽度，如图 1-7c）~f）所示。如果山坡高陡或稳定性差，而纵向又有基岩时，可采用桥梁或悬出路台建成半山桥路基，如图 1-7g）所示。

4. 零填零挖路基

当地面平坦且路线设计高程与地面高程相等时，路基几乎没有填挖，形成不填不挖路基，称为零填零挖路基，如图 1-8、图 1-9 所示。

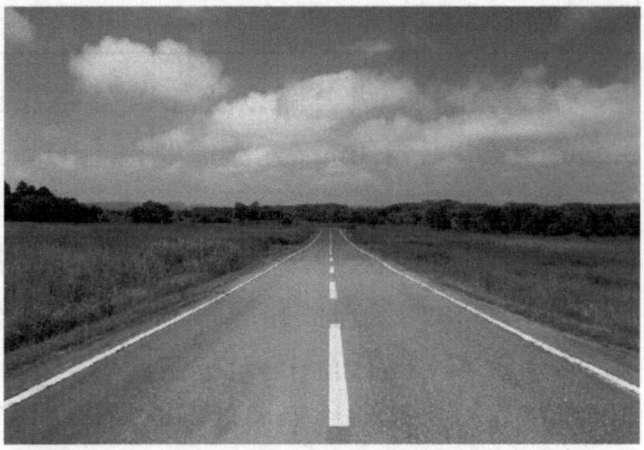

图 1-8　零填零挖路基

零填零挖路基虽然节省土石方，但对排水非常不利，且原状土的密实度往往不能满足要求，

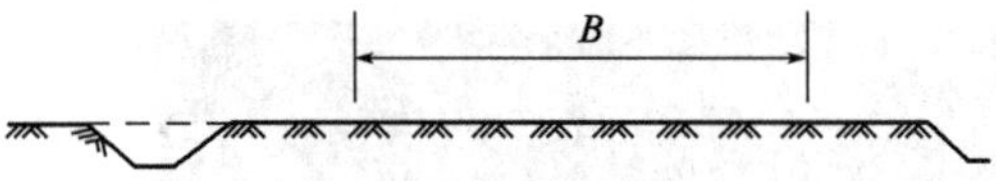

图1-9 零填零挖路基示意图

容易发生翻浆、水淹、沉陷、雪埋等病害。因此，尽量少用或不用该类路基，在干旱的平原和丘陵区以及山岭区的山脊线可考虑采用该类路基。为保证路基的稳定性，需检查路槽底面以下30cm范围的密实度，必要时应翻松原状土重新分层碾压或换填土层。同时，路基两侧应设置边沟，以利于排水。

三、路基几何要素

路基的几何要素主要是指路基宽度、路基高度和边坡坡度。路基宽度取决于公路设计通行能力及交通量大小；路基高度取决于纵坡设计、地形、地质及水文等条件；路基边坡坡度则取决于地质、水文条件、填料性质等，并由边坡稳定性和横断面经济分析比较确定。

图1-10 公路行车道

1.路基宽度

路基宽度为车道宽度与路肩宽度之和。当设有中央分隔带、变速车道、爬坡车道、紧急停车带、错车道、超车道等时，这些部分的宽度均应包括在路基宽度范围内，如图1-10所示。路基各组成部分的宽度应根据其功能、公路技术等级、交通量与交通组成，按《公路工程技术标准》（JTG B01—2014）的规定综合考虑确定。

车道宽度应符合表1-2的规定。

车道宽度 表1-2

设计速度（km/h）	120	100	80	60	40	30	20
车道宽度（m）	3.75	3.75	3.75	3.50	3.50	3.25	3.00

各级公路的车道数应符合表1-3的规定。

各级公路的车道数 表1-3

公路等级	高速公路、一级公路	二级公路	三级公路	四级公路
车道数（条）	≥4	2	2	2（1）

高速公路、一级公路以及二级公路在连续上坡路段设置爬坡车道时，其宽度不应小于3.5m，且不大于4.0m。六车道及以上的高速公路、一级公路可不设爬坡车道。

加（减）速车道一般设置在高速公路、一级公路的互通式立体交叉、服务区、停车区、客运汽车停靠站、管理及养护设施、观景台等与主线衔接处，其宽度为3.5m。

中间带由两条左侧路缘带和中央分隔带组成。中间带的宽度根据行车道以外的侧向余宽，防止驶入对向行车带护栏、防眩网、交叉公路的桥墩等所需的设置带宽度而定。最小中间带宽度随公路等级、地形条件在2.50~4.50m之间变化，特殊情况下可减至2.00m。

左侧路缘带的宽度不应小于表1-4的规定。

设计速度(km/h)	120	100	80	60
左侧路缘带宽度(m)	0.75	0.75	0.50	0.50

各级公路右侧路肩宽度应符合规范的规定。

公路路基横断面形式应根据公路功能、技术等级、交通量和地形等条件确定。各级公路路基标准断面形式如图1-11～图1-15所示。

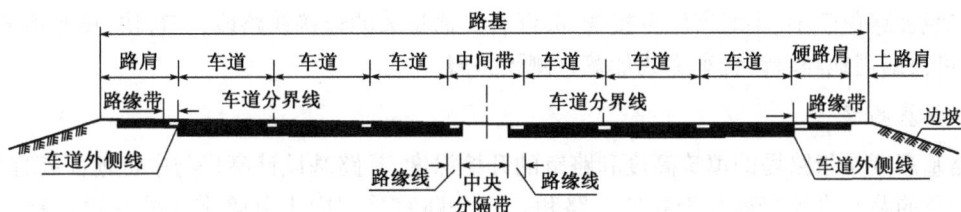

图1-11　高速公路、一级公路整体式断面形式

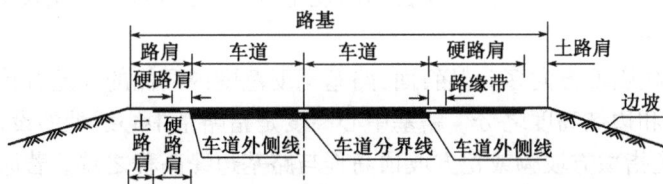

图1-12　高速公路、一级公路一般分离式断面形式(右幅断面)

图1-13　高速公路分离复合式断面形式(左幅断面)

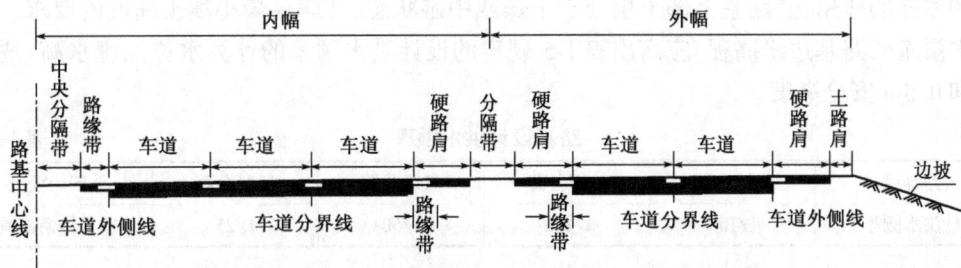

图1-14　高速公路整体复合式断面形式(右幅断面)

高速公路、一级公路的路基标准横断面分为整体式和分离式两类。整体式断面包括车道、中间带(中央分隔带及左侧路缘带)、路肩(右侧硬路肩及土路肩)以及紧急停车带、爬坡车道、加(减)速车道等部分;分离式断面包括车道、路肩(右侧硬路肩及土路肩)以及紧急停车带、爬坡车道、加(减)速车道等部分。双向10车道及以上车道数的高速公路可采用复合式断面形式。

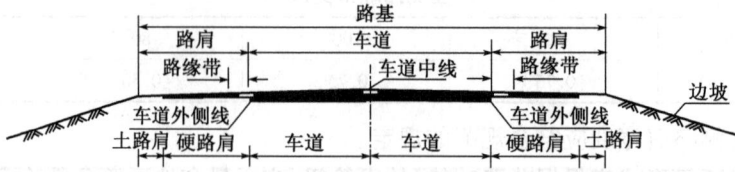

图 1-15 二、三、四级公路一般路基断面形式

二、三、四级公路应采用整体式路基断面形式,路基标准横断面包括车道、路肩以及错车道等。二级公路位于中、小城市城乡接合部、混合交通量大的连接线路段,实行快、慢车道分开行驶时,可根据当地经验设置车道或加宽右侧硬路肩。

2.路基高度

路基高度是指路堤的填筑高度和路堑的开挖深度,是路基设计高程与中桩地面高程之差。新建公路的路基设计高程对于高速公路和一级公路宜采用中央分隔带的外侧边缘高程;二、三、四级公路宜采用路基边缘高程,设置超高、加宽路段时为设置超高、加宽前该处路基边缘高程。改建公路的路基设计高程宜按新建公路的规定执行,也可视具体情况采用中央分隔带中线或行车道中线高程。

由于原地面沿横断面方向多为倾斜面,路基宽度范围内两侧的高差有较大差别。因此,路基高度有中心高度和边坡高度之分。路基中心高度是指路基中心线处的设计高程与原地面高程之差;边坡高度是指填方坡脚或挖方坡顶高程与路基边缘高程之差。若原地面平坦,则路基两侧边坡的高度相等,若地面横坡度较大,则两者不等,如图 1-16 所示。

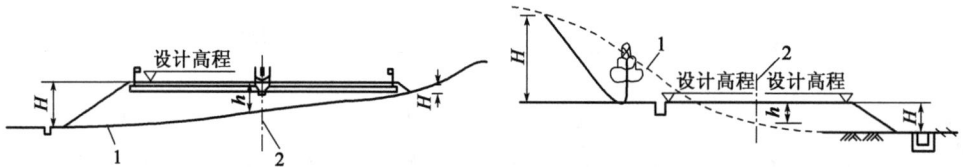

图 1-16 路基高度
1-地面线;2-路基中心线;H-边坡高度;h-中心高度

路基高度的确定,是在路线纵断面设计时,综合考虑路线纵坡要求、路基稳定性和工程经济等因素后确定的。路基高度应使路肩边缘高出路基两侧地面积水高度,同时考虑地下水、毛细水和冰冻的作用,使路基上部土层处于干燥或中湿状态,并满足最小填土高度的要求。沿河及受水浸淹的路基边缘高程,应高出表 1-5 规定的设计洪水频率的计算水位加壅水高、波浪侵袭高和 0.5m 安全高度。

路基设计洪水频率　　　　　　　　　　　　　　　　　　　　表 1-5

公路等级	高速公路	一级公路	二级公路	三级公路	四级公路
设计洪水频率	1/100	1/100	1/50	1/25	按具体情况确定

从路基的强度和稳定性要求出发,在满足上述条件的情况下,尽量满足"浅挖、低填、缓边坡"的要求。对于高路堤和深路堑,由于土石方数量大,占地多,施工困难,边坡稳定性差,对行车不利,因此应尽量避免使用。对低路堤和浸水路堤,还要考虑排水和设计洪水频率要求。

3.路基边坡坡度

路基边坡是指路肩的外缘与坡脚(路堑则为边沟外侧沟底与坡顶)所构成的坡面,是支撑路基主体的重要组成部分。边坡形状可分为直线形、折线形和台阶形三种,可根据边坡高度、地质条件、水文条件等合理选择。公路路基边坡的坡度可用边坡高度 H 与边坡宽度 b 的比值表示,并取 $H=1$,通常用 $1:m$ 的形式表示其比率,称为边坡坡率。如图 1-17 所示,路堑边坡坡度为 $1:1$,路堤边坡坡度为 $1:1.5$。

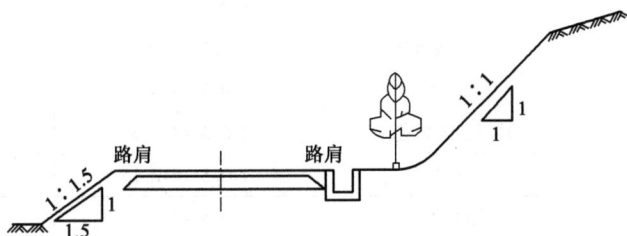

图 1-17　路基边坡坡度

《公路路基设计规范》(JTG D30—2015)对路堤和路堑边坡坡度作了明确规定。

路基边坡坡度的确定,主要取决于边坡的土质、岩石的性质及水文地质条件等自然因素和边坡的高度。在陡坡或填挖较大的路段,边坡稳定不仅影响土石方工程量的大小,也涉及工程施工的难易程度,而且是路基整体稳定性的关键。一般路基的边坡坡度可根据多年工程实践经验和设计规范中推荐的数值确定。

1)路堤边坡

路堤边坡的形式和坡率应根据填料的物理力学性质、边坡高度和工程地质条件确定。当地质条件良好、边坡高度不大于 20m 时,其边坡坡率不宜陡于表 1-6 规定值。对边坡高度大于 20m 的路堤,边坡形式宜采用阶梯形,边坡坡率由稳定性分析计算确定。浸水路堤在设计水位以下的边坡坡率不宜陡于 $1:1.75$。

路 堤 边 坡 坡 率　　　　　　　　　　表 1-6

填 料 种 类	边 坡 坡 率	
	上部高度($H\leqslant8m$)	下部高度($H\leqslant12m$)
细粒土	1:1.5	1:1.75
粗粒土	1:1.5	1:1.75
巨粒土	1:1.3	1:1.5

2)路堑边坡

路堑边坡形式及坡率应根据工程地质与水文地质条件、边坡高度、排水防护措施、施工方法等,并结合自然稳定边坡、人工边坡的调查综合确定。

土质路堑边坡高度不大于 20m 时,边坡坡率不宜陡于表 1-7 的规定值。岩质路堑边坡高度不大于 30m 时,边坡坡率不宜陡于表 1-8 的规定值。土质路堑边坡高度大于 20m 或岩质路堑边坡高度大于 30m 时,其边坡形式及坡率需进行设计与稳定性验算。

土质路堑边坡坡率　　　　　　　　　　表 1-7

土 的 类 别		边 坡 坡 率
黏土、粉质黏土、塑性指数大于 3 的粉土		1:1
中密以上的中砂、粗砂、砂砾		1:1.5
卵石土、碎石土、圆砾土、角砾土	胶结和密实	1:0.75
	中密	1:1

注:黄土、红黏土、高液限土、膨胀土等特殊土质挖方边坡形式及坡度应按规范规定确定。

边坡岩石种类	风化程度	边坡坡率	
		$H < 15m$	$15m \leqslant H < 30m$
Ⅰ类	未风化、微风化	1:0.1 ~ 1:0.3	1:0.1 ~ 1:0.3
	弱风化	1:0.1 ~ 1:0.3	1:0.3 ~ 1:0.5
Ⅱ类	未风化、微风化	1:0.1 ~ 1:0.3	1:0.3 ~ 1:0.5
	弱风化	1:0.3 ~ 1:0.5	1:0.5 ~ 1:0.75
Ⅲ类	未风化、微风化	1:0.3 ~ 1:0.5	—
	弱风化	1:0.5 ~ 1:0.75	—
Ⅳ类	弱风化	1:0.5 ~ 1:1	—
	强风化	1:0.75 ~ 1:1	—

注:1.有可靠资料和经验时,可不受本表限制。
　　2.Ⅳ类强风化包括各类风化程度的极软岩。

任务二　划分路基干湿类型

学习目标

(1)明确路基土的干湿类型及其划分方法。
(2)熟悉平均稠度和临界高度的概念及计算方法。
(3)知道公路自然区划的划分和各分区的施工特点。

任务描述

(1)教师准备公路路基施工图设计文件、工程案例、多媒体资源等。
(2)本任务要求学生能够依据路基施工调查、试验数据判断新建公路和改建公路的干湿类型,为路基施工打下良好基础。

相关知识

路基干湿类型表示路基土在最不利季节的干湿状态,分为干燥、中湿、潮湿和过湿四类。路基的强度和稳定性与路基土的干湿状态有着密切的关系,并在很大程度上影响路面的使用性能。

原有公路路基土的干湿类型,根据路基土的分界相对含水率或分界稠度划分;新建公路路基土的干湿类型可用路基的临界高度来判断。为了保证路基路面结构的稳定性,一般要求路基处于干燥或中湿状态。潮湿、过湿状态的路基必须经过处理后才可铺筑路面。

一、平均稠度

1.稠度

土的稠度较准确地表示了土的各种形态与湿度的关系,稠度指标综合了土的塑性特性,包括液限与塑限,全面直观地反映了土的软硬程度。因此,对已建公路路基,可以采用土的稠度作为划分土质路基干湿类型的指标。其计算公式为：

$$w_c = \frac{w_L - w}{w_L - w_P} \quad\quad\quad (1\text{-}1)$$

式中：w_c——土的平均稠度；

w_L——土的液限；

w——土的平均含水率；

w_P——土的塑限。

以稠度作为路基干湿类型的划分标准是合理的，但不同的自然区划、不同的土组的分界稠度是不同的，w_{c0} 为路基干燥状态的下限稠度，w_{c1}、w_{c2} 和 w_{c3} 分别为干燥和中湿、中湿和潮湿、潮湿和过湿状态的分界稠度，见表 1-9。

各自然区划土基干湿分界稠度
表 1-9

自然区别	土组												附 注
	土质砂				黏质土				粉质土				
	w_{c0}	w_{c1}	w_{c2}	w_{c3}	w_{c0}	w_{c1}	w_{c2}	w_{c3}	w_{c0}	w_{c1}	w_{c2}	w_{c3}	
$II_{1,2,3}$	1.87	1.19	1.05	0.91	$\frac{1.29}{1.20}$	$\frac{1.20}{1.12}$	$\frac{1.03}{0.94}$	$\frac{0.86}{0.77}$	$\underline{1.12}$	$\frac{1.04}{0.96}$	$\frac{0.96}{0.89}$	$\frac{0.81}{0.73}$	黏质土：分母适用于 $II_{1,2}$ 区；粉质土：分母适用于 II_{2a} 区
II_4、II_5	1.87	1.05	0.91	0.78	1.29	1.20	1.03	0.86	1.12	1.04	0.89	0.73	
III	2.00	1.19	0.97	0.78					$\underline{1.12}$	$\frac{1.12}{1.04}$	$\frac{0.96}{0.89}$	$\frac{0.81}{0.73}$	分子适用于粉土地区；分母适用于粉质亚黏土地区
IV	1.73	2.32	1.05	0.91	1.20	1.03	0.94	0.77	1.04	0.96	0.89	0.73	
V					1.20	1.08	0.86	0.77	1.04	0.96	0.81	0.73	
VI	2.00	1.19	0.97	0.78	1.29	1.12	0.98	0.86	1.20	1.04	0.89	0.73	
VII	2.00	1.32	1.10	0.91	1.29	1.12	0.98	0.86	1.20	1.04	0.89	0.73	

2. 平均稠度

对于原有公路，根据实测不利季节路床表面（路槽底面）以下 80cm 深度内的平均稠度确定。在路槽底面以下 80cm 深度内，每 10cm 取土样测定其天然含水率、塑限和液限，用式 (1-2) 和式 (1-3) 计算：

$$w_{ci} = \frac{w_{Li} - w_i}{w_{Li} - w_{Pi}} \quad\quad\quad (1\text{-}2)$$

$$\overline{w}_c = \frac{\sum_{i=1}^{8} w_{ci}}{8} \quad\quad\quad (1\text{-}3)$$

式中：w_i——第 i 层土的天然含水率；

w_{Li}——第 i 层土的液限；

w_{Pi}——第 i 层土的塑限；

w_{ci}——第 i 层土的稠度；

$\overline{w}_c$——路槽底面以下 80cm 内土的算术平均稠度。

3. 干湿类型的判断

根据 $\overline{w}_c$ 判别路基的干湿类型，要按照道路所在的自然区划和路基土的类型，查表 1-9 与分界稠度做比较,并按表 1-10 所列区划界限确定道路所属的路基干湿类型。

路 基 干 湿 类 型

表 1-10

路基干湿类型	路基平均稠度 w_c 与分界相对稠度的关系	一 般 特 性
干燥	$w_c \geq w_{c1}$	路基干燥稳定,路面强度和稳定性不受地下水和地表积水影响,路基高度 $H > H_1$
中湿	$w_{c1} > w_c \geq w_{c2}$	路基上部土层处于地下水或地表积水影响的过渡带区内,路基高度 $H_2 < H \leq H_1$
潮湿	$w_{c2} > w_c \geq w_{c3}$	路基上部土层处于地下水或地表积水毛细影响区内,路基高度 $H_3 < H \leq H_2$
过湿	$w_c < w_{c3}$	路基极不稳定、冰冻区春融翻浆,非冰冻区弹簧,路基经处理后方可铺筑路面,路基高度 $H < H_3$

注:1. H 为不利季节路槽底面距地下水或地表长期积水水位的高度。
　　2. 地表积水是指不利季节 20d 以上的积水。
　　3. H_1、H_2、H_3 分别为干燥、中湿和潮湿状态的路基临界高度。

二、临界高度

对于新建道路,路基尚未建成,无法按上述方法现场勘查路基土的湿度状况,可以用路基临界高度作为判别标准。在路基的地下水或地表积水水位一定的情况下,路基的湿度由下而上减小,如图 1-18 所示。路槽底距地下水或长期地表积水水位的最小高度称为路基临界高度 H。其中,H_1 对应于 w_{c1} 为干燥和中湿状态的分界标准;H_2 对应于 w_{c2} 为中湿和潮湿状态的分界标准;H_3 对应于 w_{c3} 为潮湿和过湿状态的分界标准。

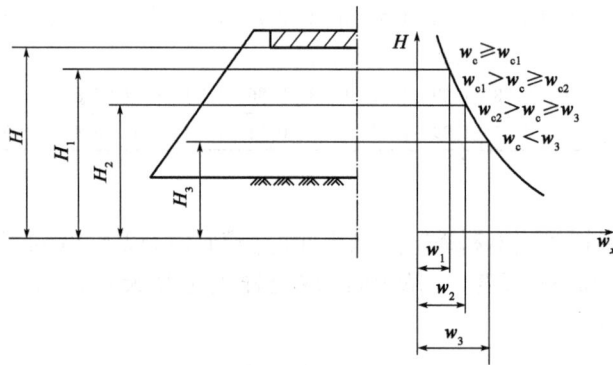

图 1-18　路基临界高度与路基干湿类型

地下水或地表长期积水水位,可通过道路勘察设计野外调查获得。路基高度可从路线纵断面图或路基设计表查得,扣除预估的路面厚度,即可得路床表面距地下水水位或地表长期积水水位的高度。在设计新建道路时,确定路基临界高度值,并以此作为判别标准与路基设计高度做比较,即可确定路基的干湿类型。不同土质和自然区划的路基临界高度参考值见表 1-11。

为了保证路基的强度和稳定性不受地下水或地表积水的影响,在设计路基时,要求路基保持干燥或中湿状态,路槽底距地下水或地表积水的距离要大于或等于干燥、中湿状态所对应的临界高度。

当路基的高度发生变化时,平均含水率及土的平均稠度将随之改变,路基的干湿状态也会发生相应的变化。路基的最小填土高度是指保证路基稳定所规定的路肩边缘距原地面的最小高度,须确保路基最小填土高度,使路基处于干燥或中湿状态,以满足设计要求。

表 1-11

不同土质和自然区划的路基临界高度参考值（m）

自然区划	砂性土									黏性土									粉性土								
	地下水			地表长期积水			地表临时积水			地下水			地表长期积水			地表临时积水			地下水			地表长期积水			地表临时积水		
	H_1	H_2	H_3	H_1	H_2	H_3	H_1	H_2	H_3	H_1	H_2	H_3	H_1	H_2	H_3	H_1	H_2	H_3	H_1	H_2	H_3	H_1	H_2	H_3	H_1	H_2	H_3
II_1										2.9	2.2								3.8	3.0	2.2						
II_2										2.7	2.0								3.4	2.6	1.9						
II_3	1.9~2.2	1.3~1.6								2.5	1.8								3.0	2.2	1.6						
II_4										2.4~2.6	1.9~2.1	1.2~1.4							2.6~2.8	2.1~2.3	1.4~1.6						
II_5	1.1~1.5	0.7~1.1								2.1~2.5	1.6~2.0					2.4~2.9	1.8~2.3										
III_1	1.3~1.6	1.1~1.3	0.9~1.1	0.9~1.1	0.6~0.9	0.4~0.6	0.9~1.1	0.6~0.9	0.4~0.6							2.4~3.0	1.7~2.4										
III_2	1.3~1.6	1.1~1.3	0.9~1.1	0.9~1.1	0.6~0.9	0.4~0.6	0.9~1.1	0.6~0.9	0.4~0.6	2.2~2.75	1.7~2.2	1.3~1.7	1.75~2.2	1.3~1.7	0.9~1.3	2.4~2.85	1.9~2.4	1.4~1.9	2.4	1.9	1.4				1.4~1.9	1.0~1.4	0.5~1.0
III_3										2.1~2.5	1.6~2.1	1.2~1.6	1.6~2.1	1.2~1.6	0.9~1.2				2.3	1.8					1.4~1.8	1.0~1.4	0.55~1.0
III_4																2.4~3.0	1.7~2.4										
III_{1a}																2.4~3.0	1.7~2.4										
III_{2a}	1.4~1.7	1.0~1.3														2.4~3.0	1.7~2.4										
$\mathrm{IV}_1/\mathrm{IV}_{1a}$										1.7~1.9	1.2~1.3	0.8~0.9							1.9~2.1	1.2~1.3	0.8~0.9						
IV_2										1.6~1.7	1.1~1.2	0.8~0.9							1.7~1.9	1.2~1.3	0.8~0.9						

自然区划	砂地下 H$_1$	砂地下 H$_2$	砂地下 H$_3$	砂长期 H$_1$	砂长期 H$_2$	砂长期 H$_3$	砂临时 H$_1$	砂临时 H$_2$	砂临时 H$_3$	黏地下 H$_1$	黏地下 H$_2$	黏地下 H$_3$	黏长期 H$_1$	黏长期 H$_2$	黏长期 H$_3$	黏临时 H$_1$	黏临时 H$_2$	黏临时 H$_3$	粉地下 H$_1$	粉地下 H$_2$	粉地下 H$_3$	粉长期 H$_1$	粉长期 H$_2$	粉长期 H$_3$	粉临时 H$_1$	粉临时 H$_2$	粉临时 H$_3$
IV$_3$										1.5~1.7	1.1~1.2	0.8~0.9	0.8~0.9	0.5~0.6	0.3~0.4				1.7~1.9	1.2~1.3	0.8~0.9	0.9~1.0	0.6~0.7	0.3~0.4			
IV$_4$	1.0~1.1	0.7~0.8								1.7~1.8	1.0~1.2	0.8~1.0															
IV$_5$										1.7~1.9	1.3~1.4	0.9~1.0	1.0~1.1	0.6~0.7	0.3~0.4				1.9~2.1	1.3~1.5	0.9~2.1						
IV$_6$	1.0~1.1	0.7~0.8								1.8~2.0	1.3~1.5	1.0~1.2	0.9~1.0	0.5~0.6	0.3~0.4				2.0~2.2	1.5~1.6	1.0~1.1						
IV$_{6a}$										1.6~1.7	1.1~1.2	0.7~0.8							1.8~2.0	1.3~1.4	0.9~1.1						
IV$_7$										1.7~1.8	1.4~1.5	1.1~1.2	1.0~1.1	0.7~0.8	0.4~0.5												
V$_1$	1.3~1.6	1.1~1.3	0.9~1.1	0.9~1.0	0.7~0.8	0.6~0.7	0.9~1.1	0.6~0.9	0.4~0.6	2.0~2.4	1.6~2.0	1.2~1.6	1.6~2.0	1.2~1.6	0.8~1.2	1.2~1.6	0.8~1.2	0.45~0.8	2.2~2.65	1.7~2.2	1.3~1.7	1.7~2.2	1.3~1.7	0.9~1.3	1.7~2.2	1.3~1.7	0.55~0.9
V$_2$、V$_{2a}$（紫色土）																			2.3~2.5	1.4~1.6	0.5~0.7						
V$_3$																			1.9~2.1	1.3~1.5	0.5~0.7						
V$_3$、V$_{3a}$（黄壤土、现代冲积土）																			2.3~2.5	1.4~1.6	0.5~0.7						
V$_4$、V$_5$、V$_6$																			2.2~2.5	1.4~1.6	0.5~0.7						
VI$_1$	(2.1)~1.7	(1.7)~1.4	(1.3)~1.1	(1.3)~0.7	(1.0)~0.9		(1.0)~0.7		0.3	(2.3)~2.2	(1.9)~1.65	(1.3)~1.2	(2.1)~1.65	(1.7)~1.2	(1.3)~0.75				(2.5)~1.85	(2.0)~1.4	(1.6)~1.4	(2.3)~1.85	(1.8)~1.4	(1.3)~0.7	0.7	0.7	0.1
VI$_{1a}$	(2.0)~1.7	(1.6)~1.4	(1.2)~1.1	(1.3)~0.7	(1.0)~0.9		(1.0)~0.7	(1.0)~0.9	0.5	(2.2)~2.2	(1.9)~1.65	(1.2)~1.2	(2.0)~1.65	(1.6)~1.2	(1.2)~0.75				(2.5)~1.85	(2.0)~1.4	(1.5)~1.4	(2.2)~1.85	(1.7)~1.4	(1.2)~0.6	0.6		
VI$_2$	1.4~1.7	1.1~1.4	0.9~1.1	0.9~1.1	0.6~0.9	0.4~0.76	0.9~1.1	0.6~0.9	0.4~0.6	2.2~2.75	1.65~2.2	1.2~1.65	1.65~2.2	1.2~1.65	0.75~1.2	1.2~1.65	0.9~1.2	0.75	2.3~1.85	1.4~1.4	1.85~2.3	1.4~1.85	0.9~1.4	0.5~0.9	0.9~1.4	0.7	0.5~0.9

14

续上表

自然区划	砂性土 地下水 H_1	砂性土 地下水 H_2	砂性土 地下水 H_3	砂性土 地表长期积水 H_1	砂性土 地表长期积水 H_2	砂性土 地表长期积水 H_3	砂性土 地表临时积水 H_1	砂性土 地表临时积水 H_2	砂性土 地表临时积水 H_3	黏性土 地下水 H_1	黏性土 地下水 H_2	黏性土 地下水 H_3	黏性土 地表长期积水 H_1	黏性土 地表长期积水 H_2	黏性土 地表长期积水 H_3	黏性土 地表临时积水 H_1	黏性土 地表临时积水 H_2	黏性土 地表临时积水 H_3	粉性土 地下水 H_1	粉性土 地下水 H_2	粉性土 地下水 H_3	粉性土 地表长期积水 H_1	粉性土 地表长期积水 H_2	粉性土 地表长期积水 H_3	粉性土 地表临时积水 H_1	粉性土 地表临时积水 H_2	粉性土 地表临时积水 H_3
VI_3	(2.1)	(1.7)	(1.3)	(1.9)	(1.5)	(1.1)				(2.4)	(2.0)	(1.6)	(2.1)	(1.7)	(1.4)	(0.8)	(0.6)					(2.6)	(2.1)	(1.6)	(1.4)	(1.3)	(0.7)
VI_4	(2.2)	(1.8)	(1.4)	(1.9)	(1.5)	(1.2)	0.8			2.4	2.0	1.6	(2.2)	(1.7)	(1.3)	1.0	0.6		(2.6)	(2.2)	1.7	2.4	1.9	1.4	1.3	0.8	
VI_{4a}	(1.9)	(1.5)	(1.1)	(1.6)	(1.2)	(0.9)				(2.2)	(1.7)	(1.4)	(1.9)	(1.4)	(1.1)	0.7			(2.4)	(1.9)	1.4	2.1	1.6	1.1	1.0	0.5	
VI_{4b}	(2.0)	(1.6)	(1.2)	(1.7)	(1.3)	(1.0)				(2.3)	(1.8)	(1.4)	(2.0)	(1.6)	(1.2)	0.8			(2.5)	1.9	(1.4)	(2.2)	(1.7)	(1.2)	1.0	0.5	
VII_1	(2.2)	(1.9)	(1.6)	(2.1)	(1.6)	(1.3)	(0.8)	(0.4)		2.2	(1.9)	(1.5)	(2.1)	(1.6)	(1.2)	(0.9)	(0.5)		(2.5)	(2.0)	(1.5)	(2.4)	(1.8)	1.3	1.1	0.6	
VII_2										(2.3)	(1.9)	(1.6)	1.8	1.4	1.1	0.8	0.4		(2.5)	(2.1)	(1.6)	(2.2)	(1.6)	(1.1)	0.9	0.4	
VII_3	1.5~1.8	1.2~1.5	0.9~1.2	1.2~1.5	0.9~1.2	0.6~0.9	0.7~0.9	0.4~0.6		2.3~2.85	1.75~2.3	1.3~1.75	1.75~2.3	1.3~1.75	0.75~1.3	1.3~1.75	0.75~1.3	0.45~0.75	2.4~3.1	2.0~2.4	1.6~2.0	2.0~2.4	1.6~2.0	1.0~1.6	1.6~2.0	1.0~1.6	0.55~1.0
VII_4	(2.1)	(1.6)	(1.3)	(1.8)	(1.4)	(1.0)	(0.9)			(2.1)	(1.6)	(1.3)	(1.8)	(1.4)	(1.1)	(0.7)			(2.3)	(1.8)	(1.3)	(2.1)	(1.6)	(1.1)			
VII_5	(3.0)	(2.4)	1.9	(2.4)	(2.0)	1.6	1.6			(2.8)	2.4	1.9	(2.4)	(2.0)	1.6	1.5			(2.9)	(2.2)	(1.6)	(2.9)	(2.2)	(1.5)	(1.3)	(0.5)	
VII_{5a}													2.5	2.0	1.6	1.4	(0.8)		2.9	2.5	1.8	2.1	1.5	1.1	1.6	1.1	

注：1. 表中 H_1 为路基干燥状态临界高度；H_2 为路基中湿状态临界高度；H_3 为路基潮湿状态临界高度。有括号者，表示实测资料校少，根据规律推算得出的。路槽底至水位线高度；路槽底至水位高度小于 H_3 时为过湿路基，须经过处治后方能铺筑路面。

2. VI、VII 区有横线者，表示实测资料校好，表示没有实测资料，其他地区供参考。

3. 新增 III_2、III_3、VI_1、VI_2、VII_3 为甘肃省 1984 年所提建议值。

4. 缺少资料的二级区可暂先论证地参考相邻第一级区数值，并应积极调研积累本地区的资料。

【例 1-1】 已知某地区属于 III$_4$ 区,有一段粉性土路基,路槽底面高出地面 0.5m,地下水水位距地面 0.8m。

【问题】 试确定该路基的干湿类型和平均稠度。

【解析】 根据已知条件,路基为粉性土,土体位于 III$_4$ 区,而且 $H = 0.5m + 0.8m = 1.3m$,查表 1-11 可知,$H_3 < H \leq H_2$;再查表 1-10 可知,路基土为潮湿状态,平均稠度满足 $w_{c3} < w_c \leq w_{c2}$,即 $0.81 < w_c \leq 0.96$。

三、公路自然区划

我国地域辽阔,各地气候、地形、地貌、水文地质等自然条件相差很大,而这些自然条件与公路建设密切相关。为区分不同地理区域自然条件对公路工程影响的差异性,并在路基、路面的设计、施工和养护中采取适当的技术措施和采用合适的设计参数,以保证路基、路面的强度和稳定性,特制定公路自然区划。

1. 公路自然区划的制定原则

1)道路工程特征相似的原则

在同一区划内、同样的自然因素下筑路具有相似性。例如,北方不利季节主要是春融时期,路基有翻浆病害;南方不利季节是雨季,路基有冲刷、水毁等病害。

2)地表气候区划差异性的原则

地表气候是地带性差异与非地带性差异的综合结果。通常,地表气候随着当地纬度而变,称为地带性差异,例如,在北半球,北方寒冷、南方温暖。除此以外,还与高程的变化有关,即沿垂直方向的变化,称为非地带性差异,例如,青藏高原地区,由于海拔高,与纬度相同的其他地区相比,气候更加寒冷。

3)自然气候因素既有综合又有主导作用的原则

自然气候的变化是各种因素综合作用的结果,其中又由某种因素起着主导作用,例如,道路冻害是水和热综合作用的结果。但是在南方,只是水而没有寒冷气候的影响,不会有冻害,说明温度起主要作用;西北干旱区与东北潮湿区,同样有负温度,但前者冻害轻于后者,说明水起主导作用。

2. 公路自然区划的等级

根据公路工程的地理、气候差异特点,公路自然区划按其重要性和规模性的大小分为三个等级。一、二级区划的具体位置与界限详见《公路自然区划标准》(JTJ 003—86)所附"中华人民共和国公路自然区划图"。

一级区划首先将全国划分为多年冻土、季节冻土和全年不冻三大地带,再根据水热平衡和地理位置,划分为冻土、湿润、干湿过渡、湿热、潮暖、干旱和高寒 7 个一级自然区。

二级区划是在一级区划的基础上以气候和地形为主导因素,以潮湿系数 K(潮湿系数 K 值为年降水量 R 与年蒸发量 Z 之比)为主进一步划分。在 7 个一级自然区划内又分为 33 个二级区划和 19 个副区,共 52 个二级自然区划,见表 1-12。

三级区划是在二级区划内划分更低一级的区域或单元。三级区划的划分方法有两种:一种是按照地貌、水温和土质类型将二级区划进一步划分为若干类型单元;另一种是以水热、地理和地貌等为标志将二级区划进一步划分为若干更低级区域。各地可根据当地的具体情况选用公路自然区划等级。

代号	一 级 区 划	二级区划(包括副区)	工 程 特 点
I	北部多年冻土区	I₁ 连续多年冻土区 I₂ 岛状多年冻土区	该区道路设计原则是保温,不可轻易挖去覆盖层,使路堤下保持冻结状态
II	东部温润季冻区	II₁ 东北东部山地润湿冻区 　II₁ₐ 三江平原副区 II₂ 东北中部山前平原重冻区 　II₂ₐ 辽河平原冻融交替副区 II₃ 东北西部润干冻区 II₄ 海滦中冻区 　II₄ₐ 冀北山地副区 　II₄ᵦ 旅大丘陵副区 II₅ 鲁豫轻冻区 　II₅ₐ 山东丘陵副区	该区路面结构突出的问题是翻浆和冻胀;翻浆的轻重程度取决于路基的潮湿状态,可根据不同的路基潮湿状态采取措施处理
III	黄土高原干湿过渡区	III₁ 山西山地、盆地中冻区 　III₁ₐ 雁北张宣副区 III₂ 陕北典型黄土高原中冻区 　III₂ₐ 榆林副区 III₃ 甘东黄土山地 III₄ 黄渭间山地、盆地轻冻区	黄土对水分非常敏感,干燥土基强度高,稳定性好;在河谷盆地的潮湿路段以及灌溉耕地,土基稳定性差,强度低,必须采取措施处理
IV	东南湿热区	IV₁ 长江下游平原润湿区 　IV₁ₐ 盐城副区 IV₂ 江淮丘陵、山地润湿区 IV₃ 长江中游平原中湿区 IV₄ 浙闽沿海山地中湿区 IV₅ 江南丘陵过湿区 IV₆ 武夷南岭山地过湿区 　IV₆ₐ 武夷副区 IV₇ 华南沿海台风区 　IV₇ₐ 台湾山地副区 　IV₇ᵦ 海南岛西部润干副区 　IV₇ᵧ 南海诸岛副区	该区雨量充沛集中,雨量季节性强,台风、暴风雨多,水毁、冲刷、滑坡是道路的主要病害。应结合排水系统进行路基结构设计。IV区水稻田多,土基湿软,强度低,要注意路基病害的防治
V	西南潮湿区	V₁ 秦巴山地润湿区 V₂ 四川盆地中湿区 　V₂ₐ 雅安、乐山过湿副区 V₃ 三西、贵州山地过湿区 　V₃ₐ 滇南、桂西润湿副区 V₄ 川、滇、黔高原干湿交替区 V₅ 滇西横断山地区 　V₅ₐ 大理副区	该区山多,筑路材料丰富,应充分利用当地材料筑路。对于水文不良路段,必须采取措施稳定路基

代号	一级区划	二级区划(包括副区)	工程特点
VI	西北干旱区	VI₁ 内蒙古草原中干区 VI₁ₐ 河套副区 VI₂ 绿洲—荒漠区 VI₃ 阿尔泰山地冻土区 VI₄ 天山—界山山地区 VI₄ₐ 塔城副区 VI₄ᵦ 伊犁河谷副区	该区大部分地下水位很低,虽然冻深多在100cm以上甚至在150cm以上,但一般道路冻害较轻。个别地区,如河套灌区、内蒙古草原洼地,地下水位高,翻浆严重
VII	青藏高寒区	VII₁ 祁连—昆仑山地区 VII₂ 柴达木荒漠区 VII₃ 河源山原草甸区 VII₄ 羌塘高原冻土区 VII₅ 川藏高山峡谷区 VII₆ 藏南高山台地区 VII₆ₐ 拉萨副区	该区地处高原,气候寒冷,昼夜气温相差大,日照时间长,沥青老化很快,加之年平均气温相对偏低,因此路面易因冬季雪水渗入而遭破坏。此外,该区局部路段有多年冻土,须按保温原则设计

任务三　设置路基附属设施

学习目标

(1)明确路基附属设施设置目的。

(2)知道取土坑与弃土堆设置的有关规定。

(3)知道护坡道与碎落台设置的有关规定。

(4)知道错车道设置的有关规定。

(5)能够对路基附属设施进行放样和组织施工。

任务描述

(1)教师准备公路路基设计图或路基施工图、图片、多媒体资源等。

(2)本任务要求学生能够识读路基附属设施施工图,并能按规定要求组织施工。

相关知识

为确保路基的强度、稳定性、经济性和行车安全,路基工程除了其主体工程外,还应包括相关的附属设施,如取土坑、弃土堆、护坡道、碎落台和错车道等。这些附属设施也影响公路的使用品质,是路基工程不可缺少的组成部分。

一、取土坑与弃土堆

在道路沿线挖取土方填筑路基或用于养护所留下的整齐土坑称为取土坑。将开挖路基所废弃的土堆放于道路沿线一定距离的整齐土堆称为弃土堆。取土坑、弃土堆的设置,应根据各路段所需取土或弃土数量,结合路基排水、地形、土质、施工方法、节约土地、环境保护等要求,作出统一规划设计。

1. 取土坑

按照设计规定,填方路基一般要高出原地面约 1.5m,因此,填方路基需要大量土石方,在公路建设中不可避免地需征用大量土地作为取土坑。取土坑一般面积较大,取土后深度约 2.5m,有水注入后就成为水池。如果公路建设过程中对取土坑管理不善,会发生安全事故。因此,取土坑的设置应符合以下规定:

(1)合理考虑取土坑与路基之间的距离,避免取土影响路基边坡稳定。

(2)桥头引道两侧不宜设置取土坑。

(3)兼作排水的取土坑,应保证排水系统通畅,其深度不宜超过该地区地下水水位,并应与桥涵进水口高程相衔接,其纵坡不应小于 0.2%,平坦地段不应小于 0.1%。

(4)应遵循经济合理、水土保持及景观协调的原则。

平原区用土量较小,可以沿路两侧设置取土坑,深度为 1.0m 或稍大一些,宽度依据用土数量和用地允许条件而定。为防止坑内积水危害路基,路基边缘与取土坑底之高差大于 2m 时,在路基坡脚与取土坑之间,应设置 1~2m 的护坡道;对于高速公路、一级公路,应设置宽度不小于 3m 的护坡道,并做成 1%~2% 向外倾斜的横坡,如图 1-19 所示。

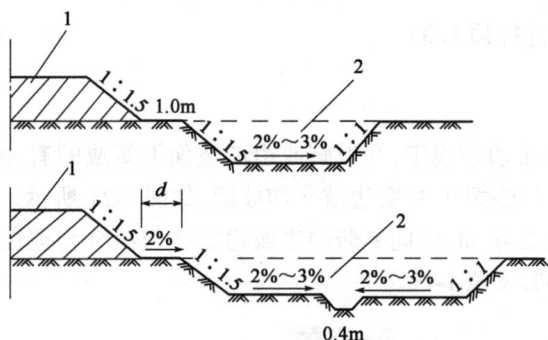

图 1-19 路旁取土坑示意图
1-路堤;2-取土坑

河水淹没地段及桥头引道两侧,一般不宜设置取土坑,如需设置取土坑,应距河流水位边界至少 10m,并与调治构造物位置相适应。此类取土坑要求水流畅通,不得因长期积水而危及路基或构筑物的稳定。

2. 弃土堆

开挖路堑的废方,应妥善处理,防止因乱弃造成水土流失,危害路基及农田水利,亦要注意堵塞河道而带来严重破坏环境的不良后果。对于弃方,首先要考虑充分利用,如用以加宽、加固路堤,填补坑洞或路旁洼地,亦可兼顾农田水利或基建等需要,争取做到废有所用,弃而无患。弃土堆设置应符合下列规定:

(1)合理设置弃土堆,不得影响路基稳定及斜坡稳定。

(2)沿河弃土时,应防止加剧下游路基与河岸的冲刷,避免弃土侵占河道,并视需要设置防护支挡工程。

(3)弃土堆应堆放规则,进行适当碾压,保证边坡稳定,避免水土流失。

弃土堆通常设在就近低洼地或路堑的下边坡一侧,当地面横坡小于1:5时,可设在两侧。沿河路基爆破后的弃方,往往难以远运,条件许可时可以部分占用河道,但要注意河道压缩后,不致壅水危及下游路基及附近农田等。

路旁弃土堆的设置,要求堆弃整平,顶面具有适当的横坡,并设置三角平台和排水沟,如图1-20所示。宽度d与土质有关,一般不小于5.0m,当路堑边坡较高,土质较差时,d可按路堑深度加5.0m计算,即$d \geqslant H + 5.0$m。对弃土堆表面应进行绿化设计,以使其尽快恢复生态。积沙或积雪地区的弃土堆,为有利于防沙防雪,一般设在迎风一侧,并距道路具有足够的距离。此外,浅而开阔的路堑两旁不得设置弃土堆。

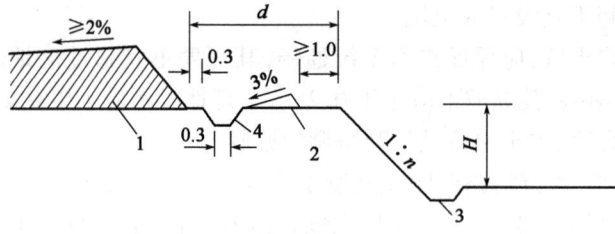

图1-20 弃土堆横断面图(尺寸单位:m)
1-弃土堆;2-三角平台;3-边沟;4-截水沟

二、护坡道与碎落台(视频1.3)

1. 护坡道

当路堤较高时,为保证边坡稳定,在坡脚或边坡坡面上筑成的有一定宽度的平台,称之为护坡道。其目的是加宽边坡横距,减缓边坡平均坡度,如图1-21所示。护坡道越宽,越有利于边坡稳定,但工程量也随之增加,因此要兼顾边坡稳定性与经济合理性,护坡道宽度d至少为1m,并随填土高度而增加,见表1-13。

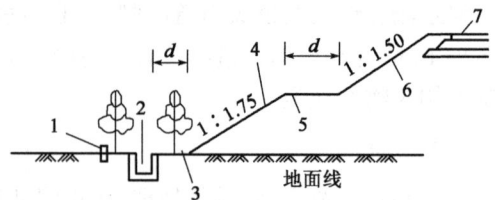

图1-21 护坡道示意图
1-用地界碑;2-边沟;3、5-护坡道;4、6-边坡;7-路肩

		护 坡 道 宽 度	表 1-13
路基填土高度(m)	护坡道最小宽度(m)	路基填土高度(m)	护坡道最小宽度(m)
≤3.0	1.0	6~12	2~4
3~6	2.0		

2. 碎落台

碎落台是指在路堑边坡坡脚与边沟外侧边缘之间或边坡上，为防止边坡碎落物落入边沟而设置的有一定宽度的纵向平台，如图 1-22 所示。在砂类土、黄土、易风化碎落的岩石和其他不良的土质路堑中宜设置碎落台，其宽度视边坡高度和土质而定，一般不小于 1m。

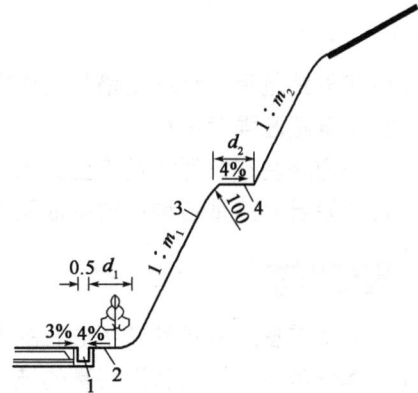

图 1-22　碎落台、边坡平台示意图(尺寸单位:m)
1-边沟;2-碎落台;3-挖方边坡;4-边坡平台

如碎落台兼有护坡道和视距台(弯道)的作用时，可适当放宽。对风化严重的岩石边坡或不良土质边坡，为防止塌方，碎落台可修成矮墙，其顶部宽度应大于 0.5m，墙高应为 1～2m。对于碎落台上的堆积物，养护时应定期清理。当边坡已适当加固或其高度小于 2m 时，可不设碎落台。

台阶式边坡中部应设置边坡平台，边坡平台的宽度 d 不宜小于 2m。受雨水冲刷大的边坡平台上应设截水沟。

三、错车道

错车道是指在单车道道路上，为满足双向车行车会车和相互避让的需要，在可通视的一定距离内，供车辆交错避让而设置的一段加宽车道，如图 1-23 所示。错车道的间距是根据错车时间、视距、交通量等情况而决定的，如果间距过长，错车时间长，通行能力就会下降。

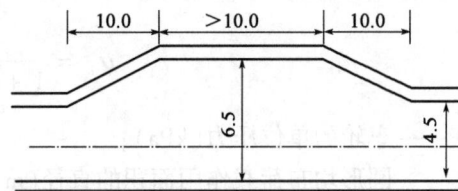

图 1-23　错车道(尺寸单位:m)

四级公路采用 4.5m 单车道路基时，一般应每隔 200～500m 设置一处错车道。按规定，错车道的长度不得小于 30m，两端各有长度为 10m 的出入过渡段，中间有长度不小于 10m 供停车用的路段。单车道的路基宽度为 4.5m，设置错车道地段的路基宽度为 6.5m，错车道是单车道路基的一个组成部分，应与路基同时设计与施工。

任务四　路基的破坏形式及防治措施

学习目标

(1)了解路基受力状况及路基工作区概念。

(2)明确路基强度指标。

(3)知道路基破坏形式及产生原因。

(4)能够针对路基各种病害采取防治措施。

任务描述

(1)教师准备路基各种破坏形式的图片、案例、多媒体资源等。

(2)本任务要求学生认识路基的破坏形式,能正确分析路基产生破坏的原因,并能采取适当措施处理。

相关知识

路基在自重、行车荷载及各种自然因素的长期作用下,不仅会产生变形沉降,而且其力学性质也会发生较大的变化。当变形超过一定范围时,将会导致路基破坏,危害路基的稳定性。路基的破坏变形是各种各样的,其原因也是错综复杂的。

一、路基受力及强度指标

1.路基的受力

路基在工作过程中,同时承受两种荷载:一种是路面和路基自重引起的静力荷载;另一种是车轮荷载引起的动力荷载。在这两种荷载的共同作用下,路基土处于受力状态。理想的设计应使路基受力时只产生弹性变形,车轮驶过以后恢复原状,以确保路基的相对稳定,不致引起路面破坏。

假设车轮荷载为圆形均布垂直荷载,路基为一弹性均质半空间体,则路基土在车轮荷载作用下所引起的垂直应力 σ_1,可用下式计算:

$$\sigma_1 = \frac{P}{1 + 2.5(Z/D)^2} \tag{1-4}$$

式中:P——车轮的单位压力(kPa);

　　　D——圆形均布荷载作用面积的直径(m);

　　　Z——圆形均布荷载中心下应力作用点的深度(m)。

路基土自重在路基内深度 z 处所引起的压应力 σ_2 可用下式计算:

$$\sigma_2 = \gamma z \tag{1-5}$$

式中:γ——土的重度(kN/m^3);

　　　z——应力作用深度(m)。

路基内任一点处的车轮荷载所产生的垂直应力 σ_1，土基自重引起的垂直应力 σ_2，以及两者的应力曲线如图 1-24 所示。

2. 路基工作区（视频1.4）

由图 1-24 可知，车辆荷载产生的垂直应力 σ_1 随深度的增加而减小，自重应力 σ_2 则随深度的增加而增大。在某一深度 Z_a 处，车轮荷载所产生的应力仅为自重应力的 $1/10 \sim 1/5$，在此深度以下，车轮荷载对土基强度和稳定性影响甚小，可略去不计。因此，可将车辆荷载在土基中产生应力作用较大的 Z_a 范围内的路基称为路基工作区。Z_a 称为路基工作深度，几种汽车车型的路基工作区深度的近似值见表 1-14。

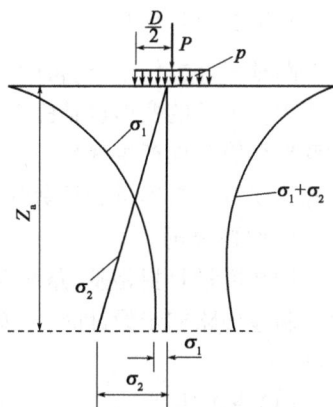

图 1-24 土基应力分布示意图

路基工作区深度   表 1-14

车　型	每侧后轮重 P(kN)	工作区深度 Z_a(m)
上海 SH380 载重汽车	$1/2 \times 360.00$	2.9
黄河 JN150 载重汽车	$1/2 \times 101.60$	1.9
东风 EQ140 载重汽车	$1/2 \times 69.20$	1.7
解放 CA10B 载重汽车	$1/2 \times 60.85$	1.6
黄河 QD351 自卸汽车	$1/2 \times 97.15$	1.9
北京 BJ130 自卸汽车	$1/2 \times 27.18$	1.2
天津 TJ644C 大客车	$1/2 \times 75.30$	1.7
红旗 CA773 小客车	$1/2 \times 15.75$	1.0

注：该表是以 $\sigma_1/\sigma_2 = 1/5$ 和 $\gamma = 18\text{kN/m}^3$ 计算而得。

工程应用

由表 1-14 可以看出，轻、重型汽车车轮荷载的影响深度相差很大，设计时应予注意。

路基工作区内，土基的强度与稳定性，对于保证路面的强度与稳定、满足行车要求极为重要。因此，对应力作用区内的土质选择和路基的压实度应提出较高的要求。

当工作区深度大于路基填土高度，即 $Z_a > H$ 时，车轮荷载不仅作用于路堤，而且作用于天然地基的上部土层，此时，天然地基上部土层和路堤应同时满足路基工作区的设计要求。路基填土高度与工作区深度的关系如图 1-25 所示。

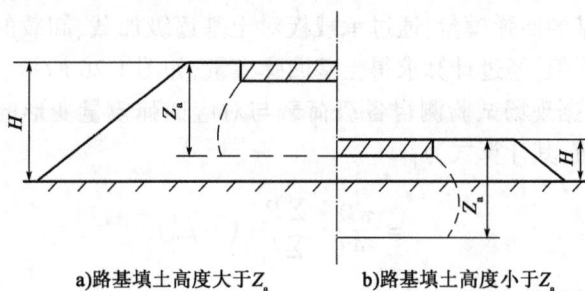

a)路基填土高度大于Z_a　　　　b)路基填土高度小于Z_a

图 1-25 路基填土高度与工作区深度的关系

3.路基的强度指标

路基在外力作用下,将产生变形。路基强度是指路基抵抗外力作用的能力,亦即抵抗变形的能力。土基的变形包括弹性变形和塑性变形两部分。路基作为路面结构的基础,过大的塑性变形会使路面产生变形、不平整和疲劳开裂的原因。经分析研究,用于表征路基强度的参数指标主要有回弹模量和抗剪强度。

1)回弹模量

回弹模量是指路基、路面及筑路材料在荷载作用下产生的应力与其相应的回弹应变的比值。新建公路初步设计时,土基的回弹模量的确定方法有查表法、承载板法、承载比值推算法三种。

(1)查表法。

新建公路路基应处于干燥或中湿状态,受试验条件限制时,可按土组类别由表1-15查取回弹模量参考值。

标准状态下路基土回弹模量参考值　　　　　　　　　　表1-15

土　　组	取值范围(MPa)	土　　组	取值范围(MPa)
砾石土(G)	110～135	粉土质砂(SM)	65～95
含细粒土砾(GF)	100～130	黏土质砂(SC)	60～90
粉土质砾(GM)	100～125	低液限粉土(ML)	50～90
黏土质砾(GC)	95～120	低液限黏土(CL)	50～85
砂(S)	95～125	高液限粉土(MH)	30～70
含细粒土砂(SF)	80～115	高液限黏土(CH)	20～50

注:1.对砾和砂,D_{60}(通过率为60%时的颗粒粒径)大时,回弹模量取高值,D_{60}小时,回弹模量取低值。
　　2.对其他含细粒的土组,小于0.075mm颗粒含量大和塑性指数高时,回弹模量取低值;反之,回弹模量取高值。
　　3.同等条件下,轻、中等及重交通荷载时路基土回弹模量取小值,特重、极重交通条件下取较大值。

路基顶面回弹模量值应符合表1-16的规定,不满足要求时,应采取措施对路基进行处理。

路基顶面回弹模量(MPa)　　　　　　　　　　表1-16

交通荷载等级	极重	特重	重	中等、轻
回弹模量,不小于	70	60	50	40

(2)承载板法。

承载板法测试土基的回弹模量:通过承载板对土基逐级加载、卸载的方法,测出每级荷载下相应的土基回弹变形值,经过计算求得土基回弹模量,如图1-26所示。目前,我国采用直径 $D=30cm$ 的承载板,根据现场试验测得各级荷载与对应回弹模量变形的关系曲线,用线性归纳法求得其回弹模量值,其计算式为:

$$E_0 = \frac{\pi D}{4} \cdot \frac{\sum P_i}{\sum L_i}(1 - \mu_0^2) \tag{1-6}$$

式中:E_0——土基回弹模量(MPa);

　　　μ_0——土的泊松比,一般取0.35;

P_i、L_i——第 i 级荷载(kN)及其检测的回弹变形(0.01mm);

D——承载板直径(cm)。

(3)承载比值(CBR)推算法。

加州承载比试验法是美国加利福尼亚州提出的一种评定土基强度及路面基层材料强度的方法。承载比CBR是表征路基土、粒料、稳定土强度的一种指标。如图1-27所示,它是标准试件在贯入量为2.5mm时所施加的试验荷载与标准碎石材料在相同贯入量时所施加的荷载的比值,以百分率表示。

$$CBR = \frac{p}{p_0} \times 100\% \qquad (1-7)$$

式中:CBR——承载比;

p——试验荷载单位压力(kPa);

p_0——标准荷载单位压力(kPa)。

由路基土的CBR值可按下式估算路基的回弹模量。

$$E_R = 17.6CBR^{0.64} \qquad (2 < CBR \leqslant 12) \qquad (1-8)$$

$$E_R = 22.1CBR^{0.55} \qquad (12 < CBR \leqslant 80) \qquad (1-9)$$

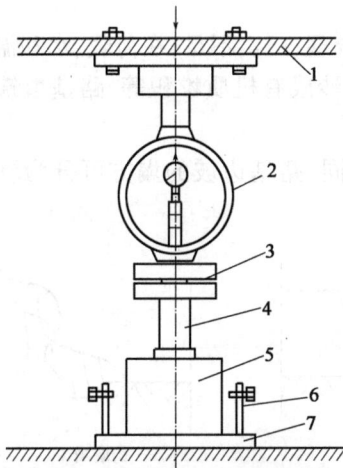

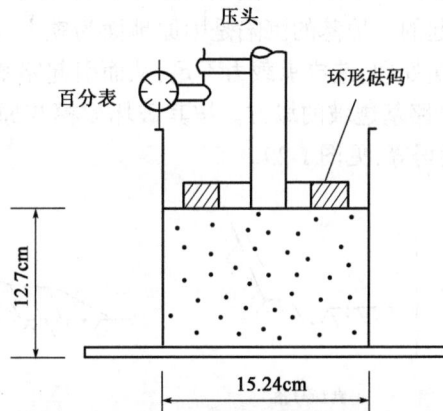

图1-26 承载板测试装置   图1-27 CBR试验装置

1-加载横梁;2-测力计;3-钢板及球座;4-钢圆筒;

5-加载千斤顶;6-立柱及支座;7-承载板

2)抗剪强度

当路基土强度不足以抵抗剪切应力的作用时,其相邻两部分土体将沿某一剪切面(滑动面)产生相对移动,最后导致滑坡或崩塌。这种沿剪切面使土体破坏的现象称为剪切破坏。土体所具有的抵抗剪切破坏的能力称为抗剪强度。土的抗剪强度可按式(1-10)计算:

$$\tau = c + \sigma\tan\varphi \qquad (1-10)$$

式中:τ——土的抗剪强度(kPa);

σ——作用于剪切面上的法向压应力(kPa);

c——土的黏聚力(kPa);

φ——土的内摩擦角(°)。

土体的抗剪强度是由黏聚力 c 及内摩擦力 $\sigma\tan\varphi$ 组成的。黏聚力 c 和内摩擦角 φ 称为抗剪强度指标,是路基稳定性验算和挡土墙设计中必不可少的参数。

二、路基的变形、破坏及其原因

路基在工作过程中,承受着土体的自重、行车荷载和各种自然因素的作用,路基的各个部位将产生变形,引起路基高程、边坡坡度及形状的改变。严重时,危及路基的整体性和稳定性,造成路基各种破坏。

1.路基变形、破坏的形式

(1)路基沉陷。路基沉陷的特征是路基表面在垂直方向产生较大的沉落。路基的沉陷有两种情况:一是路基本身的压缩沉降,见图1-28a);二是由于路基下部天然地面承载能力不足,在路基自重的作用下引起的沉陷,见图1-28b)。

a)堤身下陷　　　　　　　　　　b)地基下陷

图1-28　路基沉陷

路基的沉落是因路基填料选择不当、填筑方法不合理、压实不足,在荷载、水和温度综合作用下引起的。地基的沉陷是因原地面为软土、泥沼、流沙或有机质堆积等,路基填筑前未经换土或压实处理,造成承载力不足,从而引起路基下陷。

(2)路基边坡的塌方。按其破坏规模与原因的不同,路基边坡的塌方可分为剥落、碎落、滑坍、崩坍等,见图1-29。

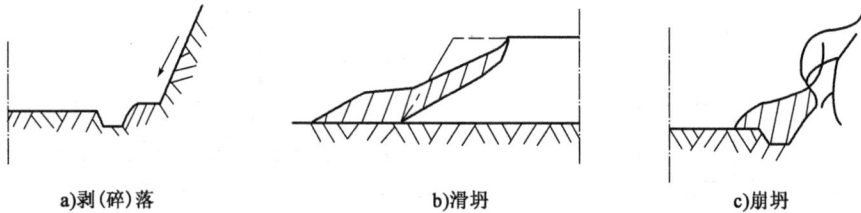

a)剥(碎)落　　　　　　　b)滑坍　　　　　　　c)崩坍

图1-29　路基边坡塌方

①剥落是指边坡土层或风化岩层表面在大气的干湿或冷热的循环作用下,发生胀缩,使表层土或岩石成片状或带状反复不断地从坡面上剥落下来的现象。

②碎落是软弱石质土经风化而成的碎块大量沿边坡向下移动。碎落物的堆积可能堵塞边沟和侵占部分路基。其规模与危害程度比剥落严重,常发生在高而陡(大于45°)的路堑边坡上。

③滑坍是指路基边坡土体或岩石沿着一定的滑动面整体向下滑动,其规模和危害程度较碎落更为严重,有时滑动体可达数百立方米,可造成严重的堵车。

④崩坍是大的石块或土块脱离母岩而沿边坡倾落下来的现象,使岩石边坡个别地段的稳定性遭到破坏,是比较常见且危害较大的路基病害之一。

路基边坡塌方的主要原因有:挖方边坡过陡、覆盖土体比较松散、顺向坡、填筑路堤方法不当、土体过于潮湿、坡脚被水冲刷掏空、岩石破碎和风化严重等。

(3)路基沿山坡滑动。在较陡的山坡上填筑路基,如果原有地面被水浸湿,形成滑动面,坡脚又未进行必要的支撑,在路基自重和行车荷载作用下,路基整体或局部沿倾斜的原地面向下滑动,路基会整体失去稳定,见图1-30。

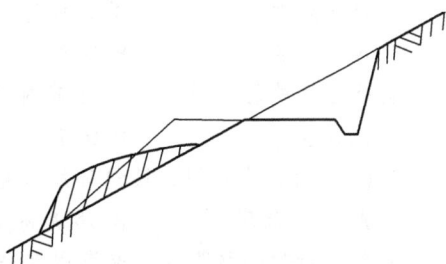

(4)不良地质水文条件造成的路基破坏。当公路通过不良地质水文地区,或遭受较大的自然灾害作用,如巨型滑坡、泥石流、地震及特大暴雨等,均可能导致路基的大规模破坏。

图1-30 路堤沿山坡滑动

2.路基产生病害原因综合分析

路基产生病害的原因是多方面的,大致可归纳为以下几个方面:

(1)不良的工程地质与水文地质条件,主要包括地质构造复杂,岩层走向及倾角不利、岩性松软、风化严重、土质较差、地下水水位较高以及其他不良地质灾害等。

(2)不利的水文与气候因素,主要包括降雨量大、猛烈洪水、干旱、冰冻、积雪或温差较大等。

(3)设计不合理,主要包括路基断面尺寸不符合要求,挖填布置不合理,路基防护、加固和排水设计不足等。

(4)施工不符合规范规定,主要包括填筑顺序不当、土基压实不足、盲目采用大型爆破,以及不按设计要求和操作规程进行施工、工程质量不符合标准。

上述原因中,地质和水文条件是影响路基工程质量和产生病害的主要因素。为此,必须强调设计前应进行地质与水文的勘察工作,针对具体条件及各种因素的综合作用,采取正确的设计方案和施工方法,消除或尽可能减少路基病害,确保路基工程达到规定的质量要求。

3.防治路基病害的措施

为保证路基的稳定性,防治各种病害产生的主要措施有以下几点:

(1)合理选择路基横断面形式,正确确定边坡坡率。

(2)选用工程性质良好的土填筑路基。

(3)选择正确的填筑方法,充分压实土基,保证达到规定的压实度。

(4)适当提高路基,防止水分从侧面渗入或从地下水水位上升进入路基工作区范围。

(5)正确地进行地面和地下排水设计。

(6)合理选用边坡加固与防护措施,以及修筑支挡结构物。

(7)对于特殊地质环境地段的路基,必须与该特殊工程整治措施相结合,进行综合设计。

思考与练习

一、单选题

1.( )是在天然地面按照道路的线形位置和横断面几何尺寸的要求开挖或堆填而成的带状构造物。

    A.路基   B.路面   C.路肩   D.基础

2.( )是在路基顶面的行车部分用各种混合料铺筑而成的层状结构物。

    A.路基   B.路面   C.路肩   D.基础

3. 填土高度为(　　)m 的路堤称为一般路堤。
　　A. <0.8　　　　　B. 0.8~1.5　　　　C. 1.5~20　　　　D. >20

4. 路面结构层以下(　　)m 范围内的路基部分称为路床。
　　A. 0.3　　　　　B. 0.5　　　　　　C. 0.8　　　　　　D. 1.2

5. (　　)是指路堤的填筑高度和路堑的开挖深度,是路基设计高程和地面高程之差。
　　A. 路基高度　　　B. 路堤高度　　　C. 路面高度　　　D. 地基高度

6. 判断新建公路路基干湿类型宜采用的指标是(　　)。
　　A. 分界相对含水率　　　　　　　　B. 分界稠度
　　C. 路基临界高度　　　　　　　　　D. 路基土干密度

7. 路基边坡土体沿一定的滑动面整体向下滑动的现象称为(　　)。
　　A. 剥落　　　　　B. 碎落　　　　　C. 滑塌　　　　　D. 崩塌

8. 公路自然区划中划分二级区划的标准是(　　)。
　　A. 地域特征　　　B. 潮湿系数　　　C. 工程特征　　　D. 大气降水

9. 在路基常见的病害中,因地基压实不足、基底软弱处理不当而引起的病害是(　　)。
　　A. 路堤的沉陷　　　　　　　　　　B. 路堤沿山坡滑动
　　C. 路堤边坡滑移　　　　　　　　　D. 不良地质破坏

10. 对于已建公路,采用(　　)作为划分土质路基干湿类型的指标。
　　A. 分界相对含水率　　　　　　　　B. 稠度
　　C. 临界高度　　　　　　　　　　　D. 路基土干密度

二、多选题

1. 路基的基本要求包括(　　)。
　　A. 整体稳定性　　　　　　　　　　B. 结构承载力
　　C. 水温稳定性　　　　　　　　　　D. 耐久性

2. 高速公路的路基土应处于(　　)状态。
　　A. 干燥　　　　　B. 中湿　　　　　C. 潮湿　　　　　D. 过湿

3. 为保证路基稳定,路基两侧应做成具有一定坡度的坡面,边坡形状可分为(　　)三种。
　　A. 直线形　　　　B. 折线形　　　　C. 台阶形　　　　D. 曲线形

4. 按路基填挖的情况,其结构形式可分为(　　)。
　　A. 路堤　　　　　B. 路堑　　　　　C. 半填半挖　　　D. 零填零挖

5. 下列属于路基附属设施的是(　　)。
　　A. 取土坑　　　　B. 弃土堆　　　　C. 错车道　　　　D. 路床

三、简答题

1. 路基的干湿类型对路基有何影响?可划分为哪几类?

2. 路基的附属设施主要包括哪些?各有什么作用?

3. 我国公路自然区划分为哪几个一级区?简述各分区工程特点。

4. 路基沉陷的主要原因是什么?

5. 什么叫平均稠度?什么叫临界高度?

6. 常见的路基横断面形式有哪些?并绘出简图。

四、计算题

某公路地处自然区划Ⅲ₂,其中一段路基为粉质亚黏土,经实地测定,路槽底面以下80cm范围内各土层的含水率见表1-17。已知土的液限为34%,土的塑限为17%,试判断该路段土的干湿类型。

各土层的含水率 表1-17

深度(cm)	1~10	>10~20	>20~30	>30~40	>40~50	>50~60	>60~70	>70~80
天然含水率(%)	18.63	18.54	18.91	19.21	19.52	19.75	19.85	19.87

【能力训练】

图1-31为某公路路基横断面图,由路基横断面图确定每一桩号处路基类型,说明路基宽度、高度和边坡坡度。

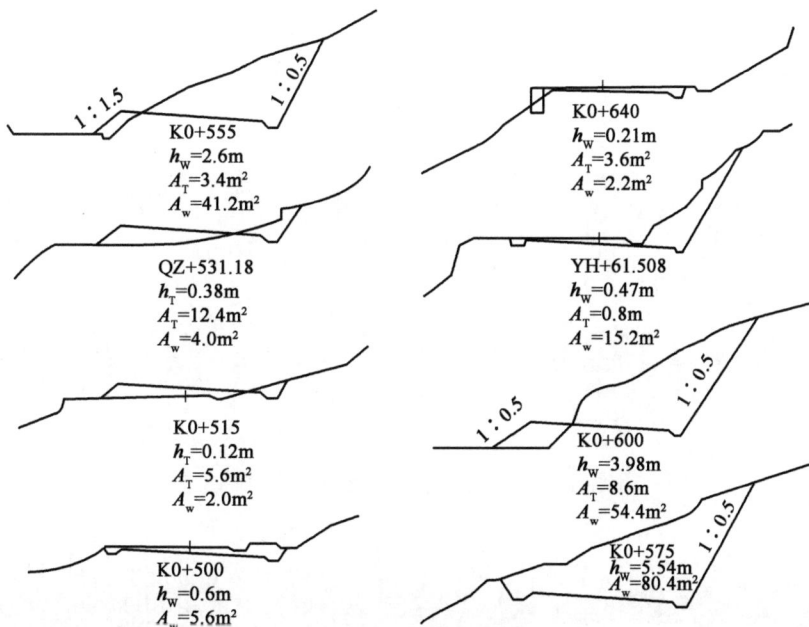

图1-31 某公路路基横断面图

路基横断面设计图的识读应顺桩号从左向右、由下向上进行,以路基每一桩号处的路基高程、路基边坡、填(或挖)方高度以及填(或挖)方面积等来确定路基断面尺寸。

【案例分析】

[背景材料]:

某路基项目位于陕西铜川市宜君县境内,属省道某二级公路改建工程。路线所在区域为陕北典型黄土高原中冻区,自然区划属Ⅲ₂区。

[设计结果]:

(1)路基横断面。路基宽度为10.5m,行车道宽度为9.0m,土路肩宽度为2×0.75m。

(2)路基设计高程。路基设计高程为道路中心高程。

(3)路拱坡度。行车道及路肩横坡度均为2%。

(4)路基边坡。根据地形、地貌、路基土组、水文气象资料,结合《公路路基设计规范》

（JTG D30—2015）和当地经验，路基边坡采用直线及台阶形两种边坡，坡率设置为：

①路堤。一般路堤采用坡度 1:1.5 的直线形边坡；在 K16+120～K16+475 段，由于填土较高，此段设置台阶形边坡，每高 10m 设一宽 2.4m 的平台，第一台边坡坡度 1:1.5，第二台边坡坡度 1:1.75，第三台边坡坡度 1:2。

②路堑。一般路段的路堑边坡坡度采用 1:0.5，中间不留平台，下部设 1.0m 宽的碎落台；在设置上挡墙的挖方路段，挡墙顶面以上的挖方边坡坡度为 1:1.25。

（5）碎落台。考虑沿线的碎落和风化，一般路段在路堑边坡坡脚与边沟外侧边缘之间设置 1.0m 宽的碎落台，并设向路基倾斜 4% 的横坡；在设置上挡墙的挖方路段不设碎落台。

（6）取、弃土堆。采取集中取、弃土，全线共设取土场 1 处，弃土场 3 处。取土时按设计用量取土并形成规则取土坑。弃土应弃于指定位置，并严格控制弃土规模。

项目二　路基施工准备

施工单位接受施工任务后,方可着手进行施工前的准备工作。施工准备工作应有计划、有步骤、分阶段地贯穿整个工程项目的施工过程。路基施工准备工作的内容主要包括组织准备、物资准备、技术准备和现场准备四个方面,如图 2-1 所示。(视频 2)

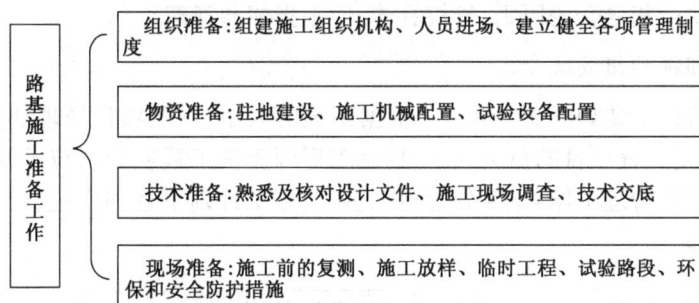

```
                  ┌─────────────────────────────────────────────┐
                  │ 组织准备:组建施工组织机构、人员进场、建立健全各项管理制 │
                  │ 度                                              │
                  ├─────────────────────────────────────────────┤
    路          ┌ │ 物资准备:驻地建设、施工机械配置、试验设备配置        │
    基          │ ├─────────────────────────────────────────────┤
    施          │ │ 技术准备:熟悉及核对设计文件、施工现场调查、技术交底   │
    工          ┤ ├─────────────────────────────────────────────┤
    准          │ │ 现场准备:施工前的复测、施工放样、临时工程、试验路段、环 │
    备          └ │ 保和安全防护措施                                  │
    工            └─────────────────────────────────────────────┘
    作
```

图 2-1　路基施工准备工作

路基施工前的准备工作是保证施工顺利实施的基本前提。根据规定,如果施工前的准备工作经监理工程师审核后未达到合同规定的要求,则不予以批准开工。因此,必须高度重视,认真对待。

任务一　组织准备

📖 **学习目标**

(1)熟悉路基施工准备的工作内容。
(2)掌握施工项目机构配置及功能。
(3)做好人员分工,明确各岗位工作职责。

📖 **任务描述**

(1)教师准备公路路基施工组织准备文件、案例、多媒体教学资源等。
(2)本任务要求学生能够熟悉施工组织准备工作的内容及各岗位工作职责。

📖 **相关知识**

组织准备是做好其他准备工作的前提,其主要内容包括:组建施工队伍、建立和健全工程管理机构和质量保证体系,明确施工任务,做好各项工作的分工,制定施工过程中必要的规章制度,确定工程应达到的目标等。

一、组建施工组织机构

在整个工程项目施工之前,首先应根据施工项目的规模、结构特点和工期要求,建立一个能完成施工管理任务、项目经理指挥灵便、运转自如的高效项目组织机构——项目经理部。一个好的组织机构,可以有效地完成施工项目管理目标。

1. 项目经理部人员设置的原则

施工项目部组织机构的人员设置,以能实现施工项目所要求的工作任务为原则,尽量简化机构,做到高效精干。人员配置要求:严格控制二、三线人员,力求一专多能、一人多职。坚持合理分工与密切协助相结合的原则,责权具体,便于指挥和管理。

2. 项目经理部机构组成及分工

项目经理部机构配置如图 2-2 所示。根据工程的大小,一般项目经理部设置项目经理负责全面管理工作,是工程项目的负责人;项目总工程师负责工程质量与技术管理工作;项目副经理负责施工现场的管理工作,主要分管施工生产、施工计划下达和实施、物资采购供应和机械设备保障等工作。

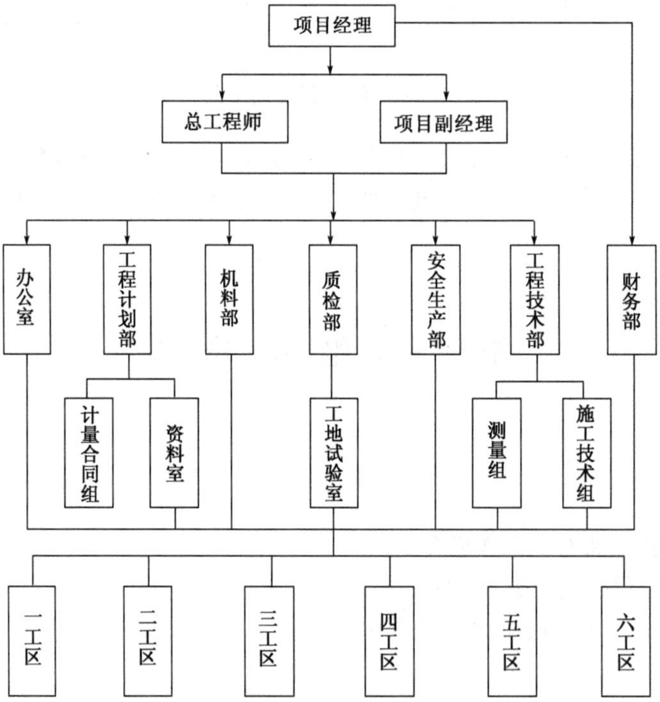

图 2-2　项目经理部的机构配置

项目部下设工程技术部、质检部、财务部、安全生产部、机料部、工程计划部、办公室等管理部门。为了便于组织施工及管理,在项目经理部的统一指挥下,按工程项目类别分别设置路基土石方、排水及涵洞、防护工程等专业作业班组(工区),如一工区、二工区、三工区等。

项目经理部的人数配置视工程规模的大小、难易程度而定,路桥专业技术人员一般公路按平均每人管理 3~5km,高速公路、一级公路平均每人管理 1km 配置。

二、设置施工班组和人员进场

1. 设置施工班组

应根据专业、工种确定合理的施工班组，即专业施工队。技工、普工的比例要满足施工组织方式的要求，同时应制订出劳动力需要量计划。确定的用工人数和各工种用工比例要合理，并与施工单位签订劳务合同，实行合同管理。

2. 人员进场与培训

在组建项目经理部后，应根据各分部分项工程的开工日期和劳动力需要量计划，分批分阶段地组织劳动力进场，并及时组织安全、防火和文明施工等方面的培训教育工作。

三、建立健全各项管理制度

在施工过程中，项目现场一般应建立技术质量责任制度、工程技术方案制度、施工图纸学习制度、技术交底制度、职工考勤考核制度、工程材料和构件的检查验收制度、工程质量检查与验收制度、材料出入库登记和保管制度、安全操作制度、机具使用保养制度等，以保证各项施工活动的顺利进行。

任务二　物资准备

学习目标

(1) 了解物资准备的工作内容。
(2) 熟悉路基驻地建设的内容及要求。
(3) 熟悉路基施工机械设备种类。
(4) 掌握工地试验设备配置及要求。

任务描述

物资准备主要包括驻地建设，各种施工机具设备的购置、采集、调配、运输和储存。物质准备工作必须能够保证施工组织计划顺利实施，故也被列为施工组织计划的组成部分之一。

本任务要求学生通过公路路基施工物资准备文件，施工规范、多媒体教学资源等和教师的讲解，能够在工程开工前根据路基施工任务编制各种物资的需要量计划，并分别落实货源、安排运输和储备，使其满足连续施工的要求。

相关知识

一、驻地建设

施工队伍进场后，应按照施工总平面布置图搭建项目部、试验室等临时用房，修建预制场地、料场、仓库等。这些施工现场的临时建筑物是施工单位在施工期间兴建的生活和生产的临时房舍及设施场所，一旦施工完毕应予以拆除。

（1）驻地建设应包括项目部各机构办公室、会议室、试验及测量用房、职工宿舍、食堂等，如图 2-3、图 2-4 所示。

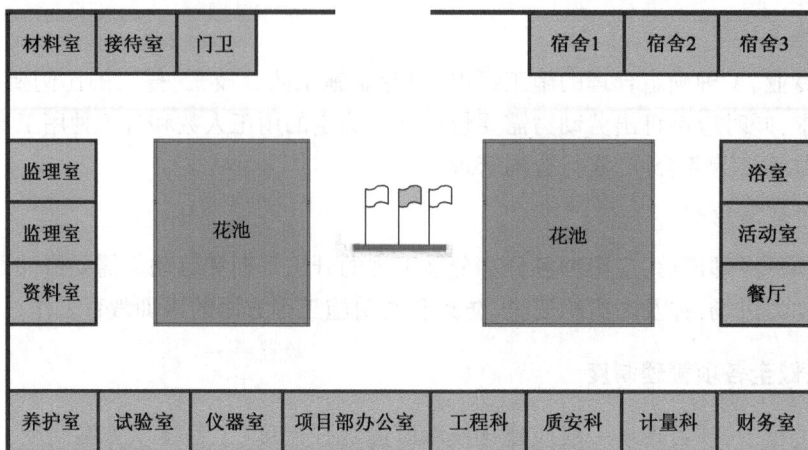

材料室	接待室	门卫				宿舍1	宿舍2	宿舍3
监理室			花池		花池			浴室
监理室								活动室
资料室								餐厅
养护室	试验室	仪器室	项目部办公室	工程科	质安科	计量科	财务室	

图 2-3　某公路工程项目部平面布置图

图 2-4　某公路工程项目部

（2）根据工程规模可设置一个或多个预制场、搅拌站、堆料场等，如图 2-5、图 2-6 所示。

图 2-5　搅拌站　　　　　　　　　　图 2-6　堆料场

（3）驻地建设应满足消防安全的要求，并做好消防培训工作。

二、施工机械设备配置

路基施工机械可分为土方施工机械、石方施工机械和压实机械三大类，它们担负着路基工程中开挖、铲装、运输、整平、压实的任务。

（1）土方施工机械。其主要有推土机、装载机、挖掘机、平地机、铲运机、自卸车、洒水车，如图2-7所示。常用土方施工机械的选择见表2-1。

a)路堤填筑机械　　　　　　　　　　　b)路堑开挖机械

图2-7　土方施工机械

常用土方机械适用范围　　　　　　　　　　　　　　　　表2-1

机械名称	适用的作业项目		
	施工准备工作	基本土方作业	施工辅助作业
推土机	（1）修筑临时道路； （2）推倒树木，拔除草根； （3）铲草皮，除积雪及建筑碎屑； （4）推缓陡坡地形，整平场地； （5）翻挖回填井、坑、陷穴	（1）高度3m以内的路堤和路堑土方； （2）运距100m以内的挖、填、压实； （3）傍山坡挖填结合的路基土方	（1）路基缺口土方的回填； （2）路基粗平，取弃土方的整平； （3）填土压实，斜坡上挖台阶； （4）配合挖掘机与铲运机松土、运土
铲运机	（1）铲运草皮； （2）移运孤石	运距600～700m以内的挖土、运土、铺平与压实（高度不限）	（1）路基粗平； （2）借土坑与弃土堆整平
平地机	除草、除雪、松土	修筑高0.75m以内的路堤与深0.60m以内的路堑，以及填挖结合路基的挖、运、填土	开挖排水沟，半整平路基，修整边坡
松土机	翻松旧路面、清除树根与废土层、翻松硬土		（1）Ⅲ～Ⅳ类土的翻松； （2）破碎0.50m内的冻土层
挖掘机		（1）半径7m以内的挖土与卸土； （2）装土供汽车远运	（1）挖沟槽与基坑； （2）水下捞土（反向铲土等）

（2）石方施工机械。其主要有松土器、凿岩机等。

（3）压实施工机械。其主要有碾压式、振动式、夯击式等，如图2-8所示。

表2-2是适用于相应土质的碾压机械表。

路基土石方机械设备的配置应根据土质、工程数量、工期和运距等因素来确定。合理配置施工机械是按时完成工程任务及获得经济效益的保障。

| a)光面碾、羊足碾 | b)冲击碾 |

图 2-8 压实施工机械

适用于相应土质的碾压机械   表 2-2

机 械 名 称	土 的 分 类				备 注
	细粒土	砂类土	砾石土	巨粒土	
6~8t 两轮光轮压路机	A	A	A	A	用于预压整平
12~18t 两轮光轮压路机	A	A	A	B	最常使用
25~50t 轮胎压路机	A	A	A	A	最常使用
羊足碾	B	C 或 B	C	C	粉土质砂、黏土质砂可用
振动压路机	B	A	A	A	最常使用
凸块式振动压路机	A	A	A	A	最适用于含水率较高的细粒土
手扶式振动压路机	B	A	A	C	用于狭窄地点
振动平板夯	B	A	A	B 或 C	用于狭窄地点,机械质量 800kg,可用于巨粒土施工
手扶式振动夯	A	A	A	B	用于狭窄地点
夯锤(板)	A	A	A	A	夯击影响深度最大
推土机、铲运机	A	A	A	A	仅用于摊平土层和预压

注:1. A 代表适用,B 代表无适当机械时可用,C 代表不适用。

2. 土的类别按《公路土工试验规程》(JTG E40—2007)的规定划分。

3. 对特殊土和黄土(CLY)、膨胀土(CHE)、盐渍土等的压实机械选择可按细粒土考虑。

4. 自行式压路机适用于一般路堤、路堑基底的换填等的压实,宜采用直线式进退运行。

5. 羊足碾应有光轮压路机配合使用。

三、试验设备配置

工地试验设备为施工现场提供数据服务。配合路基施工,检测工地各种原材料、加工材料及结构性材料的物理力学性能,以及施工结构物的几何尺寸,如图 2-9 所示。

路基工程工地试验室进行试验、检测的项目见表 2-3、表 2-4。

工地试验室所购置的各种重要试验、检测设备,应通过计量部门标定、交通质量监督部门认证合格后才能投入使用。工地试验室认证工作应在接到中标通知书后立即开始申办,并在工程开工前办理完各种证件。

图 2-9　工地试验室

路基土石方工程主要材料试验项目表　　　　　　　　　　表 2-3

序　号	试 验 项 目	序　号	试 验 项 目
1	土的颗粒分析试验	4	击实试验
2	含水率试验	5	回弹模量试验
3	液、塑限试验	6	CBR 试验

路基工程质量主要检查项目　　　　　　　　　　表 2-4

序　号	检 查 项 目	序　号	检 查 项 目
1	压实度检测	3	平整度检测
2	弯沉检测	4	宽度、高程、边坡坡度

任务三　技术准备

学习目标

(1) 知道技术准备的工作内容。

(2) 掌握路基工程技术交底的内容。

(3) 了解路基工程施工现场调查的内容。

(4) 能够完成技术交底工作。

任务描述

(1) 教师准备公路路基施工技术准备文件、案例、多媒体教学资源等。

(2) 本任务要求学生会编写路基开工报告和技术交底文件,并在施工现场能开展技术交底工作。

相关知识

施工技术准备是工程开工前期的一项重要工作。只有通过完善周密的技术准备工作、全面熟悉施工图纸、了解设计意图和业主的要求,才能对整个工程的施工计划和施工方法、施工

进度和资源消耗等作出科学的安排。

一、熟悉及核对设计文件

设计文件是组织施工的主要依据,熟悉、审核施工图纸是领会设计意图、明确工程内容、掌握工程特点的重要环节。施工单位在接到施工设计文件后,应立即组织有关技术人员对施工设计文件进行审核,充分领会设计意图,核对地形和地质资料。图纸会审要着重解决以下问题:

(1)核对设计是否符合施工条件。

(2)设计中提出的工程材料、工艺要求,施工单位是否具备。

(3)设计能否满足工程质量及安全要求,是否符合国家有关规范和标准。

(4)设计图纸及说明是否齐全。

(5)设计图纸上的尺寸、高程、工程数量的计算有无差、错、漏现象。

在进行设计文件研究及图纸核对时,对设计文件和图纸中存在的问题或错误应进行详细记录,并提出修改意见及时向设计单位和监理工程师提出,并进行协商解决。对合理化建议应按程序进行变更设计或补充设计,如表 2-5 所示。

××高速公路图纸审核及答复意见示例   表 2-5

××高速公路 T14 合同段设计图纸答复意见				
设计单位:××交通规划勘察设计研究院				
序号	详细说明	所在图册	答复意见	
1	现场清理合计数量与各段落计算总和不符	第 1 册	经核查,设计数量无误	
2	无详细主动防护网设计图	第 2 册	本次施工图补充设计已做补充	
3	路肩墙工程数量与 S3-2-30 中护肩墙工程数量表不符,且护肩墙参数不详	第 2 册	本次施工图补充设计已做修订	
4	路肩墙顶防撞护栏每延米工程数量有误,每延米 C30 混凝土数量经计算为 0.63m³,钢筋数量和计算混凝土数量与路基防护工程数量表不符,防撞墙宽度 50cm 与标准断面所标注的 75cm 相冲突	第 2 册	本次施工图补充设计已做修订	

设计文件是组织施工的主要依据。施工单位必须按图施工,未经建设单位和监理工程师同意,施工单位无权修改设计文件及图纸,更不能在没有设计图纸的情况下擅自施工。

二、施工现场调查

对公路施工现场进行实地勘测和现场调查,获得有关数据的第一手资料,是编制实施性施工组织设计文件和施工计划、做好任务分工、组织大型机械设备进场的重要前提。施工现场调查主要包括自然条件调查和技术经济条件调查。

1. 自然条件调查

(1)地形、地貌。重点调查公路沿线的地形、地貌及各类建筑物,以便布置施工场地、选择驻地、规划临时设施、掌握障碍物的位置及数量等。

（2）地质。通过试验、观察和地质勘探等手段确定公路沿线的地质情况、选择取土场、确定路基的施工方法及特殊路基的处理措施等。

（3）水文。调查地下水和地面水，制订合理可行的防排水方案。

（4）气象。重点调查气温、降雨及风力、风向，制订冬季取暖、夏季防暑降温、施工现场排水及防洪、大风季节施工安全等相关措施。对其他自然条件（如地震、泥石流、滑坡等），必要时也应调查，并采取专门的施工保障措施。

2. 技术经济条件调查

（1）施工场地的水源、电源以及生活物资供应。

（2）当地劳动力资源、工业生产加工能力。

（3）自采加工材料场储量、地方生产材料。

（4）当地运输条件和运输工具。

（5）当地民俗民情、生活习惯等。

三、技术交底

施工前的现场技术交底工作通常由建设单位主持，设计、监理和施工单位参加。技术交底通常包括施工图纸、施工技术交底以及安全技术交底等。这项交底工作分别由高一级技术负责人、单位工程负责人、施工队长、作业班组逐级组织进行。技术交底有关事宜如下：

首先，设计单位的设计负责人说明设计意图、设计依据、设计要求及所设计工程的功能与特点，并对工程的特殊结构、新技术和新材料等提出设计要求，对施工中应注意的关键技术问题等进行设计技术交底。

其次，施工单位通过对设计意图的理解及研究核对设计文件和图纸的相关记录，提出对设计图纸的疑问、建议或变更。

最后，在统一认识的基础上，对所探讨的问题逐一做好记录，形成设计技术交底纪要文件，由建设单位正式行文，参加单位共同会签盖章，作为施工合同的一个补充文本。该补充文本与设计文件同时使用，既可作为指导施工单位施工的依据，也可作为建设单位与施工单位进行工程结算的依据。

任务四　现场准备

学习目标

（1）知道路基现场准备的工作内容。

（2）熟悉路基施工复测的项目。

（3）掌握路基施工放样的方法。

（4）能够做好场地清理的工作。

任务描述

（1）教师准备公路路基施工现场准备文件、案例、多媒体教学资源等。

（2）本任务要求学生利用先进的测量仪器，能准确确定路基中线、边线和边桩的位置。

相关知识

工程开工前,应根据设计文件和实施性施工组织设计进行施工现场准备工作,现场准备工作包括:施工前的复测、路基放样、清理场地、临时工程、试验路段、环保和安全防护措施。为施工项目顺利进行创造有利的施工条件。

一、施工前的复测

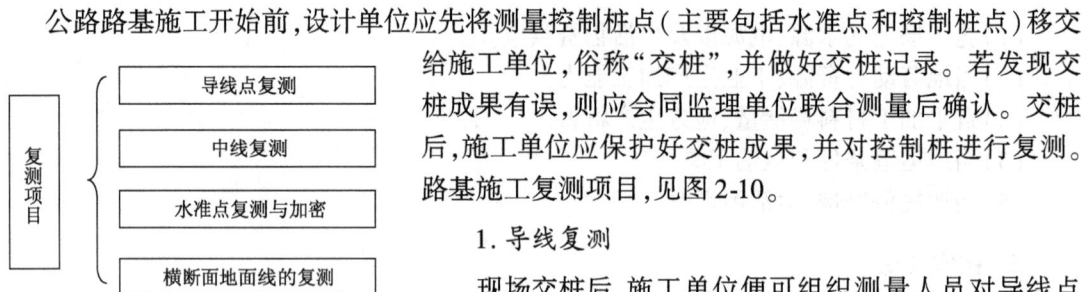

公路路基施工开始前,设计单位应先将测量控制桩点(主要包括水准点和控制桩点)移交给施工单位,俗称"交桩",并做好交桩记录。若发现交桩成果有误,则应会同监理单位联合测量后确认。交桩后,施工单位应保护好交桩成果,并对控制桩进行复测。路基施工复测项目,见图2-10。

复测项目
- 导线点复测
- 中线复测
- 水准点复测与加密
- 横断面地面线的复测

图2-10 路基施工复测项目

1.导线复测

现场交桩后,施工单位便可组织测量人员对导线点进行复测。导线复测主要包括水平角的测量、导线边长的测量及导线点的加密等。

当路线的线形主要由导线控制时,导线的点位精度及密度将直接影响施工放线的质量。导线测量的技术要求见表2-6。

导线测量技术要求 表2-6

等 级	附合导线长度(km)	平均边长(m)	每边测距中误差(mm)	测角中误差(″)	导线全长相对闭合差	方位角闭合差(″)	测 回 数	
							DJ$_2$	DJ$_6$
一级	10	500	17	5.0	1/15000	±10$\sqrt{n}$	2	4
二级	6	300	30	8.0	1/10000	±16$\sqrt{n}$	1	3
三级	—	—	—	20.0	1/2000	±30$\sqrt{n}$	1	2

导线复测应符合以下规定:

(1)当原有导线点不能满足施工需要时,可增设满足相应精度要求的附合导线点。

(2)同一建设项目内相邻施工段的导线应闭合,并满足同等级精度要求。

(3)对可能受施工影响的导线点,施工前应加以固定或改移,在开工至竣工验收的时间段内应保证其精度。

2.中线复测

中线复测应符合以下规定:

(1)路基开工前,应进行全段中线复测,并固定路线主要控制桩(如交点、转点,圆曲线和缓和曲线的起讫点)等。

(2)高速公路、一级公路宜采用坐标法进行测量放样。

(3)应注意路线中线与结构物中心、相邻施工段的中线闭合,发现问题应及时查明原因,进行处理。

(4)如发现原设计中线长度丈量错误或需局部改线时,应做断链处理。

3. 水准点的复测与加密

(1)沿路线每 500m 宜设一个水准点。在结构物附近、高填深挖地段、工程量集中及地形复杂路段,宜增设水准点。临时水准点应符合相应等级的精度要求,并与相邻水准点闭合。

(2)当水准点有可能受到施工影响时,应将其移出影响范围之外。

(3)水准点精度应符合表 2-7 的规定。

水准测量精度要求 表 2-7

等级	每公里高差中数中误差(mm)		往返较差、附合或环线闭合差(mm)		检测已测测段高差之差(mm)
	偶然中误差 M_Δ	全中误差 M_W	平原微丘区	山岭重丘区	
三等	±3	±6	±12$\sqrt{L}$	±3.5$\sqrt{n}$ 或 ±15$\sqrt{L}$	±20$\sqrt{L_i}$
四等	±5	±10	±20$\sqrt{L}$	±6.0$\sqrt{n}$ 或 ±25$\sqrt{L}$	±30$\sqrt{L_i}$
五等	±8	±16	±30$\sqrt{L}$	±45$\sqrt{L}$	±40$\sqrt{L_i}$

注:1.计算往返较差时,L 为水准点间的路线长度(km)。
   2.计算附合或环线闭合差时,L 为附合或环线的路线长度(km)。
   3.n 为测站数,L_i 为检测测段长度(km)。

4. 横断面地面线复测量

路基施工前,应对原地面横坡进行复测,核对或补充横断面,发现问题时,应进行处理。

(1)应设置标识桩,对路基用地界、路堤坡脚、路堑坡顶、取土坑、护坡道、弃土堆等的具体位置标识清楚。

(2)对深挖高填路段,每挖填 3～5m 或者一个边坡平台(碎落台)应复测横断面。

(3)施工过程中,应保护好横断面各标识桩点,并及时恢复被破坏的桩点。

二、路基放样

路基横断面放样包括:路基边桩放样和路基边坡放样。路基施工前,应根据路基横断面设计图、路基设计表及施工技术要求等进行路基横断面放样工作。路基横断面放样的目的是在原地面上标定出路基的外形轮廓,从而指导路基填挖施工作业。

1. 放样的工作内容

(1)确定横断面方向。

(2)在路中线各桩处标定填挖高度。

(3)按设计图纸在原地面上标出横断面各主要点的位置:路堤坡脚、路堑坡顶、取土坑、护坡道及弃土堆等。

(4)按设计的路基边坡坡度放出边坡的位置桩。

(5)遇有施工中难以保存的桩点,应沿横断面方向将桩点移到施工范围以外。

2. 放样方法

1)低等级公路

(1)图解法。根据路基横断面图中所标识的尺寸,直接在实地用皮尺沿横断面方向测量其位置。当填挖方不大时,采用此法较简便。

(2)计算法。通过计算求解路堤坡脚、路堑坡顶至中桩的距离,然后再用皮尺在实地量出其位置。

2)高等级公路

在进行路堤坡脚桩、路堑坡顶桩放样时,应使用全站仪,采用坐标法或极坐标法,保证放样的准确性。

3.路基边桩放样

1)平坦地段路基边桩的测设

如图2-11a)所示,路堤边桩至中桩的距离为:

$$D = \frac{B}{2} + mh \tag{2-1}$$

如图2-11b)所示,路堑边桩至中桩的距离为:

$$D = \frac{B}{2} + S + mh \tag{2-2}$$

式中:B——路基设计宽度;

m——1:m 表示路基边坡坡度;

h——填方高度或挖方深度;

S——路堑边沟顶宽。

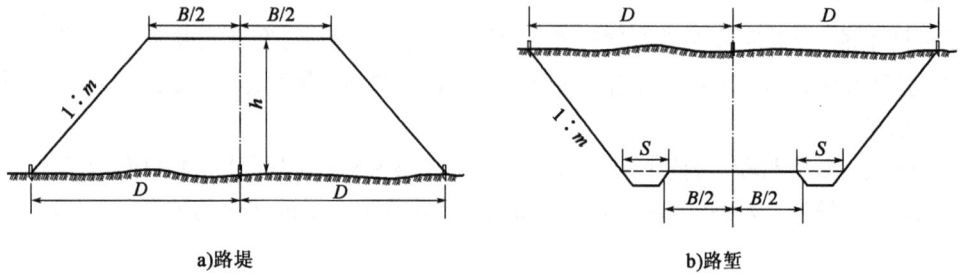

a)路堤　　　　　　　　　　　　　　b)路堑

图2-11　平坦地段边桩测设

以上是横断面位于直线段时求解 D 值的方法。若断面在曲线上有加宽时,在用上述方法求出 D 值后,还应于曲线内侧的 D 值中加上加宽值。

2)斜坡地段路基边桩的测设

斜坡地段边桩至中桩的距离随着地面坡度的变化而变化,见图2-12。

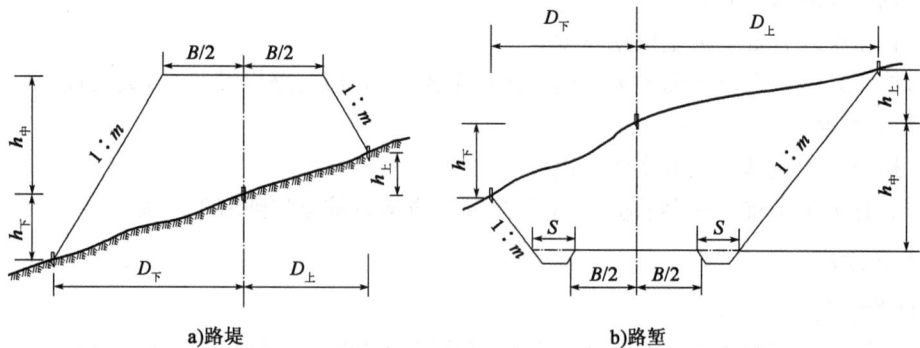

a)路堤　　　　　　　　　　　　　　b)路堑

图2-12　斜坡地段边桩测设

如图2-12a)所示,路堤边桩至中桩的距离为:

斜坡上侧

$$D_{上} = \frac{B}{2} + m(h_{中} - h_{上}) \tag{2-3}$$

斜坡下侧

$$D_{下} = \frac{B}{2} + m(h_{中} + h_{下}) \tag{2-4}$$

如图 2-12b)所示,路堑边坡至中桩的距离为:

斜坡上侧

$$D_{上} = \frac{B}{2} + m(h_{中} + h_{上}) + S \tag{2-5}$$

斜坡下侧

$$D_{下} = \frac{B}{2} + m(h_{中} - h_{下}) + S \tag{2-6}$$

式中: $h_{中}$——中桩处的填挖高度;

$h_{上}$、$h_{下}$——斜坡上、下侧边桩与中桩的高差,在边桩定出之前为未知数。

因此,在实际工作中采用渐近法测设边桩。先根据地面实际情况,并参考路基横断面,估计边桩的位置;然后测边桩与中桩的高差,并以此作为 $h_{上}$ 和 $h_{下}$ 代入以上四式中计算 $D_{上}$ 和 $D_{下}$,并据此在实地定出其位置。若估计位置与其相符,即得边桩位置。否则,应按实测资料重新估计边桩位置,重复上述工作,直至相符为止。

4.路基边坡放样

1)路基边坡放样的方法

路基边坡放样就是确定路基边坡在现场的空间位置,放样方法如下:

(1)用竹竿和麻绳放样边坡。当路堤高度不大时,可一次挂线放样,见图 2-13a);当路堤填土较高时,可分层挂线放样,见图 2-13b)。

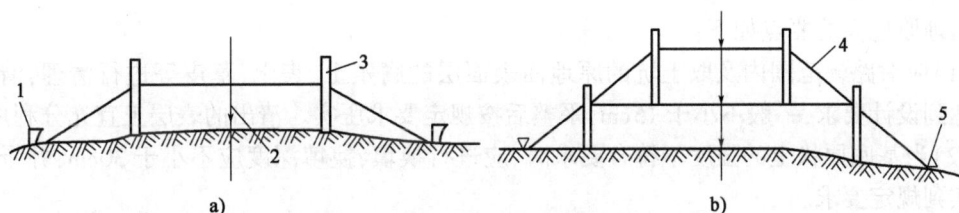

图 2-13 用竹竿和麻绳放样边坡
1、5-边桩;2-中桩;3-竹竿;4-麻绳

(2)用固定边坡样板放样边坡。路堑通常采用固定边坡样板进行边坡放样,在坡顶外侧钉立固定样板,施工时可瞄准样板所指示的坡度进行开挖,如图 2-14 所示。

(3)高等级公路宜采用先计算边桩坐标(可以直接采用设计图纸提供的逐桩占地边界坐标),再利用路基边缘坐标进行边坡放样。

2)路基边坡坡度的检查

路基边坡坡度常用活动边坡样板进行检查。首先按照边坡坡度做好活动边坡样板,见图 2-15。根据活动边坡样板上水准气泡的偏离情况,可以确定目前边坡坡度和设计边坡坡度间的偏离情况。注意,检查边坡坡度时,一定要从边桩处开始,逐渐检查到路基边缘。

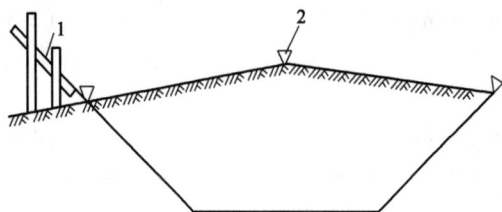

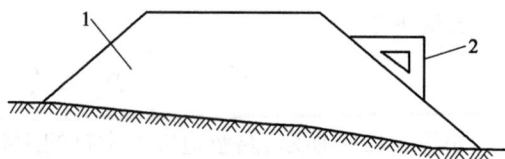

图 2-14　固定边坡样板放样　　　　　　　图 2-15　活动边坡样板检查坡度

1-固定边坡样板;2-中桩　　　　　　　　　　1-路基;2-活动边坡样板

在实际路基施工时,路堤放样一般只需定出每层填土的边线,从而确定出每层填土的填筑范围,最后进行边坡修整,去掉超填的土方。

三、清理场地

施工前应清除施工现场内所有阻碍施工或影响工程质量的障碍物。

1)拆迁建筑物

对于路基施工范围内的所有建筑物、设施等均应会同有关部门事先拆迁或改造。当路基施工影响沿线附近建筑物的稳定时,应予以适当加固。

2)砍伐树木

在路基施工范围内,对妨碍视线、影响行车的树木和灌木丛,均应在施工前进行砍伐或移植清理。砍伐后的树木应堆放在不妨碍施工和不影响农业生产的地方。

对于二级及二级以上公路路堤和填方高度小于1m的路堤,应将路基基底范围内的树根全部挖除,并将坑穴填平夯实。填方高度大于1m的二级以下公路路堤,可保留树根,但根部不能露出地面。采用机械施工的路堑及取土坑等,均应将树根全部挖除。挖掘树根的坑,深度超过30cm的必须分层夯实到原地表。

3)清理原地面

清理原地面的要点如下:

(1)应对路幅范围内及取土坑的原地面表面层的腐殖土、表土、草皮等进行清理,清除深度应达到设计要求,一般不小于15cm,平整后按规定要求压实。清出的表层土宜充分利用。

(2)当基底原状土的强度不符合要求时,应进行换填,换填深度应不小于30cm,并予以分层压实到规定要求。

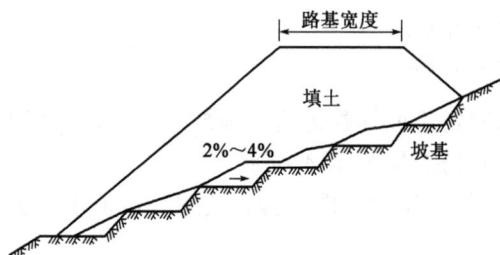

图 2-16　坡面路基的处理

(3)基底应在填筑前进行压实。高速公路、一级公路、二级公路路堤基底的压实度应符合设计要求,当路堤填土高度小于路床厚度(80cm)时,基底的压实度不宜小于路床的压实度标准。

(4)当路堤基底的纵坡坡度大于12%或横坡坡度大于1:5时,应设置坡度向内为2% ~ 4%、宽度不小于2m的台阶并予以夯实。坡面路基的处理如图2-16所示。

4)场地排水

场地排水是指疏干、排除场地上所积地表水,保持施工场地干燥,为施工提供正常条件。通常根据现场情况,设置纵、横排水沟,形成排水系统,将水引入附近河渠、低洼处排除。为节省工程量,避免返工浪费,对开挖的排水沟应按设计的路基排水系统布置。

在受地表积水或地下水影响的土质不良的地段施工时,为了保证工程质量,减少土方挖掘、运送和夯实的困难,施工前也应切实做好场地排水工作。

四、临时工程

临时工程包括施工现场的供电、给水、架设临时通信设施,修筑便道、便桥等(即"三通一平"),这些均为公路建设项目开工的前提条件。但由于它只要求在施工期间达到预期的目的,所以在确保安全、满足使用要求的前提下,应力求简化。

(1)电通。确定用电量及其分布,选择电源,设计供电系统。电源应尽量使用外供电,没有条件时可自行发电。以保证生活和生产用电。

(2)水通。应充分利用就近水源,保证取水、输水等设施既安全又经济,必要时需铺设临时供水管道,以确保工程用水和生活用水的需要。

(3)路通。为保证机具、材料、人员和给养的运送,必须在开工前修筑临时道路(图 2-17),且应尽量利用原有道路,将之拓宽整平。跨越灌渠或河道需架设临时施工便桥(图 2-18),应会同有关部门协商解决。

图 2-17 施工便道

图 2-18 施工便桥

(4)通信。施工方与监理工程师的驻地相距较远时,应架设电话等通信设施,以便及时工作联络。特别是在施工的关键时候及出现特殊情况时,应减少因通信不便给工程施工带来的损失和贻误。

五、试验路段

对于二级及二级以上公路路堤、填石路堤、土石路堤、特殊地段路堤、特殊填料路堤以及采用新技术、新工艺、新材料进行路基施工时,应采用不同的施工方案做试验路段,从中选出路基施工的最佳方案指导全线施工。

试验路段的位置应选择在地质条件、断面形式均具有代表性的地段,路段长度不宜小于100m。试验所用的材料和机具应与全线施工所用的材料和机具相同。路堤应按松铺厚度30cm进行试验,以确保压实层的匀质性。

在试验路段施工中和完工后,都应加强对有关指标的检测。完工后,应及时写出试验报告。如发现路基设计有缺陷时,应提出变更设计意见报告,上报监理工程师审批。

试验路段施工应包括以下内容:

（1）填料试验、检测报告等。

（2）压实工艺主要参数：机械组合；压实机械规格、松铺厚度、碾压遍数、碾压速度；最佳含水率及碾压时含水率允许偏差等。

（3）施工过程质量控制方法、指标。

（4）质量评价指标、标准。

（5）优化后的施工组织方案及工艺。

（6）原始记录、过程记录。

（7）对施工设计图的修改建议等。

路堤试验段的实施，见图 2-19、图 2-20。

图 2-19　路堤试验段的施工方案

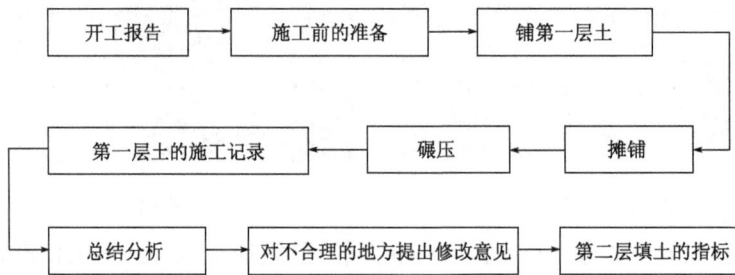

图 2-20　路堤试验段的施工方案

当第二层填土完成后，按第一层的方法进行总结分析以确定第三层填土的各项指标。一般情况下，进行两次调整后就不需要再调整。当填土的松铺厚度、含水率、碾压遍数指标稳定后，试验路段的目的就已达到，即可写出试验报告。

六、环保和安全防护措施

1．环保措施

建立以项目经理为负责人的环境保护领导小组和环保体系，明确施工期间各部门在环境保护工作中的职责。

1）植被、土地及地下水资源的保护措施

（1）保护原有植被。对合同规定的施工界限内外的植物、树木等应尽力维持原状；料场范围内的草皮、灌木应移植，腐殖土应集中堆放。

(2)对于临时用地范围内的裸露地表应植草或种树进行绿化。

(3)营造良好的环境。在施工现场和生活区设置足够的临时卫生设施,经常进行卫生清理,同时在生活区周围种植花草、树木,美化生活环境。

2)水环境的保护措施

(1)将靠近生活水源的施工用沟壕同生活水源隔开,避免污染生活水源。

(2)对施工废水、生活污水按要求进行处理,不得直接排入河流和渠道。

(3)对施工机械的废油废水应采取隔油池等有效措施加以处理后排放。

(4)对生活污水进行净化处理,检查符合标准后再排放。

3)大气环境的保护措施

(1)在设备选型时应选择低污染设备,并安装空气污染控制系统。

(2)配备足量的专用洒水车,对施工现场和运输道路经常洒水湿润,以减少扬尘。

(3)对汽油等易挥发品的存放要密闭,并尽量缩短开启时间。

4)水土的保护措施。

(1)严格在设计核准的用地界和工程监理批准的临时用地范围内开展施工作业活动,不得随意开挖、碾压界外土地。

(2)在取土场中取土时,先将取土范围内的地表草皮铲起保护,待取土完毕后再将草皮移植回取土后的地表。

2. 安全保卫措施

安全保卫措施主要有以下两项:

(1)在项目部设治安点,专门负责施工区域内的治安保卫工作。在施工中积极主动与地方政府、公安机关联系、配合,解决好路地纠纷、施工干扰等具体事件,及时处理在施工区域内发生的各类事件。

(2)每月定期进行以防火、防盗、防爆为中心的安全大检查,堵塞漏洞,发现问题和隐患及时进行整改。

思考与练习

一、单选题

1. (   )是工程项目的总体负责人,是质量和安全的第一责任人。

    A. 项目经理　　　　　　　　　　　　　B. 项目总工

    C. 项目安全经理　　　　　　　　　　　D. 项目安全员

2. 施工前的技术交底工作,通常由(   )主持,相关参建单位参加。

    A. 施工单位　　　　B. 建设单位　　　　C. 设计单位　　　　D. 监理单位

3. 下列(   )项不是技术资料准备的内容。

    A. 社会劳动力调查　　　　　　　　　　B. 熟悉和会审图纸

    C. 编制施工图预算　　　　　　　　　　D. 编制施工组织设计

4. 下列(   )不属于施工现场准备。

    A. "三通一平"　　　　　　　　　　　　B. 测量放线

    C. 搭设临时设施　　　　　　　　　　　D. 地方材料准备

5. 公路高程测量应采用(   )。
   A. 三角高程测量　　　　　　　　　B. 水准测量
   C. 曲线测量　　　　　　　　　　　D. 水平角测量

6. 坐标法放样目前主要采用的仪器是(   )。
   A. 经纬仪　　　　B. 红外线测距仪　　　C. 全站仪　　　　D. GPS

7. 对于原地基处理,下面说法不正确的是(   )。
   A. 路基用地范围内的树木、灌木丛等均应在施工前砍伐或移植清理
   B. 原地面的坑、洞、墓穴等应用原地土或砂性土回填
   C. 当路堤填土高度小于路床厚度(80cm)时,路床压实度不宜小于基底压实度标准
   D. 路堤原地基横坡坡度大于1:5时,原地基应挖成台阶

8. 原地基处理中,当原地基原状土强度不符合要求时,应进行换填,换填深度应大于或等于(   )cm。
   A. 30　　　　　　B. 50　　　　　　C. 80　　　　　　D. 100

9. 高速公路、一级公路和填方高度小于(   )m的公路路堤施工时,应将路基基底范围内的树根全部挖除,并将坑穴填平夯实。
   A. 1　　　　　　B. 1.5　　　　　　C. 2　　　　　　D. 2.5

10. 路基横断面放样的目的是在原地面上标定出路基的(   ),从而指导路基填挖施工作业。
   A. 中心线　　　　　B. 强度　　　　　C. 外形轮廓　　　　D. 路床

二、多选题

1. 高速公路平面控制测量采用(   )。
   A. 一级小三角　　　　　　　　　　B. 一级导线
   C. 二级小三角　　　　　　　　　　D. 四级 GPS 控制网

2. 下列几项中,应进行试验路段施工的是(   )。
   A. 填石路堤　　　　　　　　　　　B. 土石路堤
   C. 土质路堤　　　　　　　　　　　D. 二级公路路堤

3. 石方施工机械主要包括(   )。
   A. 凿岩机　　　　B. 平地机　　　　C. 空压机　　　　D. 松土器

4. 导线复测的外业工作主要包括(   )。
   A. 水准测量　　　B. 角度测量　　　C. 距离测量　　　D. 导线点的加密

5. 下列属于组织准备内容的是(   )。
   A. 组建施工组织结构　　　　　　　B. 设置施工班组
   C. 施工放样　　　　　　　　　　　D. 人员进场与培训

6. 某公路施工图设计文件中提供了平面设计图、直线、曲线及转角表和交点坐标,但没有逐桩坐标表,可以用(   )方法进行放样。
   A. 坐标法　　　　B. 切线支距法　　　C. 偏角法　　　　D. 直线法

7. 路基施工测量包括(   )。
   A. 导线复测　　　　　　　　　　　B. 中线复测
   C. 水准点复测　　　　　　　　　　D. 横断面检查与补测

8. 高速公路、一级公路横断面测量可采用( )。

    A. 水准仪—皮尺法   B. 横断面仪法

    C. 经纬仪视距法   D. 全站仪法

9. 路基施工铺筑试验路段的目的是( )。

    A. 确定施工参数   B. 检验填料质量

    C. 施工过程质量控制   D. 加快施工进度

10. 对于临时用地范围内的裸露地表应( )。

    A. 用土工布覆盖   B. 植草或种树

    C. 不做处理   D. 洒水保湿

三、简答题

1. 路基施工准备工作包括哪几个方面？并做简要说明。

2. 简述交桩过程需要注意的事项。

3. 路基施工时，如何进行路基放样？

4. 路基施工现场需做哪些准备工作？

5. 哪些情况下，路基施工需要进行试验路段施工？路堤试验路段施工应包括哪些内容？

6. 土作为路基填料时，施工前的检验项目包括哪些？

项目三 一般路基施工

任务一 填方路基施工

学习目标

(1) 能正确选择路堤填料。
(2) 能根据路基基底状况采取适当措施。
(3) 熟悉路堤填筑的施工程序和施工要点。
(4) 能按路堤施工技术要求控制质量。

任务描述

(1) 教师准备公路路基施工方案、施工录像、多媒体教学资源等。
(2) 本任务要求学生能够编写路堤施工方案,在施工现场会组织施工和进行质量控制。

相关知识

路堤是利用当地土石在原地面上填筑而成,路堤的填筑质量与填料选择、基底处理、填筑方式等因素有关。因此,在路基施工中必须对这些问题予以足够重视,以满足路基施工质量技术标准要求。(视频 3.1-1)

一、土质路堤施工(视频 3.1-2)

1. 土质路堤的填料要求

土质路堤宜选用级配较好的砾类土、砂类土等粗粒土作为填料,路堤填料最大粒径应小于150mm,路床填料最大粒径应小于100mm。

路堤在填筑前,应对照设计文件,现场调查填料的来源、类型、可供开采的数量、上路桩号,并对填料进行试验,以判断填料的可用性。填料的来源如图3-1、图3-2所示。

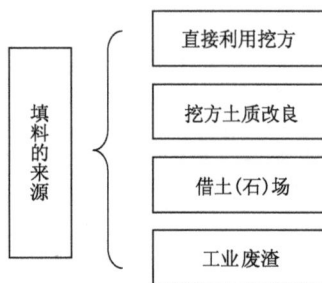

图 3-1　填料的来源

图 3-2　直接利用挖方

路堤填料的选择应符合《公路路基设计规范》(JTG D30—2015)及《公路路基施工技术规范》(JTG F10—2006)中对路基用土的规定:

(1)含草皮、生活垃圾、树根、腐殖质的土严禁作为填料。

(2)泥炭、淤泥、冻土、强膨胀土、有机质土及易溶盐超过允许含量的土等不得直接用于填筑路堤。

(3)液限大于50%、塑性指数大于26的细粒土,不得直接作为路堤填料。

(4)季节冻土地区路床及浸水部分的路堤不得直接采用粉质土填筑。

(5)路堤填料最小承载比和最大粒径应符合表3-1的规定。

路堤填料最小承载比要求   表3-1

路堤部位		路面底面以下深度(m)	填料最小承载比(CBR)(%)		
			高速公路、一级公路	二级公路	三、四级公路
上路床		0~0.3	8	6	5
下路床	轻、中等及重交通	0.3~0.8	5	4	3
	特重、极重交通	0.3~1.2	5	4	—
上路堤	轻、中等及重交通	0.8~1.5	4	3	3
	特重、极重交通	1.2~1.9	4	3	—
下路堤	轻、中等及重交通	1.5以下	3	2	2
	特重、极重交通	1.9以下			

注:1. 当路基填料 CBR 值达不到表列要求时,可掺石灰或其他稳定材料处理。

　　2. 当三、四级公路铺筑沥青混凝土和水泥混凝土路面时,应采用二级公路的规定值。

2. 土质路堤基底处理(视频 3.1-3)

基底是指路堤填料与原地面接触的部分。为使两者结合紧密,避免路堤沿基底发生滑动和因草皮、树根腐烂而引起路堤沉陷。应根据地基实际状况,按照设计文件和规范要求做适当处理。地基表层处理设计应符合下列要求:

(1)稳定的斜坡上,地面横坡缓于1:5时,清除地表草皮、腐殖土[图 3-3a)]后,可直接填筑路堤;地面横坡为1:5~1:2.5时,原地面应挖台阶[图3-3b)],台阶宽度不应小于2m。

(2)地面横坡陡于1:2.5地段的陡坡路堤,必须检验路堤整体沿基底及基底以下软弱层滑动的稳定性,抗滑稳定系数不得小于规定值,否则应采取改善基底条件或设置支挡结构物等防滑措施。

a)清除表土层植被   b)原地面挖台阶

图 3-3 地基表层处理

（3）当地下水影响路堤的稳定时，应采取拦截引排地下水或在路堤底部填筑渗水性好的材料等措施。

（4）地基表层应碾压密实。一般土质路段，高速公路、一级公路和二级公路基底的压实度（重型）应不小于90%；三、四级公路不应小于85%。矮路堤应对地基表层土进行超挖、分层回填，其处理深度不应小于路床深度。

（5）稻田、湖塘等地段时，应视具体情况采取排水、清淤、晾晒、换填、加筋、外掺无机结合料等处理措施。当为软土地基时，其处理措施应参照软土路基施工相关规定。

3. 土质路堤填筑的施工程序

为有利于组织路基施工，一般土质路堤填筑施工工艺分为三阶段、四区段、八流程，如图3-4所示。

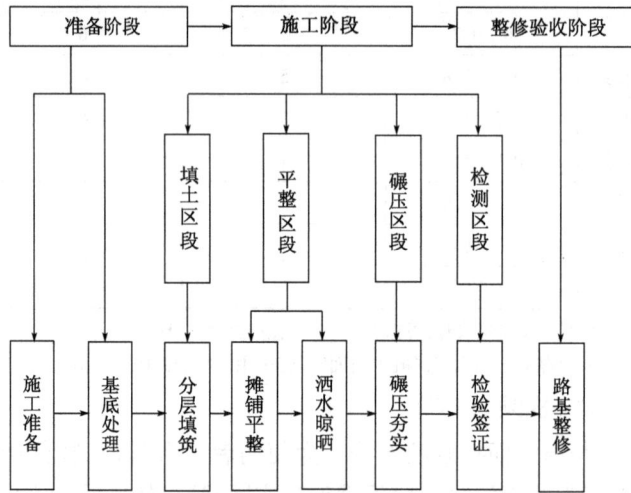

图3-4　土质路堤施工工艺流程

各区段或各流程只允许进行该段和该流程的作业，不允许几种作业交叉进行。每个区段的作业长度应根据机械的能力和数量来确定，为保证机械有足够的作业场地，每个区段长度不得小于40m。

1）施工准备

土质路堤填筑的施工准备主要包括施工放样，熟悉设计文件，组织技术人员学习施工规范，编制施工组织设计，开展有关土工试验，准备检测设备。

2）基底处理

基底处理应根据施工时的实际条件，按照设计文件和适当处理方法进行处理。

3）分层填筑

（1）填筑方法。

土质路堤的填筑常按以下方法进行：

①水平分层填筑法。填筑时按照横断面全宽分成水平层次，逐层向上填筑。这是路基填筑的常用方法，如图3-5所示。当原地面高低不平时，应先从最低处分层填筑。为保证全断面的压实一致，确保边坡质量，边坡两侧应各超宽填筑0.3~0.5m，竣工时刷坡整平。

②纵向分层填筑法。依路线纵坡方向分层，逐层向上填筑，如图3-6所示。常用于地面纵

坡大于12%的用推土机从路堑取料、填筑距离较短的路堤,其缺点是不易碾压密实。

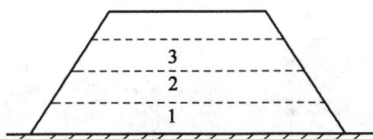

图3-5 水平分层填筑法
注:1~3为填土的顺序。

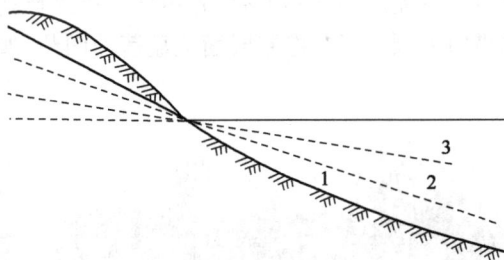

图3-6 纵向分层填筑法
注:1~3为填土的顺序。

③横向填筑法。从路基一端或两端按横断面全高逐步推进填筑,如图3-7所示。由于填土过厚,不易压实,该方法仅用于机械无法进场、无法自下而上填筑的深谷、陡坡、断岩、泥沼等处的路堤。

④混合填筑法。路堤下层用横向填筑而上层用水平分层填筑,如图3-8所示。适用于因地形限制或填筑堤身较高,不宜采用水平分层法或横向填筑法进行填筑的情况。单机或多机作业均可,一般沿线路分段进行,每段距离以20~40m为宜,多在地势平坦或两侧有可利用的山地土场的场合采用。

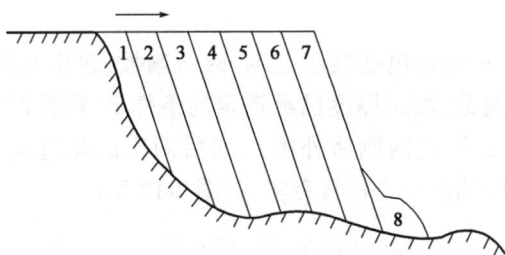

图3-7 横向填筑法
注:1~8为填土的顺序。

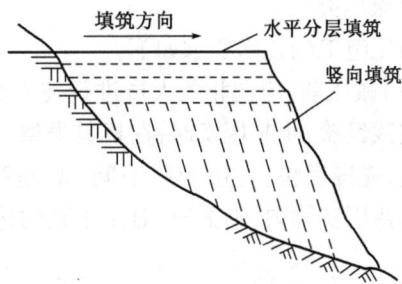

图3-8 混合填筑法

(2)打网格上料。

根据自卸车容量和推土间距,将路堤划分为若干网格。按照松铺厚度和网格面积,计算上料数量,将土均匀堆放在网格中,如图3-9所示。

图3-9 划格上土

4)摊铺整平

填筑区段完成一层卸土后,先用推土机进行初平,再用平地机进行最终整平,使填铺面在纵向和横向平顺、均匀,控制层面无显著的凹凸,如图3-10所示。

图3-10　路基整平作业

5)洒水晾晒

碾压前,由工地试验人员测定土的含水率,控制土的含水率为最佳含水率±2%,以便碾压成形。当填料含水率较低时,应及时采取洒水措施;当填料含水率过大时,应将填料翻挖晾晒至满足要求时再进行碾压,如图3-11所示。

6)碾压夯实

碾压施工的技术要求如下:

(1)碾压前,应向相关人员进行技术交底,其内容包括碾压范围、碾压遍数、碾压速度等。根据实践经验,土基压实时,在机具类型、碾压遍数、填筑厚度已经选定的条件下,操作时宜先轻后重、先慢后快、先边缘后中间(对超高路段,则先内侧后外侧),前后两次的轮迹应重合1/3,保持压实均匀、不漏压,对压不到的边角,应辅以小型机具夯实,如图3-12所示。

图3-11　路基洒水

图3-12　路基碾压

(2)用压实机械对土基进行碾压时,以慢速效果最好,除羊足碾和凸块碾外,其他压实机械的压实速度以2~4km/h最为适宜。

(3)当纵向分段压实后进行第二段压实时,在纵向接头处宜重叠1~2m,以确保接头处平顺过渡。

(4)碾压完成一段后,宜采用纵向退行的方式继续进行第二遍碾压,不宜采用掉头的方式,以免机械掉头时搓挤填土,使压实的填土被翻松。因此,压路机始终要以纵向进退的方式进行压实作业。

7）检验签证

路基填土的检测应遵循分层填筑、分层压实、分层检测的原则,在压实度、填筑厚度、平整度、宽度、横坡达到规定要求后,予以签证,方能进行下一层填筑。每一压实层完成后,经自检合格,上报监理工程师检验,验收合格后填下一层,直至路床顶面高程;若验收不合格,则重新压实,直至合格。这里仅介绍压实度检测的要点。

（1）用灌砂法检测压实度时,取土样的底面位置为每一压实层底部,如图 3-13 所示;用环刀法检测压实度时,环刀中部应处于压实层厚度的 1/2 处,如图 3-14 所示;用核子密度仪检测压实度时,应根据其类型按说明书操作。

图 3-13　灌砂法检测压实度

图 3-14　环刀法检测压实度

（2）施工过程中,每一压实层均应检测压实度,检测频率为每 200m 至少检测两处,必要时可根据需要增加检测点。土质路基压实度应符合表 3-2 所列的规定。

土质路基压实度标准　　　　　　　　表 3-2

路基部位		路床顶面以下深度（m）	压实度（%）		
			高速公路、一级公路	二级公路	三、四级公路
上路床		0~0.3	≥96	≥95	≥94
下路床	轻、中等及重交通	0.3~0.8	≥96	≥95	≥94
	特重、极重交通	0.3~1.2	≥96	≥95	—
上路堤	轻、中等及重交通	0.8~1.5	≥94	≥94	≥93
	特重、极重交通	1.2~1.9	≥94	≥94	—
下路堤	轻、中等及重交通	1.5 以下	≥93	≥92	≥90
	特重、极重交通	1.9 以下			

注:1. 表列压实度是按照现行《公路土工试验规程》(JTG E40—2007)重型击实试验为准。

2. 当三、四级公路铺筑沥青混凝土路面或水泥混凝土路面时,应采用二级公路的规定值。

3. 路基采用粉煤灰、工业废渣等特殊填料,或处于特殊干旱或特殊潮湿地区时,应保证路基强度和回弹模量要求的前提下,通过试验论证,压实度标准降低 1~2 个百分点。

8）路基整修

（1）路堤按设计高程填筑完成后,应恢复中桩和边桩,进行纵断高程测量,整平路堤表面和修筑路拱,如图 3-15 所示。

（2）依据边桩,结合设计坡率将路堤超填部分边坡刷去,进行整修拍实,如图 3-16 所示。整修后的边坡应达到平直、顺适。

图 3-15　恢复中桩和边桩　　　　　　　　　图 3-16　边坡整修

4. 土质路堤填筑施工要点(视频 3.1-4)

土质路堤填筑的施工要点见表 3-3。

土质路堤填筑施工要点　　　　　　　　　　　　表 3-3

项　　目	施工要点内容
施工方法	(1)分层填筑、分层碾压、分层检测; (2)同一水平层路基的全宽应采用同一种填料,不得混合填筑; (3)每种填料的填筑层压实后的连续厚度不宜小于 500mm; (4)潮湿或冻融敏感性较小的填料应填在上层;强度较小的填料应填在下层;在有地下水的路段或临水路基地段,宜填筑透水性好的填料; (5)在透水性不好的压实层上填筑透水性好的填料前,应在其表面设 2% ~ 4% 的双向横坡,并采取相应的防水措施
松铺厚度	一种填料的松铺厚度应通过试验段确定。高速公路、一级公路的分层最大松铺厚度一般不宜超过 30cm
几何尺寸	每一填筑层压实后的宽度不得小于设计宽度
接头处理	填方分几个作业段施工时,接头部位如不能交替填筑,则先填路段,应按 1∶1 分层留台阶;如能交替填筑,则应分层相互交替搭接,搭接长度不小于 2m

5. 土质路堤施工质量控制标准

土质路堤填筑至设计高程并整修完成后,其施工质量应符合表 3-4 的要求,路基弯沉值检测见图 3-17,路基平整度检测见图 3-18。

土质路基的施工质量标准　　　　　　　　　　　　表 3-4

项次	检查项目	规定值或允许偏差		
		高速公路、一级公路	其他公路	
			二级公路	三、四级公路
1△	压实度	符合规定	符合规定	符合规定
2△	弯沉值(0.01mm)	不大于设计验收弯沉值		
3	纵断面高程(mm)	+10, -15	+10, -20	
4	中线偏位(mm)	50	100	

项次	检查项目	规定值或允许偏差		
		高速公路、一级公路	其他公路	
			二级公路	三、四级公路
5	宽度(mm)	满足设计要求		
6	平整度(mm)	≤15	≤20	
7	横坡(%)	±0.3	±0.5	
8	边坡	满足设计要求		

注:△为关键项目。

图3-17 路基弯沉、高程检测

图3-18 路基平整度检测

工程应用

【例3-1】 某施工单位承包了某二级公路B合同段的路基工程,路基宽为12m,合同段全长18km。K27 +000 ~ K33 +000 原地面多为耕地,零星分布有灌木丛,地面横坡为1:7 ~ 1:10,路基为土方路堤,路基高度为1 ~ 3m,路堤填料为细砂质粉土,采用水平分层填筑施工。试分析以下问题:

【问题】

(1)对 K27 +000 ~ K33 +000 路段的原地面的处理方法包括(   )。

(2)K27 +000 ~ K33 +000 路段路基施工需要的机械有(   )。

(3)可用于 K26 +000 ~ K31 +000 路段现场压实度测定的方法有(   )。

【解析】

(1)参考土质路堤施工填筑基底处理的相关规定,应砍伐、移植灌木丛,清除有机土和种植土。

(2)土方挖运机械主要包括推土机、铲运机、挖掘机、装载机、平地机、自卸汽车。土方压实机械主要包括光轮压路机、振动压路机、羊足碾、冲击式压路机及各种夯。

(3)现场压实度的测定方法有灌砂法、环刀法和核子仪法。

【例3-2】 某公路一路段为土方路堤填筑,该路段的路线从大片麦地中间穿过,并经过三处墓穴。清除沉积物后,施工方外运砂性土回填了三处墓穴,并分层压实,压实度控制为92%;清除20cm厚的表土,平整后进行压实;最小压实度要求按路床压实度减两个百分点加以控制。将清除出的表土作为边坡表层的种植土使用。

施工组织设计中填土路堤的施工方法采用水平分层填筑法,要求每层填料布料均匀,每种填料层的累计厚度不宜小于40cm;选用推土机、铲运机、平地机、凿岩机、压路机、挖掘机、布料机等施工机械;施工程序为:取土—运输—推土机初平—压路机碾压—平地机整平。

为保证施工质量,将路基工程施工的质量控制关键点设置为施工放样与断面测量,路基原地面处理、路基横坡满足要求,并且分层填筑、分层压实。

【问题】

(1)逐条分析施工单位对原地基处理所采取的措施的合理性。

(2)完全不能用于路堤填料的土有哪些?(写出四种即可)

(3)路基工程的施工组织设计中存在哪些问题?

(4)完善路基工程施工质量控制关键点的内容。

【解析】

(1)对施工单位采取的几条措施的分析。

①外运砂性土回填了三处墓穴,合理。

②清除20cm厚的表土,平整后进行压实,合理。

③最小压实度要求按路床压实度减两个百分点加以控制,不合理。因为当路堤的填土高度小于路床厚度(80cm)时,基底的压实度不宜低于路床的压实度标准。

④将清除出的表土直接作为边坡表层的种植土使用,不合理。应将其捣碎后才可用于路堤边坡表层。

(2)完全不能用于路堤填料的土有淤泥、沼泽土、冻土、有机土、强膨胀土及含草皮、生活垃圾、树根、腐殖物质的土等。

(3)路基工程的施工组织设计中存在的问题如下。

①每种填料层的累计厚度不宜小于40cm是错误的,应该为不宜小于50cm。

②土方路基填筑采用凿岩机、布料机不合适。

③施工程序不对,平地机整平应该在压路机碾压之前。

(4)路基工程施工质量控制关键点还包括使用合格的原材料,正确确定土的最佳含水率和最大干密度,每层松铺厚度要满足要求。

知识链接

路堤在施工过程中,土的原始天然结构被破坏呈松散状态,为使路堤具有足够的强度和稳定性,必须分层填分层压实,使其达到密实状态。土基的压实工作是路堤施工过程中的一个重要工序,是保证路堤强度和稳定性的根本措施之一。

1)压实机理

用压实机具对土基进行压实时,三相土体中土的颗粒重新排列,互相靠近、挤紧,小颗粒土填充于大颗粒土的空隙之中,使土中的空气逸出,从而使土的空隙减小,单位体积的质量提高,形成密实整体。

经过压实的路堤,土基的塑性变形明显减小,土的透水性降低,毛细水的上升高度减小。内摩擦力和黏聚力大大增加,使土基强度增加,稳定性提高。

2)影响路堤压实效果的因素

影响路堤压实效果的因素有内因和外因两方面:内因主要是含水率和土的性质;外因是指压实功、压实厚度、压实机具和压实方法等。

(1)含水率。土的含水率对压实效果的影响比较显著。当土的含水率较小时,土粒间引力使土保持比较疏松的状态或凝聚结构,土中空隙大都互相连通,水少而气多,在一定的外部压实功的作用下,虽然土空隙中的气体易被排出,密度可以增大,但由于水膜润滑作用不明显及外部功能不足以克服粒间引力,土粒相对移动不容易,因此压实效果比较差;当含水率逐渐增大时,水膜变厚,引力缩小,水膜起润滑作用,外部压实功比较容易使土体发生相对移动,压实效果渐佳;当土的含水率过大时,空隙中出现了自由水,压实功不可能使气体排出,压实功的一部分被自由水抵消,减小了有效压力,压实效果反而降低。因此,在一定压实功的作用下,含水率的变化会导致土的干密度随之变化,当达到某一含水率(最佳含水率)时,土的干密度达到最大值,即最大干密度。含水率与干密度的关系曲线如图3-19所示。

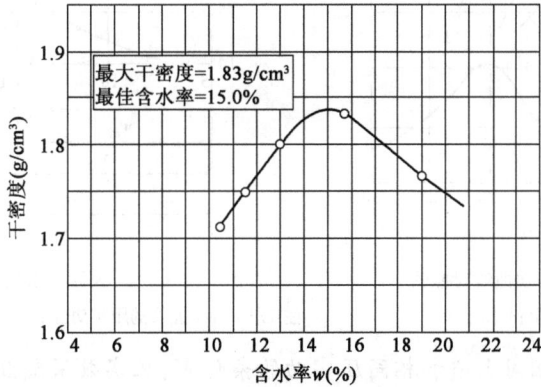

图3-19 含水率与干密度的关系曲线

然而,当含水率较小时,土粒间的引力较大,虽然干密度较小,但其强度可能比最佳含水率时还要高;而且此时密实度较低,空隙较多,一经饱水,其强度会急剧下降。因此,可得出一个结论,即在最佳含水率条件下压实的土的水稳性最好。最佳含水率和最大干密度是两个十分重要的指标,对路堤设计和施工很有帮助。

(2)土的性质。5种不同土料的级配曲线见图3-20,不同土料在同一标准击实条件下试验所得的击实曲线见图3-21。由此可见,在同一压实功的作用下,含粗粒越多的土,其最大干密度越大、最佳含水率越小。

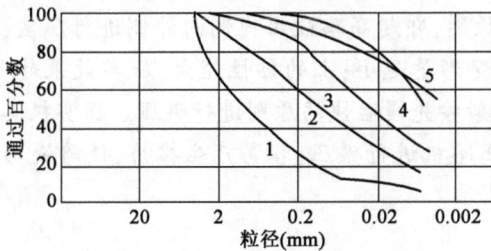

图3-20 5种不同土料的级配曲线

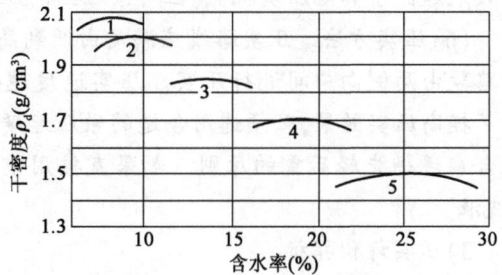

图3-21 5种不同土料击实曲线

不同性质的土,其击实曲线相似,但最大干重度与最佳含水率不同,如图3-22所示。不同土的击实试验结果表明,分散性较高的土,其最佳含水率的值较小,最大干重度的值较大;亚砂土和亚黏土的压实性能较好,而黏性土的压实性能较差。

(3)压实功。同一类土,其最佳含水率随压实功的增大而减小,而最大干密度则随压实功的增大而增大,见图3-23。当土偏干时,增大压实功对提高干密度的影响较大,偏湿时则收效甚微。故对偏湿的土用增大压实功的办法来提高土的密实度是不经济的,若土的含水率过大,此时增大压实功就会出现"弹簧"现象。所以,土基压实施工中,控制最佳含水率是首要关键,在此前提下采取分层填土,控制有效土层厚度,必要时适当增大压实功,是土基压实工作的基本要领。

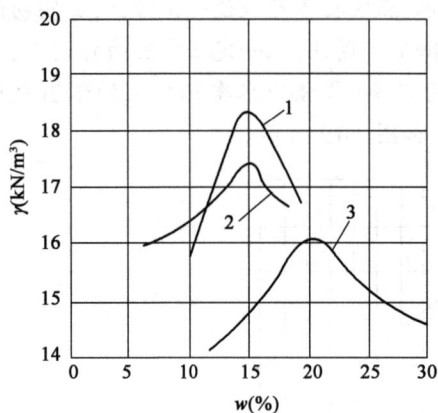

图 3-22 几种土质的压实曲线对照图
1-亚砂土;2-亚黏土;3-黏土

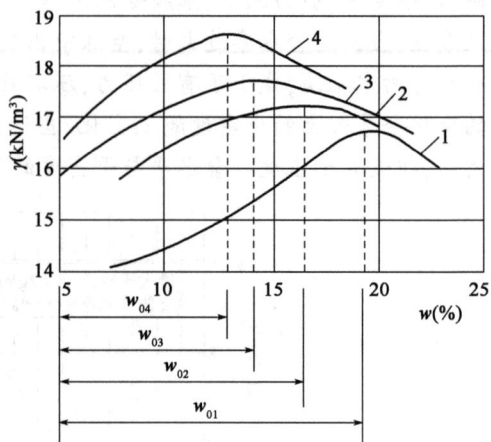

图 3-23 不同压实功的压实曲线对照图
注:图中 1~4 曲线的压实功分别为 600、1150、2300、3400(kN·m)。

(4)压实厚度。在相同土质和相同压实功的条件下,压实效果随压实厚度的增加而减弱。试验证明,表层的压实效果最佳,越到下面压实效果越差。因此,用不同的压实机械对不同的土质进行压实时控制的层厚不同。

(5)压实机具。不同压实机具适用于不同土质及不同土层厚度,这也是选择压实机具的主要依据。一般来说,轻型光轮压路机(6~8t)适用于各种填料的预压整平;重型光轮压路机(12~15t)适用于细粒上、砂类土和砾类土;重型轮胎压路机(30t 以上)适用于各种填料,尤其是细粒土,其气胎压力应根据填料种类进行调整,土颗粒越细气压越高;羊足碾(包括格式和条式)最适用于细粒土,也适用于压实粉土质砂与黏土质砂,羊足碾需有光轮压路机配合对被翻松的表层进行补压;振动压路机具有滚压和振动的双重作用,用于砂类土、砾类土和巨粒上,其效果远优于其他压实机械,但对细粒土的压实效果不理想。

(6)压实方法。压实路线应满足由低到高的原则,即超高路段由内侧向外侧进行压实,其他路段由两侧向中间进行压实。压实速度越快,变形量越小;土的黏性越大,压实效果越差。为了提高压实效果,必须选用合适的碾压速度,一般按先慢后快的原则进行碾压。压实机具的组合应遵循先轻后重的原则。如果直接用重型压路机进行碾压,容易产生推挤,使路堤形成"波浪"。

3)压实评价指标

施工中为了便于检查和控制压实质量,土基的压实标准是用压实度来表示的。压实度是指压实后土的干密度与该土的最大干密度之比,以百分率表示,按式(3-1)计算。

$$K = \frac{\rho_d}{\rho_c} \tag{3-1}$$

式中:K——压实度;

ρ_d——施工现场压实土的干密度;

ρ_c——标准击实试验所得的最大干密度。

压实度 K 实际上是以土的最大干密度为基准的相对值,是土在压实后达到接近最大干密度的程度。

合理确定压实度 K 值,对保证土基的强度和稳定性十分重要,同时关系到技术上的可行性。路基施工多为野外施工,受各种条件限制,要使压实度达到100%(即达到室内标准条件下压实的最大干密度)是十分困难的,但相对来说,路基上部因汽车荷载影响大,要求 K 值应高些,路基下部受影响较小,要求可适当降低;公路等级和路面等级高时,要求 K 值应高些,公路和路面等级低时,K 值可相应降低。

在确定压实标准时,最大干密度要用室内标准击实试验求得。该试验分为轻型击实试验法和重型试验法两种。土质路基压实应采用重型击实标准控制,确有困难时可采用轻型击实标准控制。

压实度是路基路面施工质量检测的关键指标之一,表征现场压实后的密度状况。

二、填石路堤施工

1. 填石路堤的填料要求

填石路堤是指用粒径大于40mm,含量超过70%的石料填筑的路堤。

(1)填石路堤的石料强度不应小于15MPa(用于护坡的不应小于20MPa)。

(2)膨胀性岩石,易溶性岩石不宜直接用于路堤填筑,强风化岩石、崩解性岩石和盐化岩石不得直接用于路堤填筑。

(3)路堤填料粒径应不大于500mm,并不宜超过层厚的2/3,不均匀系数宜为15～20。路床底面以下400mm以内,填料粒径应小于150mm。

(4)路床填料粒径应小于100mm。

2. 填石路堤基底处理

(1)除满足土质路堤基地处理的相关内容外,还应满足承载力的要求。

(2)在非岩石地基上填筑填石路堤前,应按设计要求设置过渡层。

3. 填石路堤施工程序及施工要点

填石路堤是指利用开采的石料填筑路堤,它与填土路堤不同,主要是石料粒径大、强度高,填筑和压实都有特殊要求。

1)施工程序

填石路堤施工工艺流程,如图3-24所示。

(1)施工准备。首先进行施工放样,恢复中桩和边桩。清除填方范围内的草皮、树根、淤泥并整平压实,压实度不低于85%。

(2)边坡码砌。在填石路堤填筑前,要进行边坡码砌,见图3-25。码砌的石料应大于30cm且石质坚硬。石料尽量规则,石料之间应尽量紧贴、密实,石料之间无明显空洞、松动现象。

(3)运料与摊铺。在石质填料装运时,尽量使填料均匀,避免大粒径填料过分集中。卸

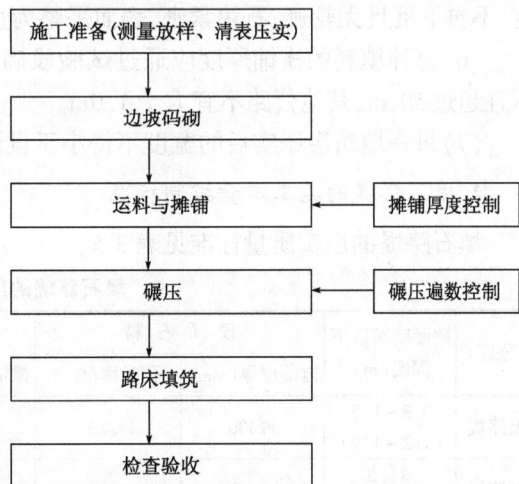

图3-24 填石路堤施工工艺流程图

料时,按水平分层,先低后高,先两侧后中间。填石路堤的堆料和摊铺同时进行,由大功率推土机向前摊铺。对大粒径的石块,要进行人工摆平,石块应贴紧底面且大面朝下。同一位置、大粒径的石块不能重叠堆放。对细料明显少的段落,应摊铺石屑料,石屑料应占粗集料的15%~20%,保证石屑料填满石块间的缝隙。

(4)碾压。对于填石路堤,由于粒料没有黏聚力,主要靠粒料之间相互嵌锁、紧密咬合。填石路堤宜选用自重不小于18t的振动式压路机,见图3-26。操作要求:先静压一遍,再振压6~8遍,最后再静压一遍。碾压的顺序为先压两侧后压中间,每次重合轮迹1/3。对于有明显空洞、孔隙的地方,补充细料后再碾压。

图3-25　边坡码砌

图3-26　填石路堤碾压

(5)路床填筑。填石路堤在距路床顶面50cm范围内,应按设计铺筑碎石过渡层,然后再进行路床的填筑。

2)施工要点

填石路堤的施工应符合以下所列的规定:

(1)分层填筑、分层碾压、分层检测。

(2)岩性相差较大的填料应分层或分段填筑。

(3)严禁将软质石料与硬质石料混合填筑。

(4)边坡码砌宜与路基填筑同步进行。

(5)应使用重型压路机分层压实,压实时不断使用小石块、石屑填缝,直到压实层顶面稳定、不再下沉且无轮迹、石块紧密、表面平整为止。

(6)每种填料的横铺厚度应通过试验段确定。高速公路、一级公路的分层最大松铺厚度不宜超过50cm,其他公路不宜大于1.0m。

(7)每一填筑层压实后的宽度不得小于设计宽度。

4.填石路堤的施工质量控制标准

填石路堤的压实质量标准见表3-5。

填石路堤的压实质量标准　　　　　　　　　　　　　　　　表3-5

分区	路面底面以下深度(m)	硬 质 石 料		中 硬 石 料		软 质 石 料	
		摊铺层厚(mm)	孔隙率(%)	摊铺层厚(mm)	孔隙率(%)	摊铺层厚(mm)	孔隙率(%)
上路堤	0.8~1.5 (1.2~1.9)	≤400	≤23	≤400	≤22	≤300	≤20
下路堤	>1.5 (>1.9)	≤600	≤25	≤500	≤24	≤400	≤22

对于填石路堤施工过程中的每一个压实层,可用试验路段确定的工艺流程和工艺参数控制压实过程,用试验路段确定的沉降差指标检测压实质量。

填石路堤填筑至设计高程并整修完成后,其施工质量应符合表3-6的规定。

填石路堤的施工质量标准 表3-6

项 次	检查项目		规定值或允许偏差	
			高速公路、一级公路	其他公路
1	压实度		孔隙率满足设计要求	
			沉降差≤试验路段所确定的沉降差	
2	弯沉值		不大于设计值	
3	纵断高程(mm)		+10,-20	+10,-30
4	中线偏位(mm)		≤50	≤100
5	宽度(mm)		满足设计要求	
6	平整度(mm)		≤20	≤30
7	横坡(%)		±0.3	±0.5
8	边坡	坡度	满足设计要求	
		平顺度	满足设计要求	

三、土石路堤施工

1. 土石路堤的填料要求

土石路堤是指石料含量占总质量30%～70%的土石混合材料填的路堤。

(1)膨胀性岩石,易溶性岩石不宜直接用于路堤填筑,强风化岩石、崩解性岩石和盐化岩石不得直接用于路堤填筑。

(2)天然土石混合材料中,所含石料为硬质岩(强度大于20MPa)时,石块的最大粒径不得超过压实厚度的2/3,超过的应清除;当所含石料为软质岩(强度小于15MPa)时,石料最大粒径不得超过压实层厚,超过的应将其打碎。

2. 土石路堤基底处理

(1)应满足"清理原地面"的相关规定。

(2)在陡、斜坡地段,土石路堤靠山一侧应按设计要求,做好排水和防渗处理。

3. 土石路堤施工要点

(1)在土石混合料填筑时,不得采用倾填方法施工,应分层填筑、分层压实,松铺厚度宜为30～40cm或经试验确定(注意应根据压实机具类型和规格来考虑决定)。

(2)压实后渗水性差异较大的土石混合料,应分层或分段填筑,不宜纵向分幅填筑;如确需纵向分幅填筑,应将压实后渗水良好的土石混合料填筑于路堤两侧。

(3)当土石混合料来自不同料场,其岩性或土石比例相差较大时,宜分层或分段填筑。

(4)填料由土石混合材料变为其他填料时,土石混合材料最后一层压实厚度应小于30cm,该层填料的最大粒径宜小于150mm,压实后,该层表面应无孔洞。

(5)碾压前应使大粒径石料均匀分散在填料中,石料间孔隙应填充小粒径石料、土和石渣。

(6)中硬、硬质石料的土石路堤,应进行边坡码砌,码砌边坡的石料强度、尺寸应符合设计要求。边坡码砌与路堤填筑宜同步进行。软质石料土石路堤的边坡按土质路堤边坡处理。

4.土石路堤的施工质量控制标准

(1)中硬、硬质石料土石路堤施工的质量控制标准。

①对于施工过程中的每一个压实层,可用试验路段确定的工艺流程和工艺参数控制压实过程,用试验路段确定的沉降差指标检测压实质量。

②路基成型后的质量应符合表3-6的规定。

(2)用软质石料填筑的土石路堤的施工应符合土质路堤的施工控制标准。

(3)土石路堤的外观质量标准包括:路基表面无明显孔洞;大粒径填石无松动,铁锹挖动困难;中硬、硬质石料土石路基边坡码砌紧贴、密实,无明显孔洞、松动,砌块间的承接面应向内倾斜,坡面平顺。

知识链接

对边坡高度超过20m的高路堤与地面斜坡坡率大于1:2.5的陡坡路堤,以及不良地质、特殊岩土路段的路堤,应作为独立工点进行勘察设计,并进行稳定性验算。

高路堤与陡坡路堤设计应在掌握场地水文地质条件、填料来源及其性质的基础上,进行地基处理、结构形式、排水设施、边坡防护等综合设计。施工过程中应根据实际情况变化,及时调整设计,保证路基稳定。

高路堤与陡坡路堤边坡形式和坡率应根据地形与工程地质条件、路基边坡高度、填料性质等,结合经济与环保因素,经稳定分析计算确定。断面形式宜采用台阶式。

高路堤与陡坡路堤进行稳定性分析时,应考虑以下三种工况。

(1)正常工况:路基投入运营后经常发生或持续时间长的工况。

(2)非正常工况Ⅰ:路基处于暴雨或连续降雨状态下的工况。

(3)非正常工况Ⅱ:路基遭遇地震等荷载作用的工况。

高路堤与陡坡路堤稳定性分析的强度参数应根据填料来源、场地情况及分析工况的需要,选择有代表性的土样进行室内试验,并结合现场情况确定。试验方法应符合下列要求:

(1)路基填料的强度参数 c、φ 值,可采用直剪快剪或三轴不排水剪试验获得。不同工况下试验制备要求见表3-7。当路基填料为粗粒土或填石料时,应采用大型三轴试验或大型直剪试验仪进行试验。

路堤填土强度参数试验试样制备要求 表3-7

分析工况	试 样 要 求	适 用 范 围
正常工况	采用填筑含水率和填筑密度;当难以获得填筑含水率和填筑密度时,或进行初步稳定分析时,密度采用要求达到的密度,含水率采用击实曲线上要求对应的较大含水率	用于新建路堤
	取路基原状土	用于已建路堤
非正常工况Ⅰ	同正常工况试样要求,但要预先饱和	用于降雨渗入影响范围内的填土
非正常工况Ⅱ	同正常工况试样要求	—

（2）地基土的强度参数 c、φ 值，宜采用直剪固结快剪或三轴固结不排水剪试验获得。

（3）分析高路堤沿斜坡地基或软弱层带滑动的稳定性时，应结合场地条件，选择控制性层面的土层试验获得强度参数 c、φ 值。可采用直剪快剪或三轴不固结不排水剪试验。当存在地下水影响时，应采用饱水试件进行试验。

1）Bishop 法

如图 3-27 所示，假定滑动面为一圆心为 O、半径为 R 的圆弧。任取一土条 i，其上的作用力有土条自重 Q_i、作用土条底部的抗滑力 T_i、有效法向反力 N_i，假定这些力的作用线都通过土条底面中点。然后就整个滑动土体对圆心 O 求力矩平衡，即边坡的稳定系数为 F_S，按式（3-2）计算。

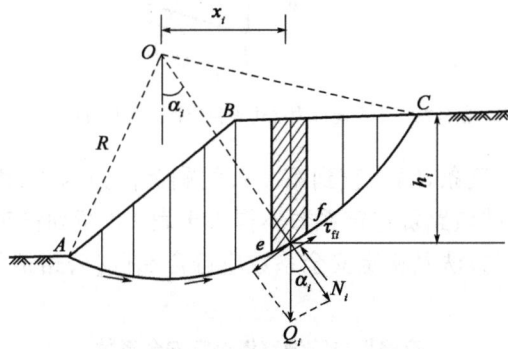

图 3-27　Bishop 法边坡稳定性分析计算图示

$$F_S = \frac{M_{Ri}}{M_{Si}} = \frac{\sum (N_i \tan\varphi_i + c_i l_i)}{\sum Q_i \sin\alpha_i} \tag{3-2}$$

式中：M_{Ri}——第 i 个土条的抗滑力矩；

　　　M_{Si}——第 i 个土条的滑动矩；

　　　α_i——第 i 个土条底滑动面的倾角（°）；

　　c_i、φ_i——第 i 个土条的黏聚力和内摩擦角；

　　　l_i——第 i 个土条的底边长度。

2）不平衡推力法

路堤沿斜坡地基或软弱层带稳定性分析采用不平衡推力法，按地面变坡点将土体垂直分成若干条，（如图 3-28 中的 1、2、3、4），稳定系数可按式（3-3）、式（3-4）计算，计算图示见图 3-28。

$$E_i = W_{Qi} \sin\alpha_i - \frac{1}{F_S}[c_i l_i + W_{Qi} \cos\alpha_i \tan\varphi_i] + E_{i-1} \psi_{i-1} \tag{3-3}$$

$$\psi_{i-1} = \cos(\alpha_{i-1} - \alpha_i) - \frac{\tan\varphi_i}{F_S} \sin(\alpha_{i-1} - \alpha_i) \tag{3-4}$$

式中：W_{Qi}——第 i 个土条重力与外加竖向荷载之和（kN）；

　　　l_i——第 i 个土条底滑面的长度（m）；

　　α_{i-1}——第 $i-1$ 个土条底滑面的倾角（°）；

　　E_{i-1}——第 $i-1$ 个土条传递给第 i 个土条的下滑力（kN）；

式中其他符号含义同上。

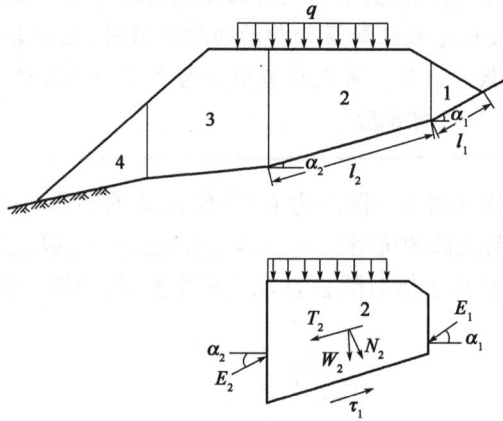

图 3-28 不平衡推力法边坡稳定性分析计算图示

用式(3-3)和式(3-4)逐条计算,直到第 n 条的剩余推力为零,由此确定稳定系数 F_s。

各等级公路高路堤与陡坡路堤稳定系数不得小于表 3-8 所列稳定安全系数数值。对非正常工况Ⅱ,路基稳定性分析方法及稳定安全系数应符合现行《公路工程抗震规范》(JTG B02—2013)的规定。

高路堤与陡坡路堤稳定安全系数   表 3-8

分 析 内 容	地基强度指标	分析工况	稳定安全系数	
			二级及二级以上公路	三、四级公路
路堤的堤身稳定性、路堤和地基的整体稳定性	采用直剪的固结快剪或三轴固结不排水剪指标	正常工况	1.45	1.35
		非正常工况Ⅰ	1.35	1.25
	采用快剪指标	正常工况	1.35	1.30
		非正常工况Ⅰ	1.25	1.15
路堤沿斜坡地基或软弱层滑动的稳定性	—	正常工况	1.30	1.25
		非正常工况Ⅰ	1.20	1.15

注:对于区域内具有唯一通道作用的三、四级公路的重要路段,高路堤与陡坡路堤稳定安全系数可采用二级公路的标准。

当路基稳定系数小于表 3-8 稳定安全系数时,应采取改善基底条件、设置支挡结构物、加筋等加固措施,保证路基稳定。

应加强路堤与陡坡路堤的沉降控制。必要时,可采取增强补压、铺设土工合成材料等综合措施,并宜预留一个雨季的沉降期,减少工后沉降,且在公路建成营运后应进行不少于一年的监测。

高路堤施工时应着重解决四个问题,具体见表 3-9。

高路堤施工应注意解决的问题   表 3-9

问 题	解 决 方 法
填料问题	优先采用强度高、水稳性好的材料或采用轻质材料
路堤宽度问题	留足施工作业宽度,保证路基设计的边坡坡率,并进行动态监控

问　　　题	解　决　方　法
工后沉降问题	(1)注意地基承载力检测,如与设计文件不符时,及时采取加固措施; (2)采取冲击碾压措施
施工进度问题	由于采用的施工方法是分层填筑、分层压实、分层检测,工期随填筑高度的增加而增加。因此,高填方路堤宜优先安排施工

工程应用

【例3-3】　某陡坡路堤(图3-29),据横断面计算得 $A_1 = 14\text{m}^2$, $A_2 = 27\text{m}^2$, $A_3 = 28\text{m}^2$, $A_4 = 19\text{m}^2$(A_2、A_3 面积中已包含荷载当量土柱高部分)。已知路堤填料为亚黏土,土的重度 $\gamma = 18\text{kN/m}^3$、内摩擦角 $\varphi = 24°$,黏聚力 $c = 19.6\text{kPa}$,地基为亚黏土,$\varphi = 21°$,$c = 17\text{kPa}$,稳定安全系数 $F_\text{s} = 1.3$。试进行路堤整体滑动稳定性验算。

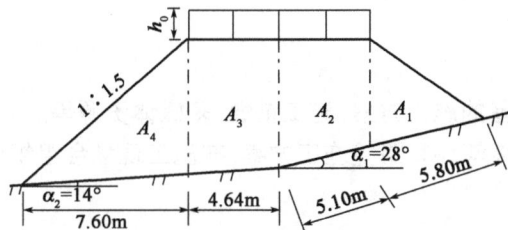

图 3-29　陡坡路堤

【解析】　由资料可知,该陡坡路堤若发生整体下滑,将会沿着地基表面产生折线滑动面,因此应用不平衡推力法分析该路堤稳定性。

(1)A_1、A_2 两块合并计算土体剩余下滑力:

$$Q_1 = \gamma(A_1 + A_2) \times b = 18 \times (27 + 14) \times 1 = 738(\text{kN})$$

$$N_1 = Q_1\cos\alpha_1 = 738 \times \cos 28° = 651.6(\text{kN})$$

$$T_1 = Q_1\sin\alpha_1 = 738 \times \sin 28° = 346.5(\text{kN})$$

取相对软弱层计算 E_1:

$$E_1 = T_1 - \frac{1}{F_\text{s}}(N_1\tan\varphi + cl_1) = 346.5 - \frac{1}{1.3} \times (651.6 \times \tan 21° + 17 \times 10.9)$$

$$= 346.5 - 334.9 = 11.6(\text{kN})$$

剩余下滑力 $E_1 = 11.6\text{kN} > 0$,因此向下传递。

(2)A_3、A_4 两块合并计算土体剩余下滑力:

$$Q_2 = \gamma(A_3 + A_4) \times b = 18 \times (28 + 19) \times 1 = 846(\text{kN})$$

$$N_2 = Q_2\cos\alpha_2 = 846 \times \cos 14° = 820.9(\text{kN})$$

$$T_2 = Q_2\sin\alpha_2 = 846 \times \sin 14° = 204.7(\text{kN})$$

$$E_2 = T_2 - \frac{R_2}{F_\text{s}} = [T_2 + E_1\cos(\alpha_1 - \alpha_2)] - \frac{1}{F_\text{s}}\{[N_2 + E_1\sin(\alpha_1 - \alpha_2)]\tan\varphi + cl_2\}$$

$$= [204.7 + 11.6\cos(28° - 14°)] - \frac{1}{1.3}\{[820.9 + 11.6\sin(28° - 14°)]\tan21° +$$

$$17 × 12.24\}$$

$$= 216.0 - 403.3 = -187.3(kN)$$

剩余下滑力 $E_2 < 0$，因此该路堤是稳定的。

任务二　挖方路基施工

📖 学习目标

(1)熟悉土质路堑的施工方法及施工要点。
(2)了解石质路堑的开挖方式及施工作业程序。
(3)了解深路堑的施工方法及施工要点。
(4)能够在施工现场组织路堑施工。

📖 任务描述

(1)教师准备公路路基的施工方案、施工录像、多媒体资源等。
(2)本任务要求学生能够编写路堑施工方案,在施工现场会组织施工和进行质量控制。

📖 相关知识

挖方路基一般分为土质路堑和石质路堑,土质路堑开挖应根据挖方数量大小及施工方法的不同而确定开挖方案。石质路堑开挖应根据岩石的种类和坚硬程度确定开挖方式。土方开挖,不论开挖工程量和开挖深度大小,均应自上而下进行,不得乱挖超挖。石方开挖,在不影响边坡稳定的情况下采用爆破施工,以满足路基施工质量技术标准要求。(视频3.2-1)

一、土质路堑施工

1. 土质路堑施工工艺流程(视频3.2-2)

土质路堑的施工工艺流程,如图3-30所示。

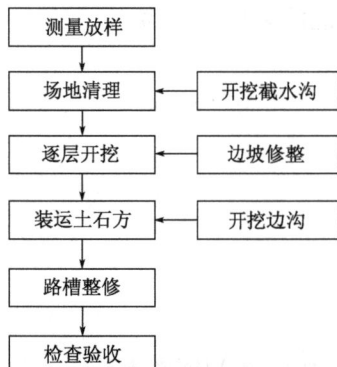

测量放样
场地清理 ← 开挖截水沟
逐层开挖 ← 边坡修整
装运土石方 ← 开挖边沟
路槽整修
检查验收

图3-30　土质路堑的施工工艺流程图

2. 土质路堑施工的作业方法

土质挖方路基的开挖方法根据挖方深度,纵向长度及现场施工条件,可采用的方法有:横向挖掘法、纵向挖掘法和混合式挖掘法。

1)横向挖掘法

(1)单层横向全宽挖掘法。从路堑的一端或两端按断面全宽一次性挖到设计高程,逐渐向纵深挖掘,挖出的土方一般向两侧运送。适用于挖掘浅且短的路堑,见图3-31a)。

(2)多层横向全宽挖掘法。为增加工作面、加快施工进度,可以在不同高度处分几个台阶进行挖掘,其深度视施工操作便利和安全而定,一般每层挖掘台阶深度为3~4m。适用于挖掘深且短的路堑,见图3-31b)。

a)单层横向全宽挖掘法   b)多层横向全宽挖掘法

图3-31 横向挖掘法
1-路堑;2-路堤

2)纵向挖掘法

土质路堑纵向挖掘法可分为分层纵挖法、通道纵挖法和分段纵挖法三种。

(1)分层纵挖法:沿路堑全宽以深度不大的纵向分层挖掘前进,见图3-32。该法适用于路堑宽度和深度均不大的情况。当路堑长度较短(不超过100m)、开挖深度较浅(不大于3m)、地面横坡坡度较陡时,宜采用推土机作业。当路堑长度较长(超过100m),宜采用铲运机或铲运机加推土机助铲作业。

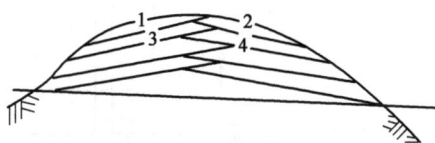

图3-32 分层纵挖法
注:图中1~4表示开挖的顺序。

(2)通道纵挖法:先沿路堑纵向挖出一条通道,然后将通道向两侧拓宽以扩大工作面,并利用该通道作为运土路线及场内排水的出路。该层通道拓宽至路堑边坡后,再挖下层通道,如此向纵深开挖至路基高程,见图3-33。该法适用于较长、较深、两端地面纵坡较小的路堑开挖。

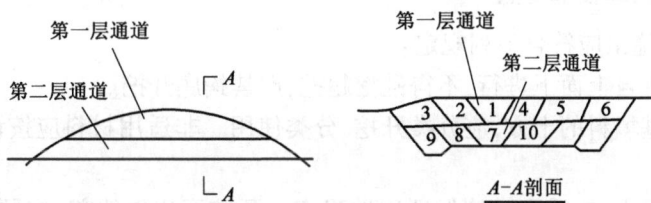

图3-33 通道纵挖法
注:图中1~10表示开挖的顺序。

(3)分段纵挖法:沿路堑纵向在翼侧选择一个或几个侧壁较薄的位置挖成一个或几个出口(俗称打"马口",通道便于横向出土),将路堑分为两段或多段,各段再分别沿纵向开挖,如图3-34所示。这种挖掘方法可增加施工作业面,减少作业面之间的干扰,施工进度大大加快。该法适用于路堑较长、弃土运距较远的傍山路堑开挖。

3)混合式挖掘法

混合式挖掘法是将横挖法与纵挖法混合使用的方法。其施工工艺流程:先沿路堑纵向挖出一条通道,见图3-35a),然后再沿横向挖出若干个横向通道,见图3-35b),使许多挖掘机械各自到达横向通道内的工作面后,再沿路堑纵向进行全断面开挖。该法适用于路堑纵向长度和挖深都很大的路堑开挖。

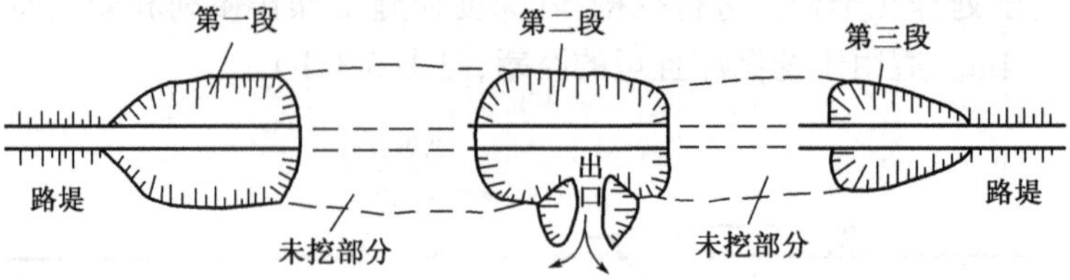

图 3-34 分段纵挖法

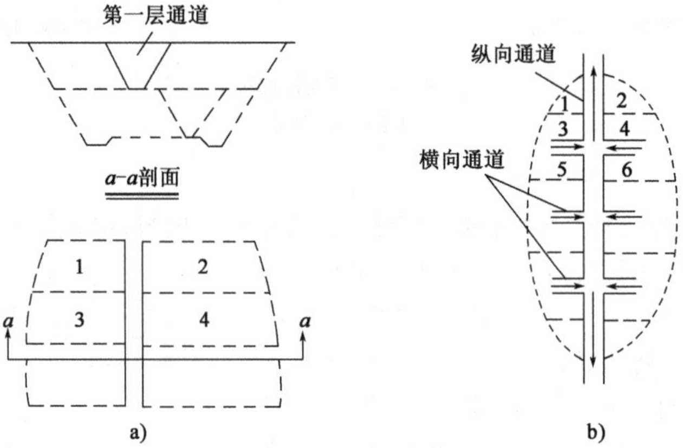

图 3-35 混合式挖掘法

注:图中 1~6 表示开挖的顺序;箭头表示运土方向。

选择路堑挖掘方案,除考虑当地的地形条件、采用的机具等因素外,还需考虑土层的分布及利用。在路基开挖之前,应做好现场伐树挖根等清理工作和排水工作。如果移挖作填时,则应按不同的土层分层挖掘,以满足路堤填筑的要求。

3. 土质路堑的施工技术要点

土质路堑开挖施工应符合下列规定:

(1)土方开挖应自上而下进行,不得乱挖超挖,严禁掏底开挖。

(2)可作为路基填料的土方,应分类开挖、分类使用。非适用材料应按设计要求或作为弃方按规定处理。

(3)在开挖过程中,应采取措施保证边坡稳定。开挖至边坡线前,应预留一定宽度,保证在刷坡过程中设计边坡线外的土层不受到扰动。

(4)在路堑施工过程中,基于实际情况,如需修改设计边坡的坡度、截水沟和边沟的位置及尺寸,应及时按照规定报批。

(5)开挖至零填、路堑路床部分后,应尽快进行路床施工;如不能及时进行,宜在路床设计高程以上预留至少30cm厚的保护层。

(6)应采取临时排水措施,确保施工作业面不积水。

(7)路床土含水率高或为水层时,应采取设置渗沟、换填、改良土质、处理措施,路床填料除应符合一般规定外,还应具有良好的透水性能。

(8)路堑路床顶面高程,应考虑因压实而产生的下沉量,其值可通过试验确定。

(9)土质路堑施工应根据地面坡度、开挖断面、纵向长度及出土方向等因素,结合土方调配,选用安全、经济的方案。

【例 3-4】 某施工单位承建了一段 23km 的新建二级公路,其中 K0 +000 ~ K4 +500 段为填方路段,路基高度为 3m,填料为细砂质粉土;K4 +500 ~ K10 +500 段为半挖半填路段,原地面坡度为 1:4.5;K10 +500 ~ K17 +200 段为低填方路段,路基高度为 1m,填料为细砂质粉土;K17 +200 ~ K17 +800 段为填方路堤,填料为土石混合料,土石混合料中的石料含量超过 80%;K17 +800 至终点段为挖方路段,平均挖深为 0.8m。根据场景,回答下列问题。

【问题】

(1)该公路路基的干湿类型可用( )来判别。

    A. 分界稠度   D. 分界相对含水率

    B. 路基临界高度   D. 路槽底 80cm 的平均含水率

(2)对 K0 +000 ~ K4 +500 段路基施工的操作程序是( )。

    A. 取土—运输—推土机初平—平地机整平—压路机碾压

    B. 取土—运输—平地机整平—推土机初平—压路机碾压

    C. 取土—运输—压路机碾压—平地机整平—推土机初平

    D. 取土—运输—推土机初平—压路机碾压—平地机整平

(3)对 K4 +500 ~ K10 +500 段路基进行施工时,原地基的处理措施是( )。

    A. 换填原地基土   B. 基底坡面应挖成台阶

    C. 平整原地基   D. 必须设置护脚

(4)对 K17 +200 ~ K17 +800 段,施工方法宜采用( )。

    A. 倾填   B. 推土机铺填

    C. 人工砌筑   D. 人工铺填

(5)K17 +800 至终点段,施工方法宜采用( )。

    A. 单层横向全宽挖掘法   B. 多层横向全宽挖掘法

    C. 分层纵挖法   D. 分段纵挖法

【解析】

(1)C。新建公路路基的干湿类型采用临界高度来判别。

(2)A。参考填方路基的施工工艺。

(3)B。按规定,半挖半填路段基底坡面应挖成台阶,台阶宽度应不小于 2m。

(4)D。当土石混合料中的石料含量超过 70% 时,宜采用人工铺填。

(5)A。单层横向全宽挖掘法适用于挖掘浅且短的路堑。

二、石质路堑施工(视频 3.2-3)

1. 石质路堑的开挖方式

在路基工程中,当线路通过山区、丘陵及傍山沿溪地段时,往往会遇到集中的或分散的岩石区域,这时必须进行石方的破碎、挖掘作业。石方开挖应根据岩石的类别、风化程度、岩层产状、岩体断裂构造、施工环境等因素确定开挖方案。岩土的破碎开挖主要采用两种方法:一是松土机械作业法;二是爆破作业法。

松土机械作业法是利用大型、整体式松土器,耙松岩土后由铲运机械装运。对于软石和强风化的岩石,能用机械直接开挖的均应采用松土机械开挖,也可以采用人工开挖。其特点是:作业过程比较简单,具有较高的作业效率。

1)松土机械施工作业

高等级公路施工中常用的松土机械是带松土器的推土机,见图3-36。用松土器进行岩石的破碎开挖,宜选用单齿式松土器(图3-37),其贯入深度应尽可能大,但推土机必须有足够的牵引力,以免使履带打滑。其生产率除与自身的功率大小有关外,还与岩石的可松性有关,若松动较为困难,一般需经预裂爆破后方可进行松土器施工作业。

图3-36　多齿式松土器
图3-37　单齿式松土器

根据作业条件,松土机可采取如下几种方法:

(1)交叉松土。即以选定的间隔在互相垂直的方向上进行作业,在岩石破碎成沟状,而其余部分未被破碎时,采用这种方法较为有效。其缺点是松土后的地面很粗糙且不规则,因而降低了机械的工作效率。

(2)串联松土。即用一台推土机助推的方法,用于较硬岩石的破碎,且成本有所增加,但行之有效,如果工效能提高3~4倍时,施工的成本反而会降低。

(3)预裂爆破后松土。对特别坚硬的岩石,进行预裂爆破(如松动爆破、静态爆破)后,再用松土器作业,比单纯爆破工效高,施工成本也低。

无论在哪种情况下,松土时机械行驶的方向,应与岩纹垂直,破碎效果较好。否则,顺着岩纹作业,可能出现松土器经过的地方劈成沟状,而其余部分仍没有松开或松开很少。另外,应尽可能利用下坡进行松土作业,可提高松土效果。

2)爆破施工作业

爆破作业法是利用炸药爆炸时所产生的热和高压,使岩石或周围的介质受到破坏或移位。其特点是可以大大提高工效、缩短工期、节约劳动力、提高公路的运营质量。但这种方法是一种带有危险性的作业,需要有充分的爆破知识和必要的安全措施。

开挖岩石路基所采用的爆破方法,要根据石方的集中程度、地质、地形条件及路基断面形式等具体情况而定,一般可分为小炮和洞室炮两大类。小炮主要包括钢钎炮、深孔爆破等钻孔爆破;洞室炮主要包括药壶炮和猫洞炮等。

(1)钢钎炮。钢钎炮是指炮眼直径小于70mm、深度小于5m的爆破方法。这种方法操作简便,对边坡岩体的震动损害小,耗药量少,机动灵活。因此,它是一种不可缺少的炮型。常用于土石方量分散而小的工作以及整修边坡、开挖边沟、炸孤石等,也常用此法改变地形,为其他炮型服务。

炮眼的位置应选择在临空面多的地方。炮眼方向不要与岩石的节理和裂缝相平行,而应与之垂直,不可避免时则炮眼应距裂缝有一定距离,如图 3-38 所示,否则爆炸气体将会沿裂缝逸散,降低爆破效果。只有一面临空时,炮眼方向应与临空斜交成 30°~60°夹角。

图 3-38　炮眼布置图

(2)深孔爆破。深孔爆破是指孔径大于 75mm、深度在 5m 以上、采用延长药包的一种爆破方法。炮孔需用大型的潜孔凿岩机或穿孔机钻孔,如用挖掘机清方可以实现石方施工的全面机械化。深孔爆破优点是劳动生产率高,一次爆破的方量多,施工进度快,爆破时对路基边坡的影响比较小;若配合预裂或光面爆破,则边坡平整稳定,爆破效果容易控制,爆破时比较安全。

(3)药壶炮。药壶法是指在深 3m 以上的炮眼底部用少量炸药经一次或多次烘膛,使底部扩大成葫芦形,将炸药集中装入药壶中进行爆破,以提高爆破效果的一种炮型,见图 3-39。它适用于结构均匀致密硬土、次坚石、坚石。

所选择的炮位应与阶梯高度相适应,遇高阶梯时,宜用分层分排的群炮。炮眼深度一般以 5~7m 为宜。为避免超爆,药壶距边坡应留有一定间隙。

(4)猫洞炮。猫洞炮是指炮洞直径为 0.2~0.5m,深度小于 5m,洞穴呈水平或略有倾斜,将集中药包放入进行爆破,见图 3-40。其特点是充分利用岩体本身的崩塌作用,可以获得较好的爆破效果。其最佳使用条件是等级为Ⅸ级以下的岩石,最好是Ⅴ~Ⅶ级;阶梯度最小应大于眼深的两倍,自然地面坡度不小于 50°,最好为 70°左右。在阶梯高度大于 4m、有裂缝的软石、坚石中采用这种爆破方法,可以获得较好的爆破效果。

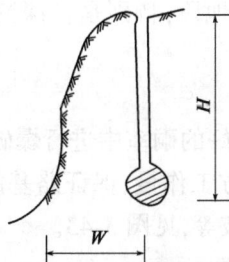

图 3-39　药壶炮　　　　　　　　　图 3-40　猫洞炮

2. 石质路堑常用的爆破技术

1)光面爆破

光面爆破是在开挖限界的周边适当排列一定间隔的炮孔,在有侧向临空面的情况下,通过控制抵抗线和药量进行爆破,使之形成一个光滑平整的边坡,见图 3-41。

2)预裂爆破

预裂爆破是在开挖界限处按适当间隔排列炮孔,在没有侧向临空面和最小抵抗线的情况下,用控制药量的方法预先炸出一条裂缝,使拟爆体与山体分开,作为隔振减振带,起保护开挖限界以外山体或减弱建筑物地震破坏的作用。半壁路堑预裂爆破的炮孔布置见图 3-42。

图 3-41　石质路堑边坡光面爆破

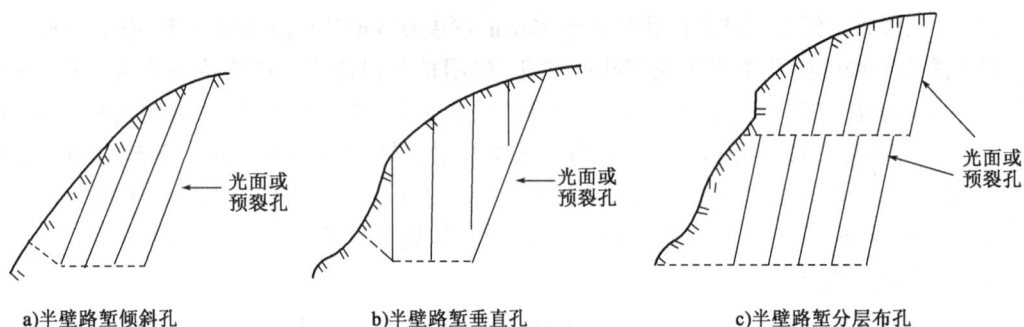

a)半壁路堑倾斜孔　　　　　　b)半壁路堑垂直孔　　　　　　c)半壁路堑分层布孔

图 3-42　半壁路堑预裂爆破炮孔布置

3）微差爆破

两相邻药包或前后排药包以毫秒的时间间隔（一般为 15～75ms）依次起爆,称为微差爆破,也称为毫秒爆破。多发一次爆破最好采用毫秒雷管。多排孔微差爆破是浅孔深孔爆破发展的方向。

4）定向爆破

定向爆破在公路工程中用于以借为填或以挖作填地段,特别是在深挖高填相间量大的鸡爪形地区,常采用定向爆破。

5）硐室爆破

硐室爆破是将炸药集中装填于爆破区内预先挖掘好的硐室中进行爆破的技术。为使爆破设计断面内的岩体大量抛掷出路基,减少爆破后的清方工作量,保证路基的稳定性,可根据地形和路基断面形式,采用定向爆破、扬弃爆破、松动爆破等,见图 3-43。

图 3-43　路堑石方硐室爆破

3.石质路堑爆破的施工作业程序

石质路堑的施工工艺流程,如图3-44所示。

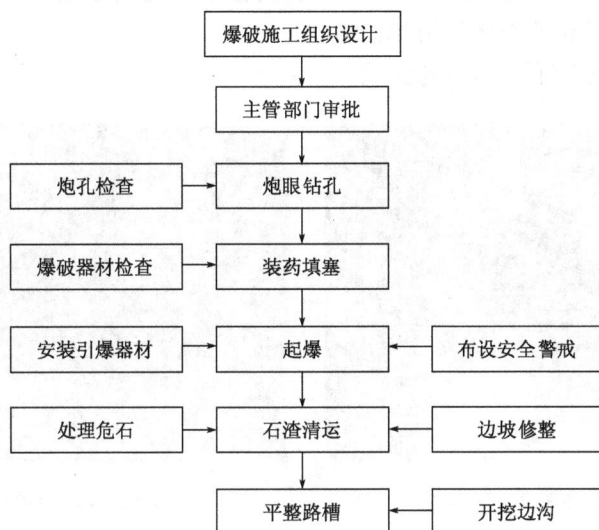

```
            ┌──────────────┐
            │ 爆破施工组织设计 │
            └──────────────┘
                   │
            ┌──────────────┐
            │  主管部门审批  │
            └──────────────┘
                   │
  ┌────────┐   ┌──────────────┐
  │ 炮孔检查 │──→│   炮眼钻孔    │
  └────────┘   └──────────────┘
                   │
  ┌──────────┐ ┌──────────────┐
  │ 爆破器材检查│─→│   装药填塞    │
  └──────────┘ └──────────────┘
                   │
  ┌──────────┐ ┌────────┐  ┌──────────┐
  │ 安装引爆器材│→│  起爆  │←─│ 布设安全警戒│
  └──────────┘ └────────┘  └──────────┘
                   │
  ┌────────┐   ┌────────┐  ┌────────┐
  │ 处理危石 │──→│ 石渣清运 │←─│ 边坡修整 │
  └────────┘   └────────┘  └────────┘
                   │
            ┌────────┐  ┌────────┐
            │ 平整路槽 │←─│ 开挖边沟 │
            └────────┘  └────────┘
```

图3-44　石质路堑的施工工艺流程图

爆破作业必须符合《爆破安全规程》(GB 6722—2014)的规定。石质路堑不宜超挖超爆。爆破开挖石方,宜按以下程序进行。

(1)爆破影响调查与评估。采用爆破法开挖石方,应先查明空中缆线、地下管线的位置,以及开挖边界外可能受爆破影响的建筑物的结构类型、居民居住情况等,然后制定详细的爆破技术安全方案。

(2)爆破施工组织设计。对达到一定规模的危险性较大的分部分项工程应编制专项施工方案,并附安全验算结果,经企业技术负责人、总监理工程师签字后实施,由专职安全生产管理人员进行现场监督。

(3)培训考核、技术交底。爆破作业必须由经过专业培训并取得爆破证书的专业人员实施。

(4)主管部门的审批。爆破施工组织设计应按相关规定分别报送当地公安部门、主管部门及监理工程师审批。

(5)钻孔前的准备工作。

①需将钻孔部位的浮土和浮石清理干净,由测量队进行测量放样,测出边坡线和高程;由此计算出炮孔的深度和预留抵抗线的厚度,确保不超爆和边坡的平顺、稳定。

②在钻孔前,由项目部安全技术人员根据施工现场的实际情况绘制爆破作业平面图,设置安全警戒线,并进行爆破作业安全技术交底,做好交底记录。

③钻孔工作应由具有一定经验的风钻工进行,钻机的倾斜方向要与选择的爆破临空面的方向一致,要确保钻机稳定不会倾倒,必要时设置缆风绳。

④风钻工要在地面上准确地放出炮孔的位置,竖立标牌,标明孔号、孔深和装药量。

⑤在进行整体爆破作业时宜采用"梅花形"或"方格形"布置孔位,按岩石的性质控制好间距、排距。

（6）钻孔作业，如图 3-45 所示。

①钻孔时，风钻工要做好防尘、防噪声和自我劳动保护工作。

②硬质岩石挖方路基在近坡面 3～4m 的地段，应采用光面爆破或预裂爆破技术，尽量减少或避免爆破对岩体结构的破坏作用和影响。

（7）爆破器材的检查（图 3-46）与测试。

图 3-45　钻孔作业

图 3-46　爆破器材检查

（8）炮孔检查合格。

（9）装药、安装引爆器材。装药、安装引爆器材的时间应尽可能短，以避免炸药受潮。装药时必须用木棒把炸药轻轻压入炮眼，严禁使用金属棒。装药时应自上而下、自里向外逐层码砌平稳、密实。装药不得在雨雪、大风、雷电、浓雾天气及黑夜中进行。装药时，应装完一组插一面小旗，由爆破工收旗放炮，以备核对。

（10）引爆前的炮眼检查，见图 3-47。

（11）布设安全警戒岗。在未发出解除信号前，负责警戒的岗哨应坚守岗位，除爆破工作负责人批准的检查人员外，其他任何人不准进入危险区，见图 3-48。

图 3-47　炮眼检查

图 3-48　爆破警戒区

（12）堵塞炮眼。堵塞炮眼的材料应尽量就地取材，一般可用干砂、滑石粉、黏土和碎石等。炮眼要求堵塞密实，不漏气。

（13）撤至安全警戒区。根据《爆破安全规程》（GB 6722—2014）中的有关规定，露天爆破安全距离不得小于200m，并按计算的个别飞石安全距离布置警戒线。待全体员工撤至安全警戒区，确定四周安全后，才可进行爆破。

（14）爆破作业信号的发布及作业。装药、堵塞炮眼后，由专业人员连线，经过专职技术人员检验合格后,在爆破负责人的统一指挥下进行爆破作业。

(15)清除盲炮。通过引爆而未能爆炸的药包称为盲炮。爆破后如有盲炮,应由原施工人员采取安全措施加以排除。

(16)解除警戒。爆破20min后,才可进入炮区检查,确定无危险后才可发出解除警戒的信号。

(17)测定、检查爆破效果。测定、检查爆破效果包括飞石、地震及对施爆区内构筑物的损伤和损失等。

(18)清方。清渣撬石工作应严格按照操作规程进行,见图3-49。首先将松动、碎裂的岩石自上而下地撬落,以免其坍塌伤人砸物。若炸落的岩石体积很大,可集中于挖方区进行二次爆破。可用钢钎炮或裸露药包法进行二次爆破。

图3-49　清渣作业

📖知识链接

对于土质挖方边坡高度超过20m和岩石挖方边坡高度超过30m的深路堑,以及不良地质地段挖方边坡,应进行独立设计和稳定性验算。

路堑边坡进行稳定性验算时,将路堑分成以下三种工况:

(1)正常工况。边坡处于天然状态。

(2)非正常工况Ⅰ。边坡处于暴雨或连续降雨状态。

(3)非正常工况Ⅱ。边坡处于地震等荷载作用。

路堑边坡稳定性验算时,其稳定系数应满足表3-10,否则应对路堑边坡进行支护。

路堑边坡稳定系数 表3-10

分析工况	路堑边坡稳定安全系数	
	高速公路、一级公路	二级及二级以下公路
正常工况	1.20 ~ 1.30	1.15 ~ 1.25
非正常工况Ⅰ	1.10 ~ 1.20	1.05 ~ 1.25
非正常工况Ⅱ	1.05 ~ 1.10	1.02 ~ 1.05

注:1. 路堑边坡地质条件复杂或破坏后危害严重时,稳定安全系数取大值;地质条件简单或破坏后危害较轻时,稳定安全系数可取小值。
　2. 路堑边坡破坏后的影响区域有重要建筑物(桥梁、隧道、高压输电塔、油气管道等)、村庄和学校时,稳定安全系数取大值。
　3. 施工边坡临时稳定系数不应小于1.05。

深路堑及不良地质地段挖方边坡施工注意事项：

（1）边坡形式。深路堑边坡宜采用折线式或台阶式边坡。台阶式中部应设置边坡平台，边坡平台的宽度不宜小于 2m。坚硬岩石边坡可不设平台，其边坡坡率可调查附近已建工程的人工边坡或自然边坡情况，根据边坡稳定性分析综合确定。

（2）边坡防护设计。应根据边坡地质和环境条件、边坡高度及公路等级，采取工程防护及植物防护的综合措施，稳定性差的边坡应设置综合支挡工程，并采取分层开挖、分层稳定和坡脚预加固技术。

（3）排水设计。应设置完善的边坡地表水和地下水排水系统，及时引排地表水和地下水。季节冻土边坡地下水丰富时，应对地下水排水口采取保温措施。

（4）施工监测。高速公路、一级公路深路堑及不良地质、特殊岩土地段挖方边坡应进行施工监测，监测设计应明确监测路段、监测项目、监测点的数量及位置、监测要求等。

任务三　轻质填料路堤施工

📖 **学习目标**

（1）知道用于路堤的轻质填料种类和材料性质。

（2）熟悉轻质填料路堤的施工工艺流程和施工技术要点。

（3）能够在施工现场组织轻质路堤施工。

📖 **任务描述**

（1）教师准备轻质路基施工案例、施工图片、多媒体教学资源等。

（2）本任务要求学生能编写轻质填料路堤施工工艺流程，在现场能按规范组织施工。

📖 **相关知识**

轻质材料可用作减少路堤重度或土压力的路堤填料，其应用范围包括软土地基上路堤、桥涵与挡土墙构造物台（墙）背路堤、拓宽路堤、修复沉陷或失稳路堤等，但不宜用于洪水淹没地段。

用作路堤填料的轻质材料主要有：粉煤灰和聚苯乙烯泡沫（EPS）。粉煤灰路堤就是利用电厂的废料填筑的路堤，粉煤灰是一种轻质填料，能减少路堤沉降，提高路堤的承载力及稳定性。

一、粉煤灰路堤施工

粉煤灰又称为烟灰，外观为灰白色的粉末，是从煤燃烧后的烟气中收捕的细灰，见图 3-50。主要是燃煤电厂排出的固体废物，主要成分是 SiO_2、Al_2O_3、Fe_2O_3、CaO 等氧化物。随着电力工业的发展，燃煤电厂的粉煤灰排放量逐年增加，成为当前排量较大的工业废渣之一。

1. 粉煤灰路堤的结构

粉煤灰路堤一般是由路堤主体部分、护坡、封顶层（黏土或其他材料）、包边土、隔离层和排水系统组成，如图 3-51 所示。

图 3-50　粉煤灰

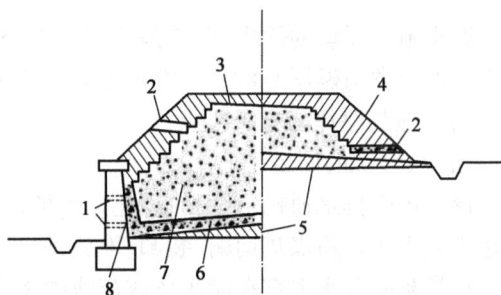

图 3-51　粉煤灰路堤结构示意图

1-泄水孔;2-盲沟;3-封顶层;4-土质护坡;5-土质路拱;6-粒料隔离层;7-粉煤灰;8-反滤层

2. 粉煤灰路堤的材料要求

1) 粉煤灰

用于高速公路、一级公路路堤的粉煤灰,烧失量宜小于 20% ;烧失量超过标准的粉煤灰应做对比试验,经分析论证后采用。粉煤灰的粒径宜为 0.001 ~ 1.180mm,小于 0.075mm 的颗粒含量宜大于 45% 。粉煤灰中不得含团块、腐殖质及其他杂质。

2) 包边土

包边土和封顶层的填料宜采用塑性指数不小于 12 的黏性土。隔离层和土质护坡中的盲沟所用的砂砾料、矿渣料等的最大粒径应小于 75mm,4.75mm 以下的细料含量应小于 50% ,含泥量应小于 5% 。

3. 粉煤灰路堤的施工要求

1) 粉煤灰路堤施工工艺流程

粉煤灰路堤的施工工艺流程,如图 3-52 所示。

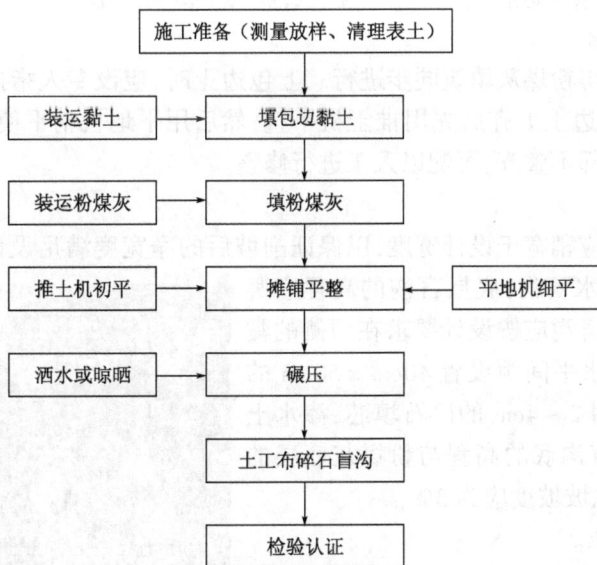

图 3-52　粉煤灰路堤的施工工艺流程

粉煤灰路堤与土质路堤的施工方法类似,仅增加了包边土摊铺和设置边坡盲沟等工序。

路堤施工质量的优劣,尤其是压实度是否满足要求,主要取决于摊铺厚度、含水率控制、压实机械的种类与碾压遍数。只有解决好这些关键问题,粉煤灰路堤的质量才会得到保障。

2)粉煤灰路堤的施工要点

(1)粉煤灰的储运。

储灰场应排水通畅,地面应硬化。大的储灰场宜设置雨水沉淀池。堆场应安装洒水设备,防止干灰飞扬。粉煤灰运输、装卸、堆放,应采取有效措施防止扬尘、流失与污染环境。

粉煤灰的含水率宜在储灰场或灰池中调节适宜,尽量减少现场的洒水工作量,过湿的粉煤灰应堆高沥干,过干的粉煤灰应在摊铺前2~3d在储灰场中洒水闷料,出场前应使含水率略高于最佳含水率。

(2)粉煤灰的摊铺。

粉煤灰在摊铺前应在路堤中心、路堤边缘等处设置松铺厚度控制桩。其松铺系数应通过试验确定,当无实测资料时,可按下列数值选用并在施工中给予调整:推土机摊铺为1.2~1.3,平地机摊铺为1.1~1.2。

粉煤灰路堤摊铺现场见图3-53,摊铺长度应按运灰的速度、摊铺机械、压实机具的数量和天气情况而定,以当天摊铺、当天碾压结束为原则,以免水分蒸发或遇水冲刷。在施工过程中,应及时洒水,防止干灰飞扬。

图3-53　粉煤灰路堤摊铺现场

粉煤灰路堤一般采用水平分层填筑法施工。分段作业时,先填地段应按1:1的坡度分层留1~2m的台阶,使每一压实层相互交叠衔接,搭接长度宜大于1.5m,相邻作业段接头范围内的压实度应达到规定要求。摊铺时应做好不小于3%的路堤横坡,以利于横向排水。

(3)包边土的摊铺。

包边土的摊铺应与粉煤灰填筑同步进行。上包边土时,应设专人指挥倒土以使卸土数量与预计土量一致。包边土上齐后先用推土机平整,然后用平地机精平使其厚度均匀,保证宽度、边线整齐,如遇局部不整齐,可配以人工进行修整。

(4)护坡的摊铺。

护坡的摊铺宽度应稍宽于设计宽度,以保证削坡后的净宽度满足设计要求。同时应按设计要求做好护坡的排水盲沟,底层盲沟的高程应避免地表水倒灌。排水盲沟应按设计要求在两侧的黏土护坡处,按10m的水平间距设置40cm×50cm的砂砾排水盲沟,盲沟用2~4cm的碎石填芯,渗水土工布包裹做反滤层,盲沟底的高程与粉煤灰底层的高程应一致,盲沟的纵坡坡度应为3%。

(5)粉煤灰的碾压。

粉煤灰路床碾压见图3-54。粉煤灰在摊铺后必须及时碾压,做到当天摊铺、当天碾压完毕。压实厚

图3-54　粉煤灰路床碾压现场

度应根据压实机械的种类和压实功的大小而定。一般 20~30t 的中型振动压路机,每层压实厚度应不大于 20cm;中型振动羊足碾或 40~50t 的重型压路机,每层压实厚度应不大于 30cm。碾压应遵循先轻后重、先两边后中间及由低到高的原则。

对摊铺的灰层应先用 20t 以上的振动压路机碾压 4 遍之后,再用振动压路机静压 1~2遍。碾压速度稳压时控制为 1.5~1.7 km/h,振压时控制为 2.0~2.5 km/h。碾压速度不宜过快,碾压时应错轮 1/3,两轮应重叠 30cm 左右。

粉煤灰路堤的施工温度必须控制在 0℃ 以上,以防止粉煤灰含有大量冰晶影响压实质量。粉煤灰碾压结束后,通常用环刀法或灌砂法进行压实度检测,达到规定要求后才可进行下一层的填筑施工。粉煤灰路堤的压实标准参照土质路堤的规定。

(6)养护与封层。

在已达到要求压实度的灰层上铺筑上一层时,自卸车不得在已成型的灰面上进行掉头、高速行驶和紧急刹车等操作,以免造成压实层松散。若不能立即铺筑上一层,则应禁止和限制车辆行驶并适量洒水润湿,以防止表层干燥松散;若较长时间不能施工,则应进行表层覆土封闭,并做好路拱,以利于排水。对达到路槽高程的封层部位应及时采用黏性土、石灰土等或按设计要求加铺垫层材料,进行封层处理。

工程应用

【例 3-5】 河南安林高速公路一标段主线全长 6.35km,另有大互通立交一处。全标段地基较软弱,路基平均填高为 4m,最高约 8m,大部分路基填料设计为粉煤灰填料,结构断面形式如图 3-55 所示。材料为安阳县电厂排放的粉煤灰,质量满足要求。

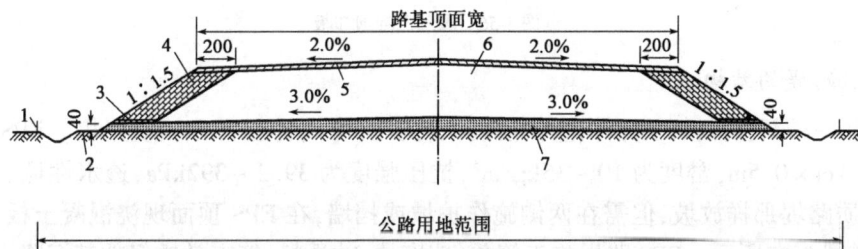

图 3-55　粉煤灰路堤结构断面形式(尺寸单位:cm)
1-隔离栅;2-护坡道;3-盲沟;4-黏土护坡;5-黏土封顶层;6-粉煤灰;7-隔离层

1)粉煤灰路堤设计参数

路堤顶面用黏土封层厚度为 50cm;护坡土的设计宽度为 2m;隔离层厚 70cm,采用砂砾填筑;盲沟为 40cm×50cm 用砂砾填筑,按水平间距 10m 设置。

2)施工参数

(1)粉煤灰路基施工。采用 15t 自卸汽车运料,推土机和平地机摊铺,22t 振动压路机碾压。松铺厚度为 35cm,压实厚度为 30cm。碾压遍数:压路机先静压 1 遍,振动碾压 3 遍,最后再静压 1 遍,共碾压 5 遍,可达到 93 区粉煤灰路基填筑的标准要求;压路机先静压 1 遍,振动碾压 4 遍,最后再静压 1 遍,共碾压 6 遍,可达到 94 区粉煤灰路基填筑的标准要求。

(2)施工中,填料松铺系数控制为 1.15,压路机的行进速度控制为 1~2km/h。

（3）粉煤灰的最佳含水率为 47.4%，最大干密度为 $1.01 \mathrm{g/cm^3}$。

3）使用效果

该段路基于 2005 年下半年至 2006 年上半年施工，2006 年下半年施作路面工程，2006 年 11 月开通，至今路面平顺，经长期沉降观测，地基有少量下沉，粉煤灰路堤本体几乎没有沉降，效果良好。

二、聚苯乙烯泡沫路堤施工

聚苯乙烯泡沫（Expanded Polystyrene，简称 EPS）是一种轻型高分子聚合物，它是采用聚苯乙烯树脂加入发泡剂，同时加热进行软化，产生气体，形成一种硬质闭孔结构的泡沫塑料，见图 3-56。这种均匀封闭的空腔结构使 EPS 具有吸水性小、保温性好、质量小及较高的机械强度等特点。

图 3-56　聚苯乙烯泡沫板

1. EPS 路堤的结构

EPS 是一种新型材料，长方体，整体强度大，抗压，可代替土石方填筑路堤。EPS 的标准尺寸为 $2\mathrm{m} \times 1\mathrm{m} \times 0.5\mathrm{m}$，密度为 $10 \sim 35 \mathrm{kg/m^3}$，抗压强度为 $39.2 \sim 392 \mathrm{kPa}$，透水性低。施工时不需要像土质路堤那样放坡，但需在两侧施作护坡或挡墙，在 EPS 顶面现浇混凝土板，上面再铺筑路面，如图 3-57 所示。EPS 路堤施工简单、速度快，效果好，能有效减轻软基沉降。

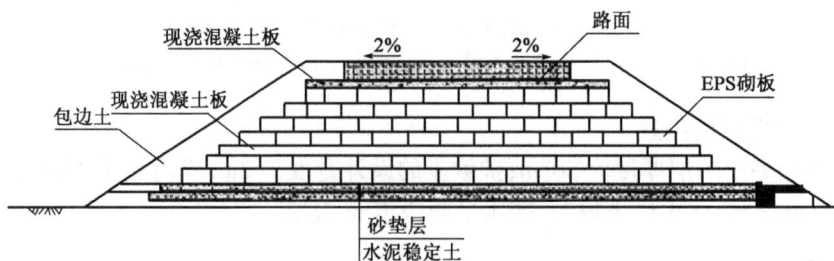

图 3-57　EPS 路堤结构示意图

2. EPS 路堤的施工

1）EPS 路堤的施工工艺流程

EPS 路堤的施工工艺流程，如图 3-58 所示。

```
┌─────────────────────────────┐
│  施工准备(测量放样、清理表土)  │
└─────────────────────────────┘
               │
               ▼
┌─────────────────────────────┐
│      砂垫层和土工布铺设        │
└─────────────────────────────┘
               │
               ▼
┌─────────────────────────────┐
│         包边土填筑            │
└─────────────────────────────┘
               │
               ▼
┌─────────────────────────────┐
│     干拌砂浆找平基面施工       │
└─────────────────────────────┘
               │
               ▼
┌─────────────────────────────┐        ┌─────────────────────────┐
│       铺筑EPS块体           │◄───────│    EPS块体的储运、送检     │
└─────────────────────────────┘        └─────────────────────────┘
               │
               ▼
┌─────────────────────────────┐
│        现浇混凝土板          │
└─────────────────────────────┘
               │
               ▼
┌─────────────────────────────┐
│          沉降观测            │
└─────────────────────────────┘
```

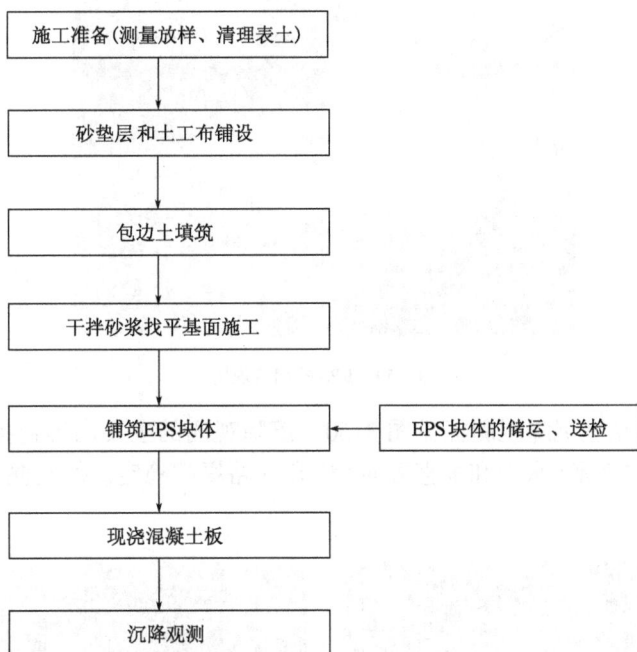

图 3-58　EPS 路堤的施工工艺流程

2) EPS 路堤的施工要点

(1) 清除原地面上的杂草、建筑垃圾等，整平、压实表面，要求压实度不小于 87%，并开挖 80~100cm 深的水沟排干地表积水。

(2) 确定 EPS 施工基面高程，要求施工基面高程大于地下正常水位 50cm。

(3) 回填石灰土至 EPS 施工基面以下 10cm，其压实度应不小于 90%。

(4) 施工基面应铺设砂垫层，起整平和排水作用。砂垫层应采用中砂或粗砂，有机质含量不大于 1%，含泥量不大于 3%。在铺设垫层时，应从路基横断面的两侧向中间铺设，厚度应满足设计要求，并做到均匀一致，表面平整。垫层宽度应宽出路基两侧坡脚线 0.5~1.0m。两侧应以片石护砌或采用其他方式防护。

(5) EPS 包边土的施工。在 EPS 块体的侧面应设置包边土，土层宽度应为 1.5~2.5m，设计坡度应为 1:1.5，填料应为 6% 的石灰土。包边土必须分层填筑、分层压实。为保证路基内部排水通畅，在每层 EPS 底面于包边土内每隔 5m 横向施作一道盲沟。

(6) EPS 的铺筑。EPS 的铺筑现场见图 3-59。在铺筑 EPS 块体前，施工基面应保持干燥，并铺设 10cm 厚干拌水泥砂浆，切忌铺筑砂浆路段过长。EPS 应自下而上逐层错缝铺筑，块体之间的缝隙应不大于 20mm，错台应不大于 10mm。块体间的缝隙或错台最下层由砂浆垫层来调整，中间各层缝隙则采用无收缩水泥砂浆充分填塞。为防止 EPS 块体之间发生错位，同一层块体侧面的联结和不同层块体之间的联结应牢固，联结件应经过防锈处理。

(7) 混凝土盖板浇筑。在最上层 EPS 块体完成后，应现浇一层 15cm 厚的 C30 钢筋混凝土盖板，作为路面施工的基面。当混凝土板达到设计强度的 70% 时，在其上覆盖厚度为 80cm 的黏土做等载预压，待连续三个月每月沉降不大于 0.5cm 时，视为该段路基稳定，可以开始路面工程的施工。

图 3-59　EPS 的铺筑现场

（8）沉降观测。预埋沉降观测标见图 3-60。沉降观测的主要内容包括：①观测并控制施工过程中 EPS 路堤的变形（水平和垂直方向）和 EPS 路堤的稳定。②观测道路运行后 EPS 路堤的长期稳定性。

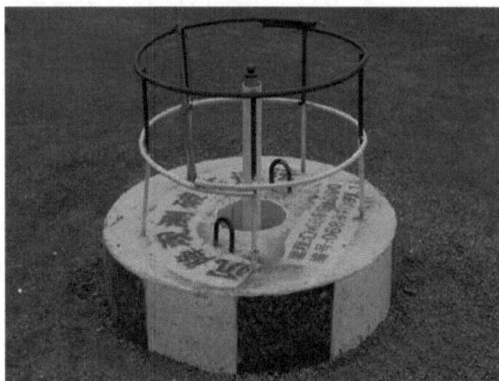

图 3-60　预埋沉降观测标

3. EPS 路堤施工质量控制标准

EPS 路堤施工质量控制标准见表 3-11。

EPS 路堤施工质量控制标准 表 3-11

序号	检 测 项 目		允 许 偏 差
1	EPS 尺寸	长度	1/100
		宽度	1/100
		厚度	1/100
2	EPS 块体密度		≥设计值
3	基底压实度		≥设计值
4	垫层平整度（mm）		10
5	EPS 块体之间的平整度（mm）		20
6	EPS 块体之间的缝隙、错台（mm）		10
7	EPS 块体之间路堤顶面的横坡（%）		±0.5
8	护坡宽度		≥设计值

序号	检 测 项 目	允 许 偏 差
9	钢筋混凝土板的厚度(mm)	+10,-5
10	钢筋混凝土板的宽度(mm)	20
11	钢筋混凝土板的强度	满足设计要求
12	钢筋网的间距(mm)	±10

注:路线曲线部分的 EPS 块体缝隙不得大于 50mm。

任务四　路基拓宽改建施工

学习目标

(1)熟悉路基拓宽改建的基本概念
(2)熟悉路基拓宽改建的施工工序及施工要点。
(3)知道新路基与旧路基衔接的处治措施。

任务描述

(1)教师准备公路路基拓宽改建施工案例、施工图片、多媒体教学资源等。
(2)本任务要求学生在施工现场能按规范组织旧路改建和扩建的路基施工。

相关知识

公路路基拓宽改建,应根据公路沿线的地形和地质特点、既有路基现状及拓宽后的交通组成,综合比较确定既有路基利用与拓宽衔接方案。

要特别注意新旧路基间的不均匀沉降及新路基的塑性累积变形对路面结构的影响,应采取合理的工程措施,保证拓宽改建路基的强度和稳定性。

一、路基拓宽改建方案(视频 3.4)

我国在 20 世纪 90 年代早期建成的高速公路大部分按照双向四车道的标准设计,这些高速公路现阶段明显在通行能力、服务水平和安全方面表现出不足,可以预见,高速公路改扩建工程建设,将在今后的交通基础设施建设领域中保持相当长的高潮期。

公路改扩建是指在现有公路的基础上,为提高技术等级、通行能力或改善技术指标而进行的公路建设工程,包括公路的改建、扩建等。

1.路基拓宽改建方案

路基的拓宽改建应根据公路等级、技术标准,结合当地地形、地质、水文、填挖情况选择适宜的路基断面形式。

路基拓宽改建方案,见图 3-61。

1)单侧加宽方案

当原有公路的一侧受建筑物限制时,从另一侧对原有公路进行拓宽。其优点包括:能充分利用地形,拆迁量小;路基单侧的排水防护设施可继续保留使用;新旧路基差异沉降不显著;施工干扰较小,原路可继续维持交通。缺点主要是:平面线形需要重新拟合;需要拆除原有中央分隔带,原有的中央分隔带用作行车道,其内部原有的排水、通信管道、防撞护栏等设施需要拆除,新中央分隔带内的这些设施需要重建;新旧路幅横断面不能有效组合。

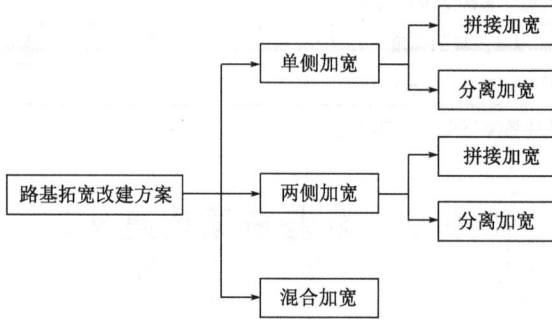

图 3-61　路基拓宽改建方案

2)两侧加宽方案

从两侧对原有公路进行拓宽,原有的中心线可留作加宽后公路的中心线。其优点包括:可使路线按原有平面、纵面线形顺利通过;可大大减少征地和拆迁费用;中央分隔带及内部的排水、通信管道、防撞护栏等设施可充分利用;新旧路幅横断面能有效组合,路拱坡度,可继续使用,路面排水简单。缺点包括:路基两侧的防护、排水沟、防撞护栏等设施需要拆除重建;施工对公路上的交通影响较大(两侧干扰)。

3)混合加宽方案

混合加宽方案是单侧加宽方案和两侧加宽方案的组合形式。这种加宽方案由于几何线形发生扭曲,平面线形需重新拟合。

2.路基拓宽加宽方式

高速公路改扩建路基加宽方式,见图 3-62。

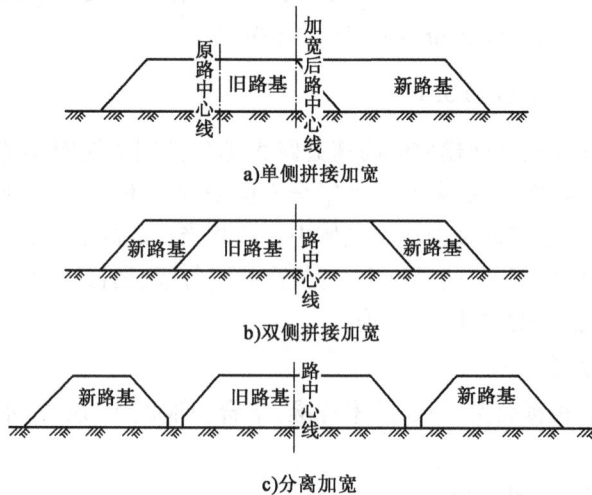

图 3-62　高速公路改扩建路基加宽方式

1)拼接加宽

在原高速公路的路基一侧或两侧直接拼接,新老路基之间不设分隔带。它分为单侧拼接加宽和双侧拼接加宽。

2) 分离加宽

在新旧路基之间设置分隔带或将新旧路基拉开一定的距离,使平面和纵面同时分离,以便跨越全部的互通和主要相交道路。其优点是可以彻底消除拼接和施工期间的交通组织问题;缺点是多了两条中央分隔带和硬路肩,路基较宽,占地较大,工程造价高。

二、路基拓宽施工

1.路基拓宽的施工要点

路基拓宽施工应综合考虑地基处理、填料选择、边坡稳定、防护排水设施等,并与交通工程、路面排水系统相结合。

拓宽路基基底处理、路基填料的最小强度和压实度等应满足改建后相应等级公路的技术要求。

2.路基拓宽施工工艺流程及注意事项

1) 路基拓宽施工工艺流程

路基拓宽的施工工艺流程,见图3-63。

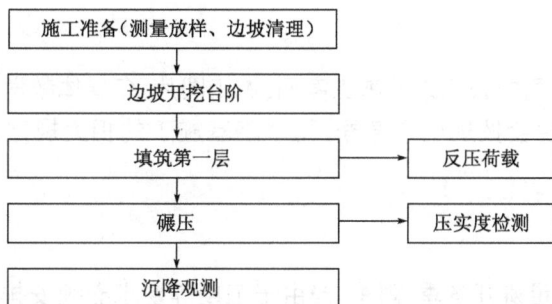

图3-63　路基拓宽施工工艺流程

2) 路基拓宽施工注意事项

(1)应先拆除老路路缘石、旧路肩、边坡防护、边沟及原有构造物的翼墙或护墙等。

(2)施工前应截断流向拓宽作业区的水源,开挖临时排水沟,保证施工期间排水通畅。

(3)拓宽部分路堤的地基处理应按设计和规范有关规定处理。

(4)旧路堤挖除的坡面厚度不宜小于30cm,从旧路堤坡脚向上按设计要求开挖成台阶,台阶宽度不小于1m。旧路堤高度小于2m时,旧路堤坡面处理后,可直接填筑新路堤。严禁将坡面清理物作为新填料。

(5)拓宽部分的路堤采用非透水性填料时,应在地基表面按设计铺设垫层,垫层材料一般为砂砾或碎石,含泥量不大于5%。

(6)拓宽路堤填料,宜选用于旧路堤相同填料,或者选用水稳性较好的砂砾、碎石等填料。

(7)边通车边拓宽时,应有交通管制和安全防护措施。

(8)拓宽施工不得污染环境、破坏或污染原有水系。

三、新旧路基衔接处治措施

新旧路基衔接处治措施主要包括以下几项。

（1）清除旧路肩边坡上的草皮、树根及腐殖土等杂物。

（2）将旧土路肩翻晒或掺灰重新碾压，以达到质量要求。

（3）当加宽拼接宽度小于0.75m时，可采取超宽填筑或翻挖旧路堤等工程措施。

（4）当路堤高度超过3m时，可在新老路基间横向铺设土工格栅，提高路基的整体性，减少不均匀沉降。

（5）旧路基与拓宽路基的路拱横坡度的工后增大值不应大于0.5%。

任务五　冬季、雨季路基施工

学习目标

（1）了解冬季、雨季施工特点及一般规定。

（2）知道冬季填筑路堤和开挖路堑的施工要点。

（3）知道雨季填筑路堤和开挖路堑的施工要点。

（4）能够在冬季、雨季组织路基施工。

任务描述

（1）教师准备冬季、雨季公路路基施工案例、施工图片、多媒体教学资源等。

（2）本任务要求学生会按规范中冬季、雨季路基施工的相关规定，可以在现场组织路基施工。

相关知识

路基工程施工应尽量避开冬季、雨季，当由于工期等要求必须安排在冬季、雨季进行施工时，应根据季节特点和施工段的地质、地形条件，制订合理的施工方案。冬、雨季施工应加强安全管理，制订安全预案，加强气象信息的收集工作，避免灾害和事故发生。

一、冬季路基施工（视频3.5）

在反复冻融地区，昼夜平均温度在 −3℃ 以下，且连续10d以上，或者昼夜平均温度虽在 −3℃ 以上，但冻土没有完全融化时，均应按冬季路基施工进行。

1.冬季路基施工一般规定

1）可在冬季施工的路基工程项目

（1）泥沼地带的河湖冻结到一定深度后，如需换土可趁冻结期挖去原地面的软土泥层换填合格的其他填料。

（2）含水率高的流动土质、流沙地段的路堑可利用冻结期开挖。

（3）河滩地段可利用冬期水位低的特点开挖基坑修建防护工程，但应采取加温保温措施，注意养护。

（4）岩石地段的路堑或半填半挖地段，可进行冬季开挖作业。

2）不宜在冬季施工的路基工程项目

（1）高速公路、一级公路的土质路堤和地质不良地区的二级及二级以下公路路堤。

（2）铲除原地面的草皮、挖掘填方地段的台阶。

（3）整修路基边坡。

（4）河滩低洼地带，可被水淹没的填土路堤。

（5）土质路堤路床以下1m范围内。

（6）半填半挖地段、挖填方交界处。

3）冬季施工路基基底处理的规定

冬季施工路基基底处理应符合下列规定。

（1）冻结前应完成表层清理，挖好台阶，并应采取保温措施防止冻结。

（2）填筑前应将基底范围内的积雪和冰块清除干净。

（3）对需要换填土地段或坑洼处需补土的基底应选用适宜的填料回填，并及时进行整平压实。

（4）基底处理后应立即采取保温措施防止冻结。

2. 冬季填筑路堤的注意事项

冬季填筑路堤的应注意以下问题：

（1）路堤填料，应选用未冻结的砂类土、碎石、卵石土、石渣等透水性良好的材料。不得用含水率过大的黏性土。

（2）填筑路堤时，应按横断面全宽平填，每层的松铺厚度应按正常施工减少20%～30%，且松铺厚度不得超过30cm。当天填土应当天完成碾压。

（3）中途停止填筑时，应整平填层和边坡并进行覆盖防冻，恢复施工时应将表层冰雪清除，并补充压实。

（4）当填筑高程距路床底面1m时，碾压密实后应停止填筑，在顶面覆盖防冻保温层，待冬季过后整理复压，再分层填至设计高程。

（5）冬季施工取土坑应远离填方坡脚。如条件限制需在路堤附近取土时，取土坑内侧到填方坡脚的距离不得小于正常施工护坡道的1.5倍。

（6）冬季填筑的路堤，每层每侧应按设计和施工技术规范的规定超填，并压实后修整边坡削去多余部分后拍打密实或加固。

（7）冬季过后必须对填方路堤进行补充压实，压实度应达到相关规范的要求。

3. 冬季开挖路堑表层冻土的方法及注意事项

1）冬季开挖路堑表层冻土的方法

（1）爆破冻土法。当冰冻深度在1m以上时可用爆破冻土法炸开冻土层。炮眼深度取冻土深度的0.7～0.9倍，炮眼间距取冰冻深度的1～1.3倍并按梅花形交错布置。

（2）机械破冻法。1m以内的冻土层可选用专用破冻机械（如冻土犁、冻土锯和冻土铲等）予以破碎清除。

（3）人工破冻法。当冰冻层较薄，破冻面积不大时，可用日光暴晒法、火烧法、热水开冻法、水针开冻法、蒸汽放热解冻法和电热法等方法胀开或融化冰冻层，并辅以人工撬挖。

2）冬季开挖路堑的注意事项

（1）当冻土层被开挖见到未冻土后，则应在表面覆雪保温，避免重复被冻。

（2）挖方边坡不应一次挖到设计线，应预留30cm厚的覆盖层，待到正常施工季节后再修整到设计坡面。

(3)当路堑挖至路床面以上1m时,挖好临时排水沟后,应停止开挖,并在表面覆以雪或松土,待到冬季过后再挖去其余部分。

(4)每日开工时先挖向阳处,气温回升后再挖背阴处,如开挖时遇地下水,应及时挖沟排水。

(5)河滩地段可利用冬季水位低,开挖基坑修建防护工程,但应采取措施保证工程质量。

(6)开挖路堑的弃土要远离路堑边坡的坡顶进行堆放。弃土堆的高度一般不应大于3m,弃土堆坡脚到路堑边坡顶的距离一般不得小于3m,深路堑或松软地带应保持5m以上的距离。弃土堆应摊开整平,严禁把弃土堆于路堑边坡的坡顶上。

二、雨季路基施工

1. 雨季路基施工一般规定

1)雨季施工地段的选择

(1)路基的施工地段一般应选择丘陵和山岭地区的砂类土、碎砾石和岩石地段及路堑的弃方地段。

(2)重黏土、膨胀土及盐渍土地段不宜在雨季施工;平原地区排水困难,不宜安排雨季施工。

2)雨季路基的排水要点

(1)应综合规划,合理设置现场防、排水系统,采取有效措施及时引排地面水。

(2)对施工临时挤占的沟渠、河道应采取措施保证不降低原有的排水能力。

(3)路堤填筑的每一层表面应设2%~4%的排水横坡。

(4)在已填路堤路肩处应设置纵向临时拦水土埂、每隔一定距离设出水口和排水槽等措施,引排雨水至排水系统。

(5)雨季路堑施工宜分层开挖,每挖一层均应设置纵横排水坡,使水排放畅通。

3)雨季路基基底的处理

(1)在雨季前应将基底处理好,将孔洞、坑洼处填平夯实,整平基底,并设纵横排水坡。

(2)低洼地段,应在雨季前将原地面处理好,并将填筑作业面填筑到可能的最高积水位0.5m以上。

2. 雨季填方路堤施工

雨季填方路堤施工时,应注意以下几点:

(1)雨季路堤施工地段除施工车辆外,应严格控制其他车辆在施工场地通行。

(2)填料应选用透水性好的碎(卵)石土、砂砾、石方碎渣和砂类土等。利用挖方土作填料,当含水率符合要求时,应随挖随填及时压实。含水率过大、难以晾晒的土,不得用作雨季施工填料。

(3)雨季填筑路堤需借土时,取土坑的设置应满足路基稳定的要求。取土坑距离填方坡脚不宜小于3m。在平原区路基纵向取土时,取土坑的深度一般不宜大于1m。

(4)路堤应分层填筑,当天填筑的土层应当天或雨前完成压实。

3. 雨季挖方路堑施工

雨季挖方路堑施工时,应注意以下几项:

（1）土质路堑开挖前，在路堑边坡坡顶2m以外开挖截水沟，并接通出水口。

（2）开挖土质路堑宜分层开挖，每挖一层均应设置排水纵横坡。

（3）挖方边坡不宜一次挖到设计坡面，应沿坡面预留30cm厚，待雨期过后整修到设计坡面。已挖作填的挖方应随挖随运随填。

（3）开挖土质路堑，当挖至路床顶面以上30～50cm时应停止开挖，并在两侧挖好临时排水沟，待雨季过后再施工。

（4）开挖岩石路堑，炮眼宜水平设置。边坡应按设计坡度自上而下层层刷坡，坡度应符合设计要求。

思考与练习

一、单选题

1. 可直接用作路堤填料的是（　　）。
   A. 石质土　　　　B. 粉质土　　　　C. 重黏土　　　　D. 电石渣

2. 对于原地基处理，下面说法不正确的是（　　）。
   A. 路基用地范围内的树木、灌木丛等均应在施工前砍伐或移植清理
   B. 原地面的坑、洞、墓穴等应用原地土或砂性土回填
   C. 路堤填土高度小于路床厚度时，路床压实度不宜小于基底压实度标准
   D. 路堤原地基的横坡坡度大于1:5时，原地基应挖成台阶

3. 路堤填筑时，当路堤基底的横坡坡度大于（　　）时，基底坡面应挖成台阶。
   A. 1:0.5　　　　B. 1:1.5　　　　C. 1:5　　　　D. 1:10

4. （　　）可以用作路基填料，但是由于黏性小，受水流冲刷和风蚀易损坏，在使用时可以掺入黏性大的土改善质量。
   A. 煤渣　　　　B. 碎石土　　　　C. 黄土　　　　D. 砂土

5. 路基填料的强度要求是按（　　）来确定的。
   A. 抗折强度　　　B. 最小强度　　　C. CBR 值　　　D. 抗弯拉强度

6. 路堤填筑时按照横断面全宽水平分层，逐层向上填筑，以下属于填筑常用方法的有（　　）。
   A. 横向填筑法　　　　　　　　　B. 联合填筑法
   C. 水平分层填筑法　　　　　　　D. 纵向分层填筑法

7. 土石路堤的填筑不能采用（　　）施工。
   A. 竖向填筑法　　　　　　　　　B. 分层压实法
   C. 冲击压实法　　　　　　　　　D. 强力夯实法

8. 一段较长的土质路堑纵向开挖，采用沿路堑全宽、以深度不大的纵向分层进行挖掘作业，这种作业方法称为（　　）。
   A. 分层纵挖法　　B. 通道纵挖法　　C 分段纵挖法　　D. 混合开挖法

9. 土质路堑混合开挖法是指（　　）的混合使用。
   A. 多层横向全宽挖掘法和分层纵挖法
   B. 单层横向全宽挖掘法和分层纵挖法

C. 多层横向全宽挖掘法和通道纵挖法

D. 单层横向全宽挖掘法和分段纵挖法

10. 土质路堑施工时,在清淤清表完成之后、路基土开挖之前应先施工(   )。
    A. 边沟   B. 渗沟   C. 排水沟   D. 截水沟

11. 下列路段中,不宜在雨季进行路基施工的是(   )。
    A. 碎砾石路段   B. 路堑弃方路段
    C. 膨胀土路段   D. 丘陵区砂类土路段

12. 对于黏性土、粉性土和砂性土,当用作路基填料时,它们的优先次序为(   )。
    A. 黏性土,粉性土,砂性土   B. 黏性土,砂性土,粉性土
    C. 砂性土,黏性土,粉性土   D. 粉性土,黏性土,砂性土

13. 关于雨季开挖路堑的说法,正确的是(   )。
    A. 挖方边坡宜一次挖到设计高程
    B. 炮眼应尽量水平布置
    C. 边坡应按设计坡度自下而上层层削坡
    D. 土质路堑挖至距设计高程20cm时应停止开挖

14. 土质路堤必须根据设计断面,分层填筑、分层压实。采用机械压实时,分层的最大松铺厚度,高速公路和一级公路不应超过(   )。
    A. 20cm   B. 30cm   C. 40cm   D. 50cm

15. 为保护开挖界限以外的山体,使拟爆体与山体分开,可采用的爆破方法是(   )。
    A. 预裂爆破   B. 光面爆破   C. 微差爆破   D. 洞室爆破

16. 在地形艰险及爆破量较小的地段(如开挖便道、基坑等),应优先选择的爆破方法是(   )。
    A. 钢钎炮   B. 深孔爆破   C. 药壶炮   D. 猫洞炮

17. 关于填石路基填料的选择,下列说法正确的是(   )。
    A. 石料强度大于20MPa时,石块的最大粒径不超过压实层厚度的2/3
    B. 石料强度小于15MPa时,石料最大粒径不超过压实层厚
    C. 高速公路和一级公路的路床顶面以下50cm范围内,填料最大粒径不大于15cm
    D. 二、三、四级公路的路床顶面以下50cm范围内,填料最大粒径不大于20cm

18. 填石路基压实度控制主要是依靠(   )。
    A. 控制压实度   B. 控制填土高度
    C. 控制含水率   D. 控制两次压实的变形差

19. 雨季开挖路堑宜分层开挖,每挖一层均应设置排水纵横坡。挖方边坡不宜一次挖到设计高程,应沿坡面留(   )厚,待雨季过后再整修到设计坡度。
    A. 4. 20cm   B. 25cm   C. 30cm   D. 40cm

20. 雨季填筑路堤时,路堤应分层填筑,每一层的表面应(   )。
    A. 做成2%~4%的横坡   B. 做成至少1%的横坡
    C. 做成2%~4%的纵坡   D. 做成至少1%的纵坡

二、多选题

1. 路基压实度的现场测定方法有(   )。

A. 重型击实法　　　B. 灌砂法　　　　C. 核子仪法　　　D. 环刀法

2. 关于采用不同性质的填料填筑路堤的正确要求有( )。

A. 水平分层、分段填筑、分层压实

B. 将不同性质的填料进行拌和,在同水平层路基全宽范围内混合填筑

C. 强度较小的填料层应填筑在强度较大的填料层的下面

D. 不得在透水性较好的填料所填筑的路堤边坡上覆盖透水性不好的填料

3. 在路基填筑施工中,摊铺作业使用的机械通常包括( )。

A. 推土机　　　B. 平地机　　　　C. 压路机　　　D. 摊铺机

4. 土质路堤填筑的施工技术有( )。

A. 水平分层填筑法　　　　　　C. 竖向填筑法

B. 纵向分层填筑法　　　　　　D. 横向填筑法

5. 土质路堑的横向挖掘既可采用人工作业,也可采用机械作业,具体方法有( )。

A. 单层横向全宽挖掘法　　　　B. 分层纵挖法

C. 多层横向全宽挖掘法　　　　D. 分段纵挖法

6. 当路堤原地基的横坡坡度大于1:5时,要求( )。

A. 原地基应挖成台阶

B. 台阶宽度不小于2 m并予以夯实

C. 原地基应削坡,以放缓边坡

D. 原地面铺透水性好的材料

7. 关于路堤填筑方式,以下说法正确的是( )。

A. 不同土质混合填筑时应分层,每种填料层的累计总厚不宜小于0.5m

B. 优良土应填在上层,强度较小的土应填在下层

C. 河滩路堤填土,路堤与护道应分别填筑

D. 透水性较小的土填筑于路堤下层,并做4%的双向横坡

8. 下列属于洞室炮的有( )。

A. 药壶炮　　　B. 钢钎炮　　　　C. 猫洞炮　　　D. 深孔爆破

9. 雨季路基施工地段一般应选择( )。

A. 平原区的重黏土地段

B. 丘陵和山岭地区的砂类土、碎砾石地段

C. 岩石地段

D. 路堑的弃方地段

10. 冬季开挖路堑表层冻土的方法有( )。

A. 爆破冻土法　　　　　　　　B. 机械破冻法

C. 人工破冻法　　　　　　　　D. 沉管法

三、简答题

1. 路基的填筑方法有哪些? 各自的适用范围是什么?

2. 简述土质路堤的压实机理及其意义,以及影响路堤压实效果的因素和压实评价指标。

3. 土质路堤的施工技术要点有哪些?

4. 土质路堑的开挖方式有哪些? 各自的适用范围是什么?

5. 土质路堑开挖的施工技术包括哪些？

6. 路堤填筑"四个作业区段、八道工艺流程"各指什么？

7. 填石路堤的施工技术要点有哪些？

8. 土石路堤的施工技术要点有哪些？

9. 什么是最佳含水率和最大干密度？

10. 如何进行碾压工序控制？

11. 路基常用的爆破方法有哪些？各自的适用性是什么？

12. 试述粉煤灰路堤的特点。

13. 简述 EPS 路堤的施工工艺流程。

14. 冬季填方路堤和开挖路堑施工的注意事项各有哪些？

15. 雨季填方路堤和开挖路堑施工的注意事项各有哪些？

项目四　路基排水工程施工

任务一　地表排水工程施工

学习目标

(1)知道地表排水工程的类型、构造及作用。

(2)熟悉地表排水工程的施工要点。

(3)能在施工现场组织地表排水工程施工。

任务描述

(1)教师准备公路路基地表排水设计图、施工图片、多媒体教学资源等。

(2)本任务要求学生能识读地表排水设施构造图,并能编制水沟的施工工艺流程图。

相关知识

地表水包括大气降水(雨和雪)以及海、河、湖、水渠及水库水,地表水会对路基产生冲刷和渗透。水是路基强度降低和稳定性受到损害的主要原因之一。因此,必须设置地表排水设施,将地表水以汇集、排除或拦截于路基用地以外,并防止地表水漫流、滞积或下渗。

路基排水的目的就是将路基范围内的土基湿度降低到一定限度以内,保持路基常年处于干燥或中湿状态,确保路基及路面具有足够的强度与稳定性。针对不同的水源,路基地表排水工程类型,如图4-1所示。

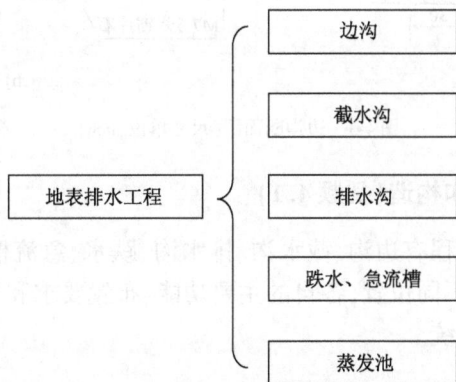

```
                      ┌──────────────┐
                      │     边沟      │
                      ├──────────────┤
                      │    截水沟     │
  ┌──────────────┐    ├──────────────┤
  │  地表排水工程  │────│    排水沟     │
  └──────────────┘    ├──────────────┤
                      │  跌水、急流槽  │
                      ├──────────────┤
                      │    蒸发池     │
                      └──────────────┘
```

图4-1　路基地表排水工程类型

图4-2和图4-3是某公路的路基排水系统平面图和单个排水结构物断面图,图中针对不同水源设置了不同的排水设施。

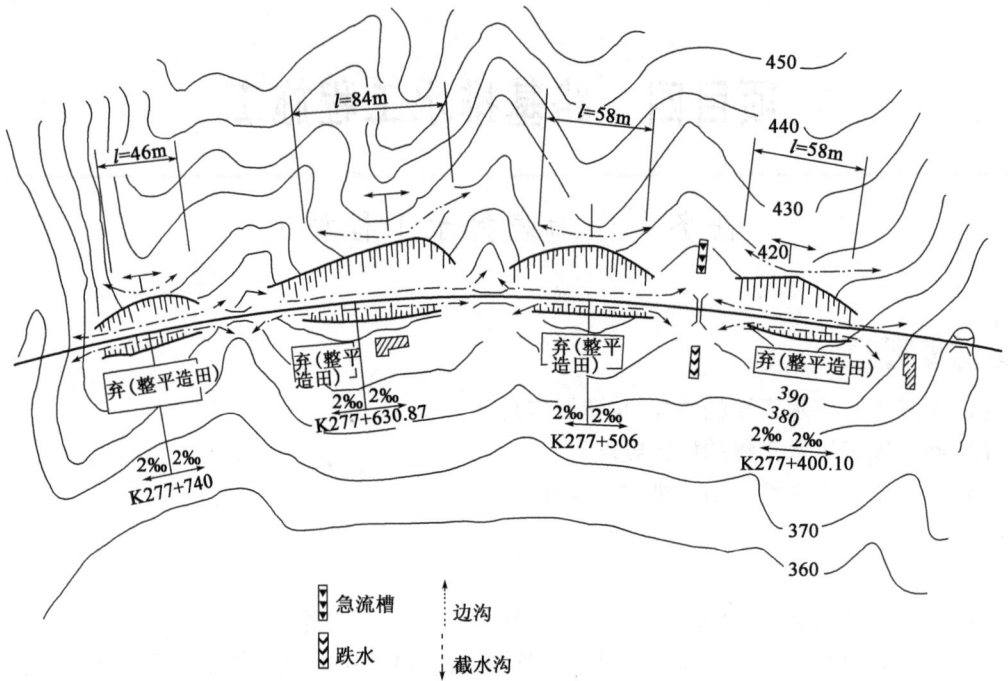

图4-2 某公路路基排水系统总体规划平面图

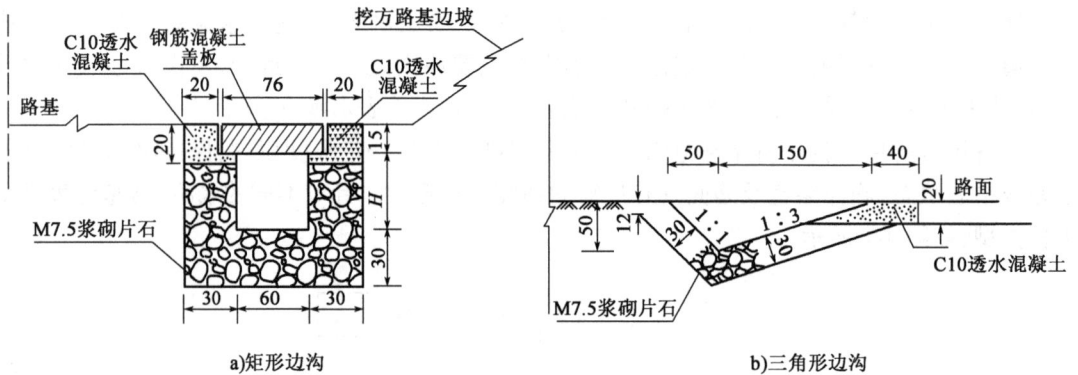

图4-3 边沟断面图(尺寸单位:mm)

一、地表排水工程类型和构造(视频4.1)

常用的路基地表排水工程有边沟、截水沟、排水沟、跌水、急流槽、倒虹吸、渡水槽、蒸发池等,它们分别设置在路基的不同位置,各自的主要功能、布置要求和构造形式均有所差异,共同形成完整的路基地表排水系统。

1.边沟

边沟设置在挖方路基的路肩外侧或矮路堤的坡脚外侧,多与路中线平行,用以汇集和排除路基范围内和流向路基的少量地面水。

边沟的断面形式及尺寸应根据降雨强度、汇水面积、地形地质条件以及对路侧安全与环境景观的影响程度等确定。边沟的主要形式及适用范围见图4-4、表4-1。

图 4-4 边沟的主要形式

边沟的主要形式及适用范围 表 4-1

边 沟 形 式		特点及适用条件	沟壁边坡	主要尺寸	长度及纵坡
梯形边沟	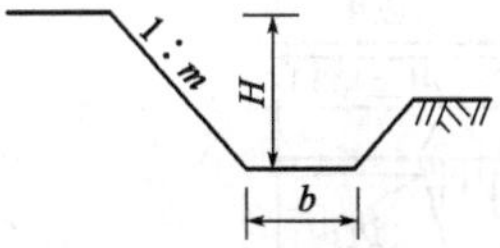	1. 排水量大,边坡稳定性好; 2. 适用于土质或软弱石质边沟	内侧沟壁为 1:1～1:1.5,外侧与挖方边坡相同	底宽与深度为 0.4～0.6m,干旱地区或水流少的路段取低限,但不得小于 0.3m,降水量集中或地势低洼路段取高限或更大值	长度一般小于 500m,多雨地区不宜超过 300m;纵坡与路线保持一致,最小纵坡为 0.3%,沟壁铺砌后可为 0.1%,纵坡大于 3% 时需进行加固防护
矩形边沟	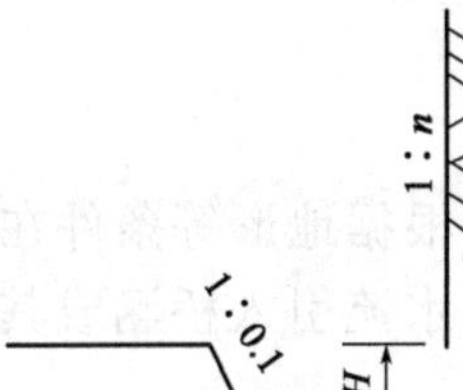	1. 占地少,施工方便; 2. 适用于石质或铺砌式边沟	直立或稍有倾斜		

边 沟 形 式		特点及适用条件	沟壁边坡	主要尺寸	长度及纵坡
流线型边沟	$R_1=5.6$ $R=0.3$ $0.3\sim0.5$ $R=0.3$	1. 美观大方,与环境相协调; 2. 多用于积雪、积砂路段	曲线半径 R 多采用 30m	底宽与深度为 $0.4\sim0.6m$,干旱地区或水流少的路段取低限但不得小于 0.3m,降水量集中或地势低洼路段取高限或更大值	长度一般小于 500m,多雨地区不宜超过 300m;纵坡与路线保持一致,最小纵坡为 0.3%,沟壁铺砌后可为 0.1%,纵坡大于 3% 时需进行加固防护
三角形边沟	$1:2\sim1:3$ H $1:n$	1. 便于机械化施工; 2. 适用于矮路堤或少雨浅挖地段土质边沟	宜采用 $1:2\sim1:3$ 的边坡		长度不宜超过 200m。纵坡与路线保持一致,最小纵坡为 0.25%,沟壁铺砌后可为 0.12%,纵坡大于 3% 时需进行加固防护

在边沟出水口附近以及排水困难路段,边沟应进行特殊设计。路堑与高路堤衔接时(图 4-5),由于边沟泄出水流流向路堤坡脚处,两者高差大,应根据地形与地质等具体条件,通过设跌水或急流槽将出水口延伸至坡脚以外,以免边沟水流冲刷填方坡脚。

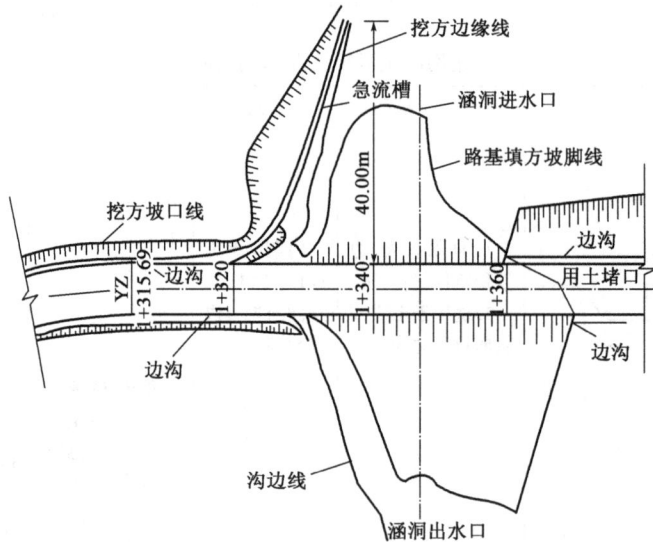

图 4-5 路堑与高路堤的边沟出口布置图

边沟水流流向桥涵进水口时,为避免边沟流水产生冲刷,应根据地形等条件在桥涵进口前或在其他水流落差较大处,设置急流槽与跌水等结构物,将水流引入桥涵或其他指定地点。

当边沟水流流至回头曲线处,一般边沟水较满,且流速较大,此时宜顺着边沟方向沿山坡设置排水沟,将水引至路基范围以外的自然沟中,或设急流槽、涵洞等结构物,将水引至山坡或路基另一侧,以免对回头曲线路段冲刷。

2.截水沟

截水沟又称天沟,一般设置在路堑边坡坡顶以外,或山坡路堤坡脚上方,垂直于水流方向,见图4-6。用以拦截和排除路基上方流向路基的地面径流,防止地表径流冲刷和侵蚀路堑边坡和路堤坡脚,并减轻边沟的泄水负担。

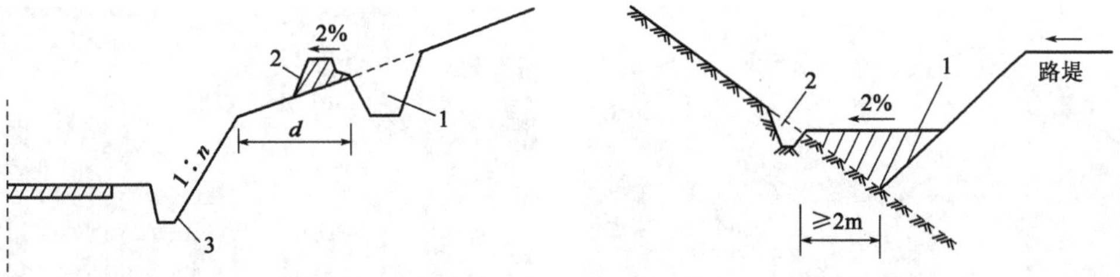

a)路堑坡顶上的截水沟
1-截水沟;2-弃土堆;3-边沟

b)路堑坡脚上的截水沟
1-土台;2-截水沟

图4-6 截水沟示意图

截水沟离路堑坡顶的距离视土质不同而异,以不影响路堑边坡确定为原则,一般 d 大于5.0m,地质不良地段 d 可取10.0m或更大。截水沟与路堑之间堆筑成向沟倾斜2%的土台,如图4-6a)所示。

截水沟与坡脚之间,要有不小于2.0m的间距,并做成2%的向沟倾斜横坡,如图4-6b)所示,确保路堤不受水侵害。

截水沟横断面形式及尺寸应结合设置位置、排水量、地形及边坡情况确定,一般多为梯形,沟壁边坡坡度视土质而定,一般采用1:1.0~1:1.5,深度及宽度不宜小于0.5m,沟底纵坡不应小于0.3%,但不宜超过3%,否则应进行加固。山坡较陡时,截水沟可采用浆砌片石矩形断面形式,如图4-7所示。

图4-7 截水沟

截水沟应按设计要求进行防渗及加固处理。地质不良地段、土质松软路段、透水性大或岩石裂隙较多地段,截水沟沟底、沟壁、出水口都应进行加固处理,防止水流渗漏和冲刷。

截水沟的长度一般以200~500m为宜,当超过500m时,应选择适当地点设置出水口,就近引入自然沟内或桥涵进水口。截水沟必须有牢固的出水口,必要时需设置排水沟、跌水急流槽或涵洞等泄水结构物将水流引入指定地点。

3. 排水沟

排水沟的主要用途在于引水,将路基范围内各种水源的水流(边沟、截水沟、取土坑、边坡和路基附近积水),引至桥涵或路基范围以外的低洼处,如图 4-8 所示。

图 4-8 排水沟

排水沟的横断面形式应结合地质情况选定,土质地段多为梯形,石质地段多为矩形。其断面尺寸视汇集和排泄的水量,经水文计算而确定,通常都大于边沟尺寸,深度与底宽不宜小于 0.5m,土质边坡坡度可采用 1:1.0~1:1.5。沟底纵坡不宜小于 0.3%,以保证水流畅通;但流速不可太大而产生冲刷,不宜大于 3%,否则应对排水沟进行加固处理。

排水沟的位置可根据需要并结合当地地形等条件而定,离路基尽可能远些,距路基边坡坡脚不宜小于 2m。排水沟线形要平顺,转弯处宜为弧线形,其半径不宜小于 10m。排水沟长度根据实际需要而定,通常不宜超过 500m。排水沟的出水口,应设置跌水和急流槽将水流引出路基或引入排水系统。

4. 跌水与急流槽

跌水与急流槽是路基地面排水沟渠的特殊形式,设置在高差较大而距离较短或坡度较陡的地段。当水流通过坡度大于 10%、水头高差大于 1m 的陡坡地段或特殊陡坎地段时,宜设置跌水或急流槽,如图 4-9 所示。

图 4-9 跌水和急流槽

1) 跌水

跌水是阶梯形的构造物,水流以瀑布的形式通过,有单级和多级之分。单级跌水适用于排水沟渠连接处由于水位落差较大,需要消能或改变水流方向,如路基边沟水流通过涵洞排泄时,在涵洞的进口设置单级跌水,见图 4-10。多级跌水适用于较长陡坡地段的沟渠,可减缓水流速度,消减水的能量,见图 4-11。多级跌水的各级台阶高度可以不同,一般不应大于 0.6m,通常是 0.3 ~ 0.4m,每阶高度与长度之比应与原地面坡度相协调。

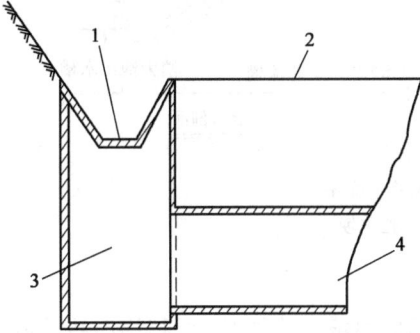

图 4-10 单级跌水、边沟与涵洞相接
1-边沟;2-路基;3-跌水井;4-涵洞

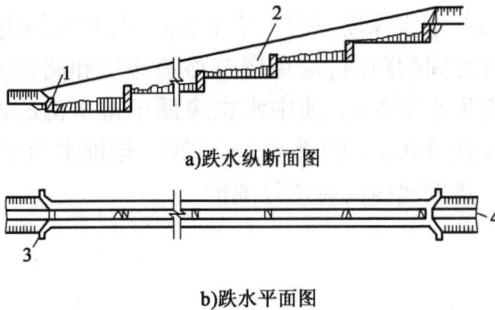

a)跌水纵断面图

b)跌水平面图

图 4-11 多级跌水示意图
1-消力槛;2-浆砌片石沟壁;3-出水口;4-进水口

2) 急流槽

急流槽是具有很大坡度的水槽,一般可达 67%(1:1.5),但水流不离开槽底,比跌水的平均纵坡更陡,其作用是在很短的距离内,水面落差很大的情况下,将路基范围内的水排出。这是山区公路回头曲线沟通上下线路及排水沟渠出水口的一种常见排水设施,也多用于涵洞的进出水口或高路堤路段将路面汇水排至边沟中。

急流槽由进水口、主槽(槽身)、消力池、出水口 4 部分组成,构造如图 4-12 所示。

急流槽底的纵坡应与地形相结合,进水口应予以防护加固,出水口应采取消能措施,防止冲刷。急流槽的基础必须稳固,端部及槽身每隔 2 ~ 5m,在槽底应设耳墙埋入地面以下。槽身较长时,宜分段砌筑,每段长 5 ~ 10m,预留伸缩缝,并用防水材料填缝。

在开挖坡面的急流槽与边沟交汇处,应在边沟设置沉淀池或消能池,一方面可以沉积泥沙,另一方面可以起到消能作用,避免泥沙堵塞边沟和水流冲刷边沟,导致边沟遭到破坏。

图 4-12　急流槽构造示意图(尺寸单位:m)
1-急流槽;2-消力槛;3-护栏;4-拦水埝

5. 蒸发池

气候干旱地区且路域范围排水困难地段,在道路两侧每隔一定距离,可利用沿线的取土坑或专门设置蒸发池,用于汇集边沟或其他排水设施水流,任其在积水池中蒸发,见图 4-13。这在雨水较少的地区是一种较好的经济选择。

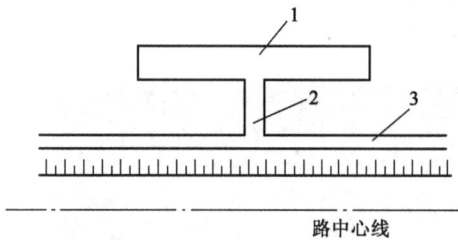

图 4-13　蒸发池的平面布置图
1-蒸发池;2-排水沟;3-边沟

蒸发池的容量应以一个月内汇入池中的雨水能及时完成渗透与蒸发作为设计依据,一般不超过 $200m^3$,蓄水深度不应大于 1.5m。蒸发池的边缘与路基之间的距离,避免影响路基稳定和路侧安全,并应不小于 5m。池中水位应低于排水沟的沟底。池底宜设 0.5% 的横坡,入口处应与排水沟平顺连接。蒸发池四周应进行围护。

二、地表排水工程施工

1. 边沟、截水沟与排水沟施工工艺

边沟、截水沟与排水沟的施工方法和施工工艺相似,因此边沟、截水沟与排水沟施工统称水沟施工。

水沟施工可以采用人工开挖或人工配合机械开挖,石质水沟也可以采用小型爆破。水沟的施工工艺流程,如图 4-14 所示。

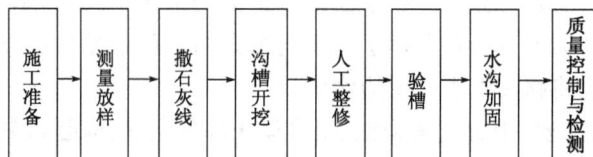

图 4-14　水沟的施工工艺流程

(1)施工准备。在现场核查排水设施设计的位置、坡度、尺寸、出水口及加固设施是否合理,组织施工人员及施工机械,准备材料。清除现场杂草、灌木及有机质土等杂物,平整场地,修建临时排水设施。

（2）测量放样。放样沟槽，直线段一般桩距为20m，曲线段的桩距为5m。对于高速公路和一级公路的水沟，一般直接使用全站仪按极坐标法进行放线。

（3）沟槽开挖。沟槽开挖时，在纵向应从下游向上游开挖。如果采用人工开挖，测量放样后挂线施工，施工时可以采用分段开挖，每一段可以分层开挖，从上至下逐渐成型；也可以全断面开挖，先开辟出一个工作面，修整成设计断面，然后向前推进，每一个断面都一次成型。如果机械开挖，放样后先撒石灰线，再用挖掘机开挖，开挖中应先欠挖，然后人工修整到位，不能超挖，如图4-15所示。

图4-15 水沟的施工

（4）人工整修、验槽。开挖过程中，应边挖边测量控制沟底高程，用水准仪实测控制，最后人工修整。修整时以一定长度按设计尺寸定一标准断面，在两标准断面间拉线，按线修整，也可用断面样板（图4-16）或皮尺、钢尺逐段检查，反复修整，直到符合设计要求为止。

（5）水沟加固。当水沟沟底纵坡大于3%，或土质水沟采用矩形断面时，水沟的沟底和沟壁应进行加固。加固类型应根据当地的土质、流速、沟底纵坡、使用性质和年限等具体情况而定，见表4-2。水沟加固类型及施工要点见表4-3、图4-17。

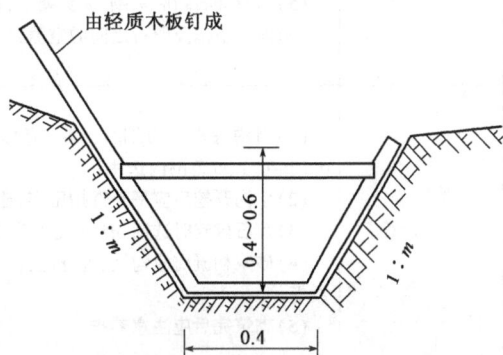

图4-16 边沟样板（尺寸单位：m）

水沟沟底纵坡与加固类型关系表 表4-2

纵坡（%）	<1	1~3	3~5	5~7	>7
加固类型	不加固	1. 土质好，不加固； 2. 土质不好，简易加固	简易加固或干砌式加固	干砌式或浆砌式加固	浆砌式加固或改用跌水

水沟加固类型及施工要点 表4-3

加固类型	施工要点
土沟表面夯实	（1）开挖水沟时沟底及沟壁均应少挖0.05m； （2）将沟底、沟壁夯拍密实后，土的干密度不小于1.66g/m³，土层厚度不小于0.05m； （3）水沟开挖时应边开挖边夯实，以免土中水分消失而不易夯拍坚实； （4）施工中如发现沟底、沟壁有鼠洞，应用原土补填夯实

加固类型	施 工 要 点
三合土或四合土	(1)施工前两周应将石灰消解过筛,使用前1~3d将黄土或炉渣掺入拌匀,使用时将卵(碎)石或砂掺入并拌和均匀; (2)水沟开挖后,若土质潮湿应立即加固;若土质干燥,则宜洒水润湿后再进行加固; (3)水沟加固混合土前,应将沟底及沟壁表面夯拍平整,然后每隔约2m安装一模板,以保证加固厚度的一致; (4)加固混合土后,应拍打提浆,然后再抹水泥砂浆护层。待稍干后,用大卵石将表面压紧磨光; (5)施工结束后,用麻袋或草席覆盖,并洒水养护3~5d; (6)施工季节以春秋季为宜,不宜在冬季,以免混合土尚未干燥就发生冻胀
单层干砌片石	(1)当沟底、沟壁为细粒土时,应加设片(碎)石垫层,其厚度按平均流速大小及土质情况在0.10~0.15m范围内选用; (2)垫层石料以粒径5~50mm的碎石占90%(质量比)以上为宜; (3)片石间空隙应用小石填塞紧密,片石大面应向上,减少面部粗糙程度
单层栽砌卵石	(1)当沟底、沟壁为细粒土时,应加设砾(碎)石垫层,其厚度按平均流速大小及土质情况在0.10~0.15m范围内选用; (2)垫层可采用粒径2~4mm的干净砂砾,其含土量应在5%以下; (3)一般应先砌沟底,再砌沟壁。沟底应选用较大的卵石,坡脚两行尤其应注意选料,并要砌牢; (4)砌筑可自下而上逐步选用较小的卵石,最上一层则用较长卵石平放封顶压牢; (5)所有卵石均应栽砌,大头朝下,每行卵石须大小均匀,两排之间保持错缝; (6)卵石下部及卵石之间的空隙,均应用小石填塞紧密
浆砌片石	(1)当沟底沟壁为细粒土时,应加设卵石、碎(砾)石垫层,其厚度按平均流速大小及土质情况在0.10~0.15m范围内选用; (2)水沟开挖后应平整夯拍密实,遇有鼠洞,应用原状土堵塞夯实; (3)片石砌筑时选用M5水泥砂浆,随拌随用; (4)砂浆初凝前应勾缝,勾缝应自上而下用砂浆充填、压实和抹光,做到勾缝严密、光滑、无毛边、无裂纹等; (5)砌筑完后应注意养护

图 4-17　水沟加固

（6）质量控制与检测。水沟施工中应主要控制沟槽开挖和水沟加固质量。

2.跌水与急流槽施工工艺

跌水与急流槽的施工工艺流程，如图4-18所示。

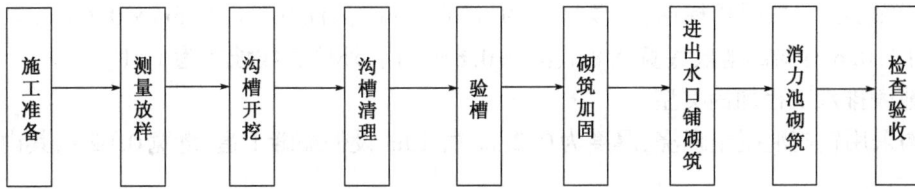

```
施工准备 → 测量放样 → 沟槽开挖 → 沟槽清理 → 验槽 → 砌筑加固 → 进出水口铺砌筑 → 消力池砌筑 → 检查验收
```

图4-18　跌水与急流槽的施工工艺流程

（1）施工准备。在现场核查排水设施设计的位置、坡度、尺寸、出水口及加固设施是否合理，组织施工人员及施工机械，准备材料。

（2）测量放样。放样沟槽，直线段一般桩距为20m，曲线段的桩距为5m。对于高速公路和一级公路的水沟，一般直接使用全站仪按极坐标法进行放线。

（3）沟槽开挖。在土质或风化比较深的边坡可以采用人工开挖或机械直接开挖；岩石边坡可以采用爆破方法开挖。跌水与急流槽基础应开挖到设计要求的高程或设计要求的承载力基础上为止，经验收合格后可进行加固施工。

（4）验槽。沟槽开挖后，立即平整夯拍密实，如土质干燥须洒水润湿，遇有鼠洞、陷穴，应堵塞夯实。修整时以一定长度按设计尺寸定一标准断面，在两标准断面间拉线，按线修整，也可用断面样板或皮尺、钢尺逐段检查，反复修整，直到符合设计要求为止。

（5）砌筑加固。由于跌水和急流槽的纵坡陡，水流速度快，冲刷力强，要求跌水与急流槽的结构必须稳固耐久，一般宜采用浆砌块石、混凝土预制块砌筑或混凝土现浇进行加固。砌筑时在纵向：从下游向上游砌筑；在横向宜先砌沟槽沟底后砌墙，砌墙时应从墙脚开始，由下向上分层砌筑。砌筑砂浆初凝前应勾缝，勾缝应自上而下用砂浆充填、压实和抹光。

（6）检查验收。按照《公路工程质量检验评定标准　第一册　土建工程》（JTG F80/1—2017）的要求进行。

工程应用

【工程案例】

1.工程概况

某新建道路工程在 K60 + 000 ~ K80 + 000 标段，根据地形、地质、水文状况及路基断面形式，考虑水对路基的危害，设置有地表排水工程；其目的是将地表水以汇集、排除或拦截于路基用地以外，并防止地表水漫流、滞积或下渗；以确保路基具有足够的强度与稳定性。

2.设计方案

本标段路基地表排水工程分为：路堤坡脚外的排水沟、路堑坡脚处的边沟、路堑坡顶外的截水沟和路基坡面排水槽。

1）地表排水工程设置位置

路堑应于路基面两侧设置边沟，路堑顶外应设置单侧或两侧截水沟。地面横坡明显地段的排水沟、截水沟可在横坡上方一侧设置；当地面横坡不明显时，在路基两侧设置。截水沟内侧边缘距路堑顶距离一般不小于5m，个别困难地段不小于2m。排水沟内侧边缘距路堤坡脚距离2m。

2）地表排水工程断面尺寸

边沟的断面形式采用矩形，主要尺寸为底宽0.5m、沟深0.8m（0.5m×0.8m）。截水沟、排水沟的断面形式一般采用梯形，主要尺寸为底宽0.6m、沟深0.6m（0.6m×0.6m），以及底宽0.4m、沟深0.6m；局部地段底宽0.8m、沟深0.8m。内、外侧边坡坡率为1∶1。

3）地表排水工程加固类型

边沟采用钢筋混凝土现浇，厚度为0.2m。每10m设伸缩缝1道，缝宽0.02m，其内填塞沥青麻筋。

截水沟、排水沟一般地段采用素混凝土浇筑，厚度为0.2m。黄土及膨胀土地段采用钢筋混凝土现浇，厚度为0.2m。沟底应采取防渗加固措施，用三七灰土封闭，厚度为0.3m。当沟底纵坡陡于1∶2.5时，沟底可设置卵石或混凝土预制块等缓流设施，卵石或混凝土预制块间距不大于0.5m，上下游相错布置。

边沟、截水沟、排水沟出水口末端设置2m×2m×1m（长×宽×高）的缓冲池（或消力池），缓冲池采用0.3m厚C30素混凝土浇筑，缓冲池位于地面以下，四周与地面齐平，避免集中水流冲蚀地表。

当地面平坦排水困难时，在路的一侧设置蒸发池，尺寸为20m×20m×1.5m（长×宽×深），坑壁坡率为1∶2，采用0.3m厚C30素混凝土浇筑，坑底整平，无护砌。

任务二　地下排水工程施工

学习目标

（1）知道地下排水工程的类型、构造及作用。

（2）熟悉地下排水工程的施工要点。

（3）能够在施工现场组织地下排水工程施工。

任务描述

（1）教师准备公路路基地下排水设计图、施工图片、多媒体教学资源等。

（2）本任务要求学生能识读地下排水设施构造图，并能编制渗沟的施工工艺流程图。

相关知识

地下水是指地表以下岩石或土层孔隙、裂隙中的水，地下水处理不当会使路基湿软。应根据地下水类型、含水层埋藏深度、地层的渗透性等条件，采取拦截、引排、疏干、降低或隔离等措施，以确保路基的强度和稳定性。路基地下排水工程类型，见图4-19。

地下排水工程埋置地面以下属于隐蔽工程，出现损坏易以维修。因此，选择时一定要与地表排水设施相比较，择优选用。必须采用地下排水设施时，要确保施工质量，使之牢固有效。

图4-20是某公路的路基排水系统示意图，图中针对不同水源设置了不同的地下排水设施。

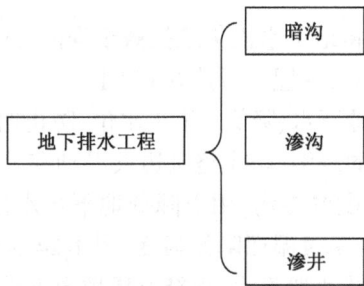

图 4-19 路基地下排水工程类型

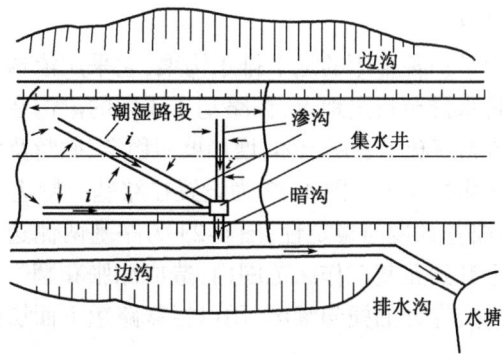

图 4-20 某公路路基排水系统示意图

一、地下排水工程类型和构造(视频 4.2)

1. 暗沟

暗沟是指设置在地面以下用以引导、排除泉水或集中的地下水流的沟渠。它本身无渗水和汇水的作用,而是把路基范围内的泉水或渗沟所拦截、汇集的水流,排除到路基范围以外,使其不致在土中扩散,危害路基。

暗沟通常在以下两种情况下设置:

(1)当路基遇有泉眼、泉水外涌、路线不能绕行时,为了将泉水引至填方坡脚以外或挖方边沟加以排除,可在泉眼与出水口之间开挖沟槽,修建暗沟或暗管,如图 4-21 所示。

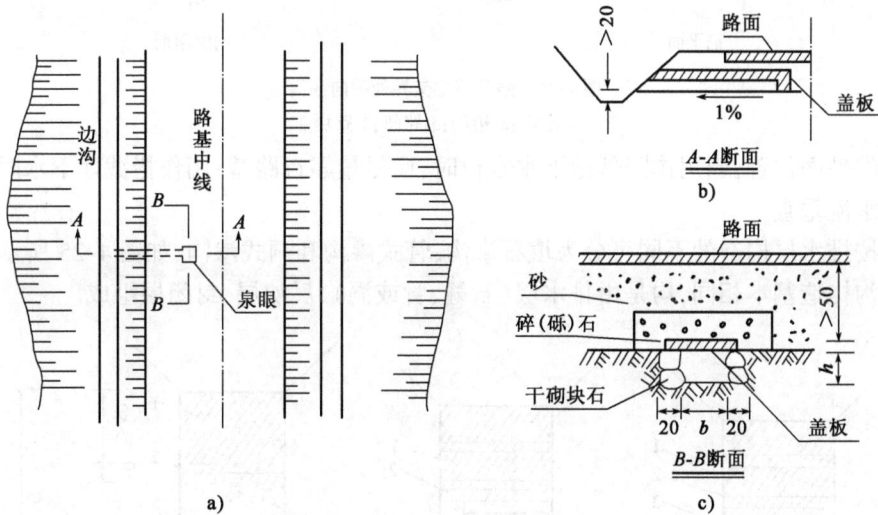

图 4-21 暗沟(尺寸单位:cm)

(2)市区或穿过集镇路段的街道污水管或雨水管,以及公路中央分隔带弯道处的排水设施,可采用暗沟或暗管排出积水。

暗沟的横断面一般为矩形,用浆砌片石或水泥混凝土预制块砌筑,沟顶设置盖板。各部分尺寸根据排水量及地形、地质条件确定。

暗沟沟底的纵坡不宜小于 1%。为了防止出现倒灌现象,出水口应高出地表排水沟渠常水位 0.2m 以上。寒冷地区的暗沟应做防冻保温处理或将暗沟设在冻结深度以下。

2.渗沟

渗沟是一种常用的地下排水沟渠,它采用渗透方式将地下水汇集或拦截于沟内,并通过沟底通道将水排至指定地点,在路基中浅埋的渗沟在 2~3m,深埋时可达 6m 以上。

渗沟具有疏干表层土体、增加坡面稳定、截断及引排地下水、降低地下水水位、防止地下细颗粒土被冲移的作用。图 4-22 为设置在路基一侧边沟下的渗沟,防止路基边坡滑动和毛细水上升,危及路基强度与稳定性;图 4-23 为路基两侧边沟下设置渗沟,用以降低地下水水位,防止毛细水上升到路基工作区范围内,造成冻胀和翻浆,或土基过湿而降低强度;图 4-24 为设在路基填挖方交界处的横向渗沟,用以拦截路堑下面层间水或小股泉水,保持路堤填土不受水害。

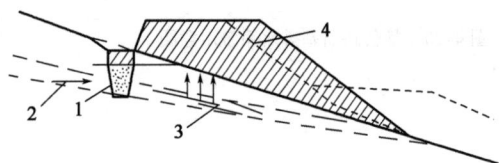

图 4-22　路基一侧边沟下设渗沟
1-渗沟;2-层间水;3-毛细水;4-可能滑坡线

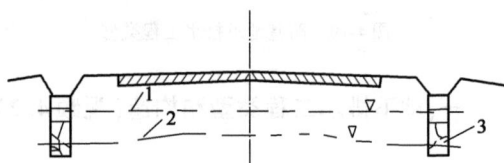

图 4-23　路基两侧边沟下设渗沟
1-原地下水位;2-降低后地下水水位;3-渗沟

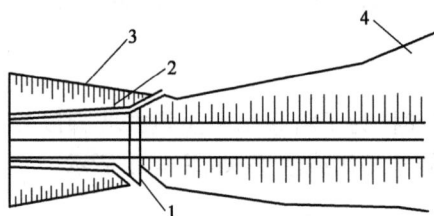

a)平面

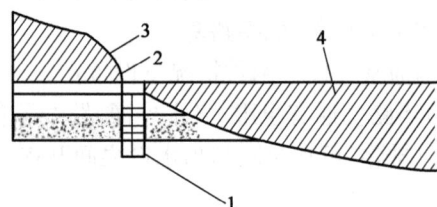

b)纵剖面

图 4-24　路基填挖交界处横向渗沟
1-渗沟;2-边沟;3-路堑;4-路堤

渗沟的平面位置,当用作降低地下水水位时,应尽量靠近路基;用作拦截地下水时,应尽量与地下水水流垂直。

渗沟按排水层构造的不同可分为填石渗沟、管式渗沟和洞式渗沟,如图 4-25 所示,这三种形式的渗沟构造基本相同,均是由排水层(石缝、管或洞)、反滤层、封闭层组成。

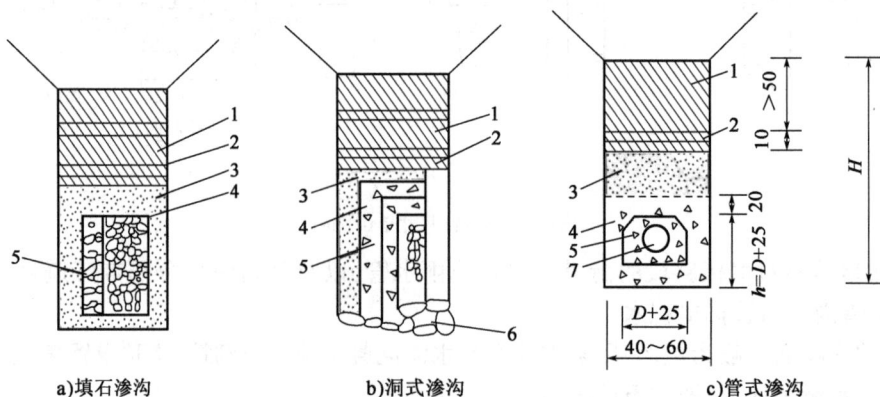

a)填石渗沟　　　　b)洞式渗沟　　　　c)管式渗沟

图 4-25　渗沟结构示意图(尺寸单位:cm)
1-黏土夯实;2-双层反铺草皮或土工布;3-粗砂;4-石屑;5-碎石;6-浆砌片石洞沟;7-预制混凝土管

1）渗沟的排水层

（1）填石渗沟。排水层采用石质坚硬的较大碎石或卵石（粒径 3~5cm）填充，水流阻力较大，其纵坡应不小于 1%，一般可采用 5%。适用于地下水流量不大，渗流不长的地段，是目前公路上最常采用的一种渗沟形式。

（2）管式渗沟。渗水管可选用带孔的 HPPE 管、PVC 管、PE 管、软式透水管、无砂混凝土管等。渗水管的内径由水力计算确定，一般为 0.4~0.6m，管底应设基座。管壁上半部设渗水孔，交错布置，间距不大于 20cm，为避免渗水管底部淤积，管底的纵坡不得小于 0.5%。适用于地下引水较长、流量较大的地区，但当渗沟过长时，应加设横向排水管，将纵向渗沟的水流迅速分段排出。

（3）洞式渗沟。排水孔洞用浆砌片石筑成，相当于顶部可以渗水的小涵洞，其洞宽 b 约为 20cm，高为 20~30cm；盖板用条石或混凝土预制板，板长约为 $2b$，板厚不小于 15cm，盖板间预留 2cm 的间隙，盖板顶面铺以透水的土工织物或回填碎石，以便渗入沟内的水汇集于洞内并排出。沟底纵坡最小为 0.5%，有条件时可适当采用较大纵坡，以利排水。适用于地下水流量较大的地段，或石料比较丰富的地区。

2）渗沟的反滤层

反滤层是设置在渗沟的迎水面，汇集水流时为防止砂、土挤入渗沟，堵塞排水层，影响汇水排水而设置的过滤层。反滤层材料主要有三种：集料、土工布及无砂混凝土。

（1）集料反滤层应用颗粒大小均匀的碎、砾石，分层填筑。逐层的粒径比例大致按 4:1 递减，层厚约 15cm，集料中粒径小于 0.15mm 的颗粒含量应小于 5%。

（2）土工布反滤层采用缝合法施工时，土工布的搭接宽度应大于 100mm。铺设时应紧贴保护层，但不宜拉得过紧。土工布破损后应及时修补，修补面积应大于破坏面积的 4~5 倍。

（3）无砂混凝土作为反滤层时，水泥与粗集料的质量比宜采用 1:6，壁板厚度以不小于 30cm 为宜，以保证无砂混凝土具有良好透水性；适用于坑壁土质为黏性土或粉细砂土。

3）渗沟的封闭层

封闭层是为了防止地面水下渗以及地表土颗粒落入排水层造成渗沟堵塞而设置的。封闭层通常采用浆砌片石、干砌片石，用水泥砂浆勾缝，并用黏土夯实，厚约 50cm。

渗沟在冰冻地区，为防止冻结堵塞，除排水层埋在冰冻线以下外，必要时应采取保温措施。渗沟的出水口宜设端墙，端墙下部留出与渗沟排水通道大小一致的排水沟，端墙排水孔底面距排水沟沟底的高度不宜小于 0.2m，在寒冷地区不宜小于 0.5m。端墙出口的排水沟应进行加固，防止冲刷。

3. 渗井

渗井是一种立式地下排水设施，其作用是汇集路基附近无法排除的浅层地下水或地表水，使其经渗井通过不透水层渗入更深的透水层，以降低浅层地下水水位或将其全部排出，疏干路基。因此，采用渗井时必须探明路基下层是否存在透水层，能否通过渗井汇集并排除地下水，见图 4-26、图 4-27。

由于渗井的施工难度较大，单位渗水面积的造价高于渗沟，一般应尽量少用，若选用也应进行分析比较后确定。一般在下列情况下才考虑采用渗井：

（1）路基附近的地面水或浅层地下水无法排出时，可以修建渗井穿过不透水层将水渗入到地面 1.5m 以下的透水层中排走，不致影响路基稳定。

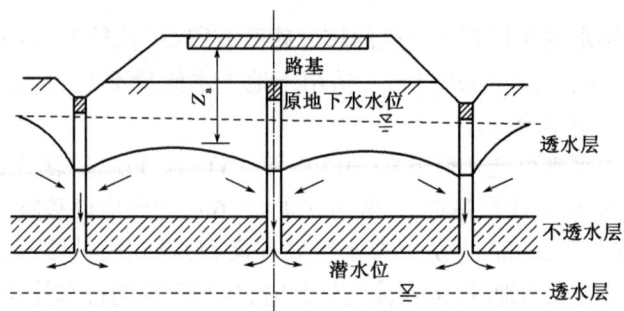

图 4-26 渗井布置示意图

图 4-27 渗井

(2)高速公路或城市道路立交桥下的通道,如路线为凹形竖曲线时,当通道路基下层有良好的渗水性土层时,可在通道最底部设置渗井,将低洼处地表积水排走。这种构造比涵洞、水泵排水经济、简单。

(3)当土基含水率较大,严重影响路基路面强度,而其他地下排水设施不易设置时,渗井可作为方案之一。

渗井的平面布置、孔径与渗水量按水力计算确定。渗井一般为直径 1.0 ~ 1.5m 的圆柱体,也可为边长 1.0 ~ 1.5m 的方形柱体,井深视地层构造而定。

渗井由上部集水结构和下部排水结构两部分组成。由于排水对象的不同,渗井的构造一般有两种做法。

(1)渗井用于排除浅层地下水时,其上部集水结构与渗沟相同,井内由中心向四周按层次分别填入由粗到细的砂石材料,粗料渗水,细料反滤,顶上做封闭层;其下部排水结构可全部用粗粒材料作填充物,如图 4-28 所示。

(2)渗井用于排除地表水时,其上部集水结构在顶部四周除留进水口部分外,沿井口周围需用黏土筑堤围护,顶上也可加混凝土盖,严防渗井淤塞;其下部排水结构必须穿过不透水层而深达透水层,井底排水层用碎石或卵石填充,在上层不透水层内填充砂或砾石,如图 4-29所示。

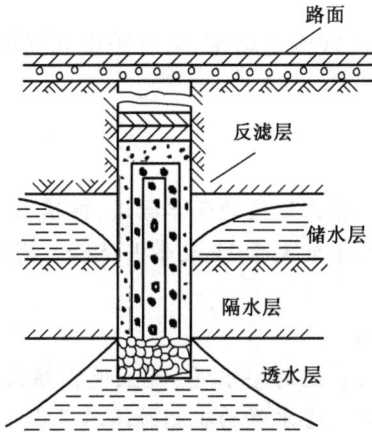

图 4-28 排除浅层地下水渗井

图 4-29 排除地表水渗井

二、地下排水工程施工

1. 暗沟施工

1）暗沟施工工艺流程

暗沟的施工工艺流程，如图 4-30 所示。

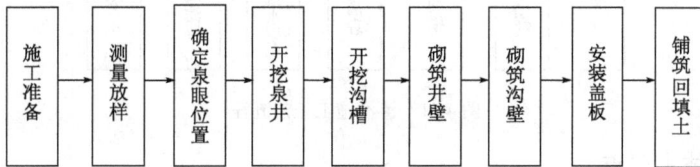

图 4-30 暗沟施工工艺流程

2）暗沟施工技术要点

（1）施工前，应根据现场检查暗沟设计布置、出水口是否合理。放样定线时须注意以下方面：出水口的高程、沟底纵坡，盖板顶至路面的覆土高度不小于 0.5m，圆管管顶以上覆土不小于 0.7m。

（2）开挖位置确定后，用石灰撒出开挖线。开挖时应从下游往上游进行，在土质地基上采用机械开挖时，基底应预留 20cm 左右采用人工挖土清底、清壁，确保基底不被扰动。基底开挖完成后，应尽快进行基槽整修、清理等工作，验槽时应检查沟底高程和纵坡、沟槽位置和边坡、基底承载力、断面尺寸。

（3）排水构筑物砌筑时：钢筋混凝土圆管管道安装工序为平基→管子就位→稳管→管座→抹带；盖板沟施工时应先沿槽底浇筑混凝土或砌筑浆砌片石（或预制块）基础，再砌沟壁，完成后沟壁内侧、砌筑式沟底用砂浆抹面。

（4）泉眼处应根据泉眼分布范围大小确定汇水井的形状和尺寸，可采用圆形或方形汇水井，砌筑井基础、井壁、井口，井内壁抹面，并清理井底的泥土等杂物后盖上盖板，盖板必须严密稳定。

（5）暗沟安装完成后，应进行沟、管内污物的清理，有闭水试验要求的管段应在回填前进行闭水试验，试验测定的渗漏量应符合相关标准，试验合格后及时回填。回填时主体结构的砂浆或混凝土强度应达到设计强度 70% 以上，回填材料以砂砾类或碎石类较好，回填时应注意控制回填土的密实度。

（6）为防止泥土或砂粒从盖板之间缝隙落入泉眼或沟道堵塞,可在盖板表面铺筑碎(卵)石层,上填砂砾,或用土工布直接覆盖盖板,进行保护。

知识链接

闭水试验:适用于污水、雨污水合流及湿陷土、膨胀土地区的雨水管道,回填土前应采用闭水法进行严密性试验。试验管道应按井距分隔,长度不宜大于1km,带井试验。闭水试验按以下步骤进行。

（1）试验管道灌满水后的浸泡时间不应少于24h。

（2）当试验水头达到规定水头时开始计时,观测管道的渗水量,直至观测结束,在此过程中应不断地向试验管段内补水,以保持试验水头恒定。渗水量的观测时间不得少于30min。

（3）计算渗水量。

2. 渗沟施工

1）渗沟施工工艺流程

渗沟的施工工艺流程,如图4-31所示。

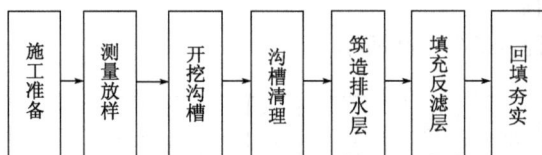

施工准备 → 测量放样 → 开挖沟槽 → 沟槽清理 → 筑造排水层 → 填充反滤层 → 回填夯实

图4-31　渗沟施工工艺流程

2）渗沟施工技术要点

（1）施工前,根据现场核查原设计是否合理,并进行现场清理。放样时,采用经纬仪或全站仪在现场实地定出渗沟中线桩位,撒石灰边线或挂线,标出开挖位置。

（2）根据渗沟宽度大小以及现场条件,选择采用人工开挖或机械开挖,开挖方向宜应从下游往上游进行。沟槽开挖宽度及放坡可根据设计、土质、挖深、水位确定,优先采用直立沟或直立沟加支撑方式。开挖过程中注意检查控制基底高程、断面尺寸,做到不超挖、不扰动槽底基土。机械开挖时,在设计槽底高程以上保留20cm左右不挖,用人工清理基底、基壁;开挖时要做好排水引流,避免基槽受水浸泡。

（3）开挖过程中应边开挖边支撑,施工完成后尽快回填,以免造成坍塌,如图4-32所示。

图4-32　渗沟的施工

（4）沟槽按设计开挖至预定深度后，应检验基槽土质类型、地质水文状况，以决定是否需要加深沟槽或变更设计布置。

（5）基槽验收合格后，渗沟材料安装可采用下面两种方法。

反滤土工布渗沟施工。将事先裁剪好的反滤土工布铺放于沟槽。铺好土工布后，沿槽底土工布分层倒入经筛分并清洗洁净的碎石或卵石填料，并进行夯实。渗沟内排水层碎石填至预定高度后，应及时将沟顶碎石封闭，以防碎石受到污染，沟顶土工布可用缝接或搭接方式处理接头。当渗沟位于路基范围以外时，为防止地面水进入渗沟，应在渗沟顶面砌筑厚度 20cm 浆砌片石或夯填厚度不小于 30cm 的黏土作为顶部封闭层。

集料反滤渗沟的施工。准备好符合质量要求的各种填料与反滤料；填料要求筛分冲洗，施工时需用铁皮套筒分隔填入不同粒径的材料，层次分明，不得粗细料混填，以保证渗沟达到预期的排水效果。图 4-33 所示为加工四块以上铁皮或薄木板（胶合板）作为隔板使用，隔板高度应高于渗沟 20cm 以上，填筑顺序与方法为：

①沟底填入第一层细粒料①（外反滤层）。

②插入隔板 B 并正确定位。

③在两块隔板 B 之间底部填入第二层中粒料②（内反滤层）。

④在隔板 B 与槽侧壁之间填入细粒料①。

⑤插入隔板 A 并正确定位。

⑥在两块隔板 A 之间 填入大孔隙排水层粗粒填料③。

⑦在隔板 A、隔板 B 之间侧隙填入中粒料②。

⑧在两块隔板 A 之间第三层填料上填入第二层中粒料②。

⑨在两块隔板 A 之间和隔板 A、隔板 B 之间的第二层填料上填入第一层细粒料①。

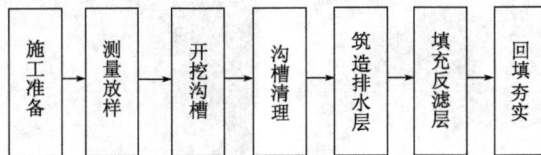

施工准备 → 测量放样 → 开挖沟槽 → 沟槽清理 → 筑造排水层 → 填充反滤层 → 回填夯实

图 4-33　集料反滤渗沟施工

填入过程中边填边用木夯夯实，控制各层厚度；在隔板之间的填入过程中，为了防止隔板倾倒或变形，可以各层同时填筑、同时上升、同时夯实。如果渗沟深度较大，为防止抽拔隔板困难，可边回填材料边向上逐步抽提隔板。若渗沟顶部采用浆砌片石封顶或双层反铺草皮加夯实黏土封顶时，渗沟顶部则不再做反滤层。

（6）为便于检查和维修渗沟，宜每隔 30～50m 或在平面转折和坡度由陡变缓处设置检查井。检查井一般采用圆形柱体，内径不小于1m，井壁处的渗沟底应高出井底 0.3～0.4m，井底铺一层 0.1～0.2m 厚的混凝土。井基如遇不良土质，应采取换填、夯实等措施。深度大于 20m 的检查井，应设置检查梯、安全设备。井口顶部应高出附近地面 0.3～0.4m，并设井盖。

三、渗井施工

渗井的施工工艺流程，如图 4-34 所示。

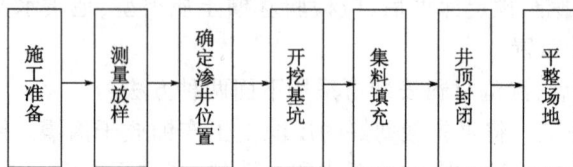

图 4-34 渗井的施工工艺流程

渗井的施工要点：

（1）施工前，根据现场核查原设计是否合理，并进行现场清理。放样时，采用经纬仪或全站仪引测控制桩，打上中心桩，测出地面高程，用石灰线撒出开挖线。

（2）开挖时应根据土质、水文条件、开挖深度等因素确定井壁支护措施和临时排水措施，一般采用人工开挖。开挖至预定深度后，检查井底是否位于透水层内以及透水层内的渗井高度是否符合设计要求。开挖应以连续方式进行，防止井壁坍塌。

（3）基坑挖好后，应尽快验收井底高程、井身宽度、井底和井壁地质状况、清污程度等。

（4）渗井验收合格后，应尽早填筑经筛分冲洗过的填充料，填充时反滤层既可采用土工布，也可采用集料。采用土工布作反滤层时，顶部用土工布完全封盖碎石层表面并缝合接头。

（5）当排除地表水时，在渗井顶部四周用混凝土或黏土筑成围堰围护，井顶用混凝土盖板盖严，以防渗井淤塞。进口部分安装镀锌铁丝网或铁条格栅，防止杂物进入。井盖下的井圈也可改为浆砌片石或预制砖砌筑，也可采用混凝土现浇，如图 4-35 所示。当排除地下水时，在渗井顶部反滤层上面砌筑一层厚 20cm 的砂浆片石封闭层，或夯填不小于 30cm 厚的黏土层，下设双层反铺草皮。

图 4-35 渗井顶部的围护

工程应用

各类排水结构物均是针对某一水源，为满足某一方面要求而设置的。单一互不联系的排水结构物，是不能完成全路基排水任务的。由于水源可能同时来自几个不同的方向，它们对路基危害程度不尽相同。因此，为了使各结构物都得以合理使用，需要进行路基排水系统综合设计，使地面排水与地下排水工程相互协调；路基排水工程与桥涵等泄水结构物合理布置；排水工程与防护加固工程、农田水利及相关建设项目相互结合。因此，路基排水设计必须包括两部分内容：一是进行排水系统总体规划（或者称为排水系统设计）；二是在此基础上进行各单项排水结构物的设计。

1）排水系统总体规划图

排水系统设计一般结合路线的平面、纵断面设计和沿线地形、地质、水文条件进行。对于一般道路,排水系统总体规划是利用路线平面图和纵断面图表示。对于高等级公路,当处于不良地质、路基病害或排水特别复杂的路段时,则需要单独绘制精确的或较大范围的带有等高线的平面图。

平面图上一般须标明下列主要内容:

(1)桥涵位置、中心里程、水流方向、进出口沟底高程及其附属工程等。

(2)路堤坡脚线和路堑开挖线。

(3)取土坑、弃土堆的位置。

(4)其他有关工程的平面布置,如交叉口、灌溉渠道等。

(5)各种路基排水结构物的平面布置,以及沟渠长度、排水方向、排水纵坡、出水口与分界点的位置等。

2）单个排水结构物断面图

在单个排水结构物断面图中须标明:排水设施的形状、断面尺寸、加固材料类型、加固厚度等。

3）排水系统平面图识读

图 4-2 利用路线平面图绘制而成,由地形图可以看出该处山脊山谷交错出现,三处山谷自然将路段分成四段,根据排水系统平面图上的示坡线可以看出四段全部为挖方。挖方两侧坡脚均设置了边沟;上边坡坡顶外侧设置了截水沟,截水沟与等高线成平行,截水沟分别长 46m、84m、58m、58m;四段之间分别修建了 2 处涵洞、1 处小桥;小桥两侧为防止冲刷,进水口设置了急流槽,出水口设置了跌水。

4）单个排水结构物断面图识读

图 4-3 是边沟的断面图,由图中可以看出,边沟采用矩形断面,边沟尺寸:宽 160cm、深 h_1 (h_2) +50cm。边沟采用 M7.5 浆砌片石加固,浆砌片石厚 40cm,浆砌片石底部设置了 10cm 的砂砾垫层。边沟两侧台帽和盖板均采用 C30 的水泥混凝土,盖板厚 20cm、宽 120cm。

思考与练习

一、单选题

1. 当路基上侧山坡汇水面积较大时,应在挖方坡顶以外或填方路基上侧的适当距离处设置(　　)。

    A. 边沟　　　　　　B. 截水沟　　　　　　C. 排水沟　　　　　　D. 渗水井

2. 为了排除路基范围内及流向路基的少量地表水,可设置(　　)。

    A. 排水沟　　　　　　B. 急流槽　　　　　　C. 边沟　　　　　　D. 天沟

3. (　　)具有吸收、降低、汇集、排除地下水的功能。

    A. 暗沟　　　　　　B. 渗沟　　　　　　C. 截水沟　　　　　　D. 渗井

4. 某路堤的基底有一处直径为 8cm 的泉眼,针对该水源应设置的排水设施是(　　)。

    A. 排水沟　　　　　　B. 渗沟　　　　　　C. 渗井　　　　　　D. 暗沟

5. 路基边沟、截水沟、取土坑或路基附近的积水,主要通过(　　)排至路基以外的天然河沟中。

  A. 排水沟   B. 盲沟   C. 跌水   D. 涵洞

6. 截水沟在平面上布置的特点是(　　)。

  A. 与水流方向平行   B. 与水流方向相交

  C. 与水流方向垂直   D. 因地形而异

7. 影响排水沟渠加固类型的主要因素是(　　)。

  A. 沟底纵坡   B. 土质   C. 流速   D. 流量

8. 沟渠冲刷的最主要原因是(　　)。

  A. 流量过大   B. 过水面积小   C. 土质   D. 沟底纵坡大

9. 由截水沟挖出的土可在路堑与截水沟之间修成土台并进行夯实,台顶应筑成倾向截水沟的横坡坡度是(　　)。

  A. 1.0%   B. 1.5%   C. 2.0%   D. 2.5%

10. 排水沟渠加固类型的选择与(　　)无关。

  A. 土质   B. 水流速度   C. 沟底纵坡   D. 断面形状

11. 某山区路线在路堑与高路堤接头处,路堑的边沟水通过(　　)引到路基以外。

  A. 急流槽   B. 截水沟   C. 排水沟   D. 盲沟

12. 渗井下部为排水结构,井深必须穿过不透水层而深达(　　)。

  A. 岩层   B. 土层   C. 不透水层   D. 透水层

13. 下列排水构造物中属于地下排水设施的是(　　)。

  A. 边沟   B. 排水沟   C. 盲沟   D. 截水沟

14. 排水沟渠纵坡过大会(　　),过小易(　　)。

  A. 漫流   B. 淤积   C. 冲刷   D. 紊流

15. 可用于排地下水和地表水的设施是(　　)。

  A. 排水沟   B. 暗沟   C. 渗沟   D. 拦水带

16. 当急流槽很长时,应分段砌筑,每段不宜超过10m,接头用(　　)填塞,密实无空隙。

  A. 反滤层   B. 泡沫材料   C. 防水材料   D. 透水材料

17. 洞式渗沟填料的顶面宜高于地下水位。洞式渗沟的顶部必须设置(　　)。

  A. 土工布   B. 封闭层   C. 砂砾层   D. 排水板

二、多选题

1. 在路基工程中属于地表排水设施的有(　　)。

  A. 边沟   B. 截水沟   C. 排水沟   D. 渗沟

2. 路基工程中属于地下排水设施的有(　　)。

  A. 渗沟   B. 排水沟   C. 渗井   D. 急流槽

3. 下列边沟施工技术要点中正确的是(　　)。

  A. 边沟横断面可筑成三角形、矩形、梯形和流线型等

  B. 梯形边沟内侧边沟坡度一般为1:1~1:1.5

  C. 土质地段当沟底纵坡大于5%时,应采取加固措施

  D. 对于高速公路和一级公路的边沟,直接使用全站仪按极坐标法进行放线

4. 排水沟的施工要点有(　　　)。

    A. 排水沟的长度根据实际需要而定,通常不宜超过500m

    B. 排水沟的线形要平顺,转弯处宜为弧线形,其半径不宜小于5m

    C. 排水沟沟底的纵坡不宜小于0.3%,与其他排水设施的连接应顺畅

    D. 排水沟的沟壁外侧应填以黏性土或砂浆阻水

5. 为了降低地下水水位或拦截地下水,可以在地面以下设置渗沟,渗沟的形式主要包括(　　　)。

    A. 填石渗沟　　　　　B. 管式渗沟　　　　　C. 渗井式渗沟　　　　　D. 洞式渗沟

6. 填石渗沟、管式渗沟和洞式渗沟施工时均应设置(　　　)。

    A. 垫层　　　　　　　B. 排水层　　　　　　C. 反滤层　　　　　　D. 封闭层

7. 为了便于检查和维修渗沟,宜设置检查井的地点有(　　　)。

    A. 路线平曲线交点处　　　　　　　　　B. 渗沟平面转折处

    C. 渗沟纵坡由陡变缓处　　　　　　　　D. 路线凸形竖曲线处

8. 管式渗沟的管壁泄水孔的设置应满足的条件有(　　　)。

    A. 对称布置　　　　　B. 交错布置　　　　　C. 水平布置　　　　　D. 间距不宜大于200mm

9. 渗沟施工应注意的要点有(　　　)。

    A. 渗沟的迎水面应设置反滤层

    B. 渗沟施工宜从上游向下游开挖

    C. 渗沟基底应埋入不透水层

    D. 渗沟顶部应设置封闭层

10. 在渗沟的迎水面设置粒料反滤层时,粒料反滤层应用颗粒大小均匀的(　　　)填筑。

    A. 粉砂　　　　　　　B. 细砂　　　　　　　C. 中砂　　　　　　　D. 碎石

三、简答题

1. 简述各种地表排水设施的类型及构造。

2. 简述各种地下排水设施的类型及构造。

3. 边沟、截水沟、排水沟的主要区别是什么?

4. 渗沟按作用不同分为哪几种?其作用各是什么?

5. 施工时对排水设施外观质量有什么要求?

项目五　路基防护与支挡工程施工

任务一　路基坡面防护

📖 **学习目标**

(1) 知道路基坡面常用的防护措施及适用性。
(2) 熟悉路基坡面防护措施的施工要求。
(3) 能在施工现场组织坡面防护施工作业。

📖 **任务描述**

(1) 教师准备公路路基边坡防护设计图、施工图片、多媒体资源等。
(2) 本任务要求学生能够认知路基坡面防护的类型、作用及其适用情况,并能根据实例选择适当的防护措施,编制施工工艺流程。

📖 **相关知识**

在雨水、风、气温变化及水流冲刷的作用下,路基边坡会产生各种变形和破坏,如边坡表土剥落、边坡冲沟及滑塌等,严重影响路基的稳定性和道路交通安全。对受自然因素作用易产生破坏的边坡坡面,应根据岩土性质、边坡高度、边坡坡度、水文地质条件、施工条件、环境保护等要求,经技术经济比较后选择适宜的防护措施。路基坡面防护类型见图5-1、图5-2。

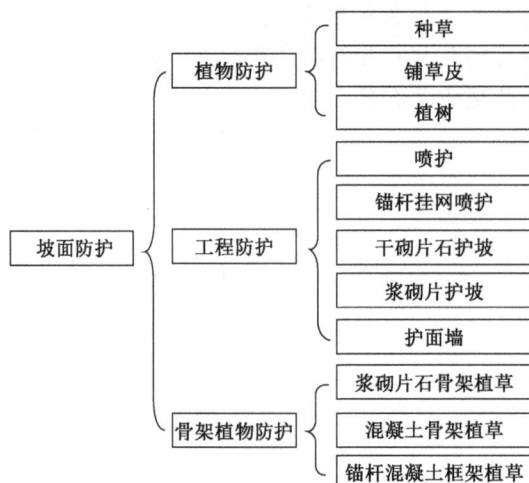

图 5-1　路基坡面防护类型

a) 植物防护   b) 工程防护

c) 骨架植物防护

图 5-2 坡面防护

一、植物防护（视频 5.1-1）

植物防护是指用人工培植边坡植被，使植物的根系深入土层加固并稳定边坡，同时利用植物的枝叶保护坡面，调节边坡土的湿度与温度，防止并减少降雨尤其是暴雨对边坡的冲刷。植物防护还可以美化路容、协调环境，且施工简单、费用低廉，它对于坡高不大、边坡比较平缓的土质坡面是一种简易有效的防护设施。植物防护的方法主要有种草、铺草皮和植树。

1. 种草

1）适用条件

（1）适用于边坡稳定，坡度不大于 1:1，坡面冲刷轻微、不浸水或短期浸水，但地面径流速度不超过 0.6m/s，且适宜于草类生长的土质路堤与路堑边坡。

（2）边坡土层不宜种草时，可先铺一层有利于草生长的种植土，铺土厚度为 10 ~ 15cm。为使种植土与边坡结合牢固，可沿边坡坡面每间隔 100cm 的距离挖 20cm 宽的台阶，见图 5-3。

2）草种的选择

选用的草籽要适合当地土壤和气候条件，通常选择易成活、根系发达、茎干低矮、枝叶茂盛、生长能力强的多年生草种，如白茅草、毛鸭嘴、鱼肩草及鼠尾草等。一般情况下，最好采用几种草籽混合播种，使之生成一个良好的覆盖层。

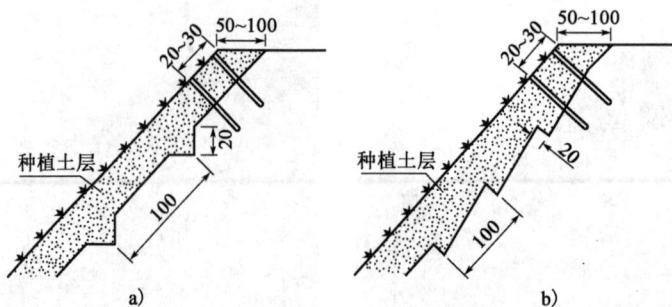

图5-3 种植土覆盖示意图(尺寸单位:cm)

3)施工方法和施工工艺流程

(1)直播播种。直播播种的施工工艺流程:坡面整理→施肥→准备种子→播种→覆盖无纺布→养护管理。

直播播种以撒播为主,还可以采用开沟条播、穴播等方法。播种要均匀,播种后应及时翻土覆盖或用齿耙耙松表层土,一般埋没种子1~2cm。施工完成后,为保持土壤水分、调节土温和抑制杂草,宜覆盖无纺布,待苗高6~8cm时可揭掉无纺布,以防影响植物正常生长,如图5-4所示。

图5-4 种草防护

(2)喷播播种。喷播播种的施工工艺流程:坡面整理→种子的处理与配比→设备就位→点播或喷播→覆盖无纺布→养护管理。

喷播播种的施工要点如下:

①坡面整理。清除坡面有碍植物生长的杂物,平整边坡,填平低洼处。

②种子处理。对发芽困难,需处理后播种的草种,进行催芽处理。常用的处理方法有:冷水浸泡、机械处理、药物催芽、高温催芽等。

③混合料的配合比。混合料包括植生土、土壤稳定剂、肥料、草籽、水等,配合比应根据边坡坡度、地质情况和当地气候条件确定,混合草料用量每1000m² 不宜少于25kg。

④点播和喷播。对于树草混播的植物防护应采用两步施工,即先点播,后喷播。采用点播法种植树种;采用喷播法种植草种。当土质松散、急需快速植物防护的边坡,可先喷播,后补播。点播后,当树苗长到2~3cm 高后,即可开始喷播。一般采用液压喷播法进行施工,如图5-5、图5-6所示。

图 5-5　喷播设备

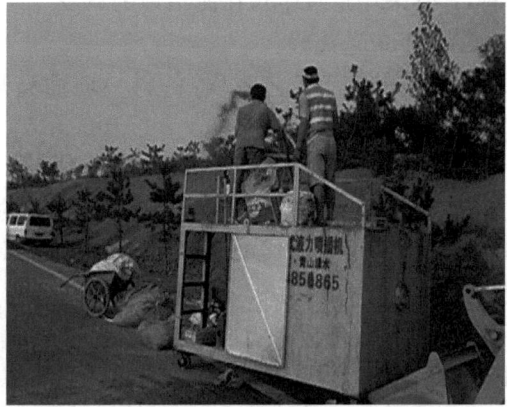

图 5-6　喷播作业

⑤养护管理:包括揭掉无纺布、补播、施肥、病虫害防治工作。

⑥气温低于12℃时不宜进行喷播作业。

(3)三维植被网。三维植被网的特点是播种种子均匀并且用量少,降雨或浇水时种子不易被冲刷、流失,防止水土流失效果较好。

三维植被网的施工工艺流程:坡面整理→润湿坡面→铺网垫、固定网垫→撒细土→播种→撒土覆盖→养护管理。

三维植被网的施工要点如下:

在路肩(或边坡坡顶)向里15cm左右的范围内向下挖10cm深的沟槽,用竹(木)钉将网垫固定,再用土埋压;将网垫由坡顶顺势铺下,在坡脚将其剪断,然后用竹(木)钉将网垫从上到下固定,大约6根/m²,竹(木)钉宜以梅花形排列;两幅网垫之间的搭接宽度为5cm,搭接处用竹(木)钉固定。撒完草籽后,应向网垫撒土覆盖,覆盖土的厚度以稍露出网垫为宜,见图5-7。

图 5-7　三维植被网

2. 铺草皮

1)适用条件

适用于边坡坡度不大于1:1的土质或强风化、全风化的岩石边坡。当边坡较陡、坡面冲刷比较严重、地面径流速度大于0.6m/s时,应根据具体条件,分别采用平铺草皮、平铺叠置草皮、方格式草皮、卵(片)石方格草皮。

2)选择草皮的要求

草皮应选用根系发达、茎矮叶茂的耐旱品种,如白茅根、假俭草、绊根草等,不宜采用喜水草种,严禁采用适宜生长在泥沼地的草皮。

3)施工工艺流程

铺草皮的施工工艺流程:备料→坡面整理→自下而上铺草皮→固定草皮(用竹钉或木钉)→养护管理。

4)施工注意事项

(1)挖草皮时,草皮两端应斜切,挖草皮的深度根据草根的深度而定,一般为6~10cm,干旱和炎热地区可增加到15cm。将草皮做成草皮卷或草皮块,多块重叠扎紧,运到施工现场后及时铺植。

(2)铺草皮前应将坡面平整,必要时加铺6~10cm种植土层。对于较大的坑凹或冲沟应填平,然后洒水,均匀湿润坡面。

(3)在路堑边坡铺草皮时,应铺过路堑坡顶1m或铺至截水沟。路堤坡脚应选用厚度适当且整齐的草皮或作其他加工处理。

(4)草皮应与坡面紧贴,块与块之间错缝铺植,并用木锤将草皮的斜边拍紧拍实,每块草皮的四角用木桩或竹桩(长20~30cm,直径2~3cm)钉固,桩与坡面垂直,露出草皮不超过2cm,见图5-8。当边坡坡度小于1:1.5时,可不钉桩。

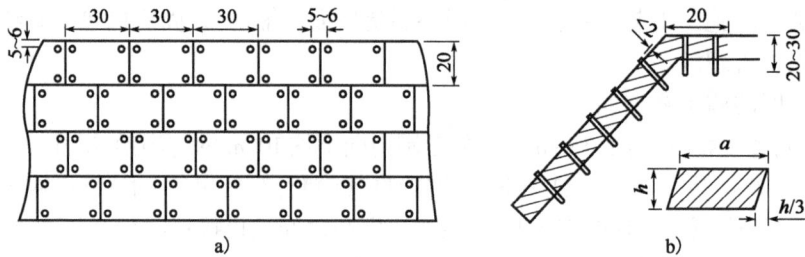

图5-8 平铺草皮示意图(尺寸单位:cm)

(5)当草皮来源不足,而草根容易蔓延时,在高度不大的土质路堤边坡上,可改用方格式草皮。在边坡坡面上把草皮做成45°斜角的条状,组成1.0m×1.0m或1.5m×1.5m的方格形,在方格内撒播草籽,见图5-9。条状草皮应嵌入边坡4~8cm,草皮条宽20~30cm。在坡顶和坡脚50~100cm高度内满铺草皮。

(6)铺草皮施工一般应在春季或秋季进行,气候干旱地区则应在雨季进行。

(7)对铺种的草皮应洒水养护,使坡面湿润,直至草皮成活。

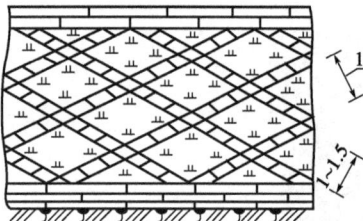

图5-9 方格式草皮示意图(尺寸单位:m)

3. 植树

1)适用条件

植树防护适用于坡度不大于1:0.75的土质边坡、软质岩石和全风化的岩石边坡。但在盐渍土、经常浸水和干枯的边坡上及粉质边坡上不宜采用。

2)树种的选择

(1)树种宜选用根系发达、枝叶茂盛、能迅速生长分枝的低矮灌木,如紫穗槐、夹竹桃。

(2)紫穗槐的树苗至少要有一年的树龄。挖掘树苗时,不得损伤大的树根,最好带些土,以利成活。

（3）夹竹桃是截枝插栽，用来截枝的夹竹桃树要有两年以上的树龄。每一根截枝最少有 4 节，将其下端切成斜面，上端切齐平，并用泥土包好，防止水分蒸发。

3）施工工艺流程

植树防护的施工工艺流程：坡面整理→定点放线→挖坑换土→起苗→苗木运输→栽前修剪→散苗和架苗→种植→养护管理。

4）施工注意事项

（1）植树的布置有梅花形和方格形，见图 5-10。树坑的间距、深度、直径，应根据移植树苗的规格及根系大小确定。一般灌木树坑间距 40～60cm，树坑深 25cm，树坑直径 20cm。对大树木，其值应作相应增加，大土坨苗坑的直径应比土坨直径大 30～40cm，便于土坨在坑内找正；树坑深度和栽植深度相对应，挖掘时稍深一些，以便坑底填充一些有机肥和耕作土。

图 5-10　植树防护

（2）边坡如有不利于灌木生长的砂石类土，则栽种的坑内应换填宜于灌木生长的黏质土，并经常浇水，使坑内保持湿润，直到灌木发芽成活。

（3）植树完成后，在树木未长成前，应防止被流速大于 3m/s 的水流冲刷，有必要时，可在前方设置障碍物，加以保护。

工程应用

【工程案例】

1. 工程概况

某高速公路第 31 合同段，沿线地形以低山丘陵区为主，项目起讫桩号为 K10 + 840～K15 + 310，全长 4.47km，本工程的主要任务是路基防护工程施工。该路段路基边坡高度小于或等于 5m 时，直接采用植草防护，植草面积 12741m^2。

2. 施工方案

（1）整理边坡。路基土方工程交验后的坡面，采用人工挂线整平，清除石块、泥块、垃圾和其他障碍物。坡面土粒粒径不得大于 2cm。对于路基填土土质不利于草种生长的坡面，采用回填土改良，回填土厚度不小于 10cm。

（2）施肥。结合土壤品质施氮、磷、钾底肥，施肥量 100g 时应将肥料均匀撒在表土层内。

（3）坡面浇灌。为给草种提供一个温湿的环境，提高种子的发芽率，同时避免过于干松的土壤在草种喷播时成团滚滑，应对坡面进行多次雾状浇灌，水分应渗透土壤5cm以上，保持路肩和坡面土壤水分充足。

（4）勾兑草种混合液。喷播前应检查坡面土壤的湿度，在混合液渗透土壤至5cm后的第二天播种。勾兑草种混合液，草种配合比为：

①路肩：白三叶70%，紫花苜蓿30%，总用量50g/m²。

②边坡：狗牙根70%，高羊茅10%，黑麦草10%，灌木籽（紫穗槐、紫花苜蓿、沙打旺）10%，总用量50g/m²。

草种混合液保水剂用量为7g/m²，黏合剂用量为3g/m²，胡根木纤维用量为120g/m²。

须注意要将草籽提前用25℃的清水浸泡在容器内12～14h。由于灌木种皮较厚，需用温水浸泡和催芽处理，以刚露牙10%为宜。

（5）喷播草种。将一定配合比的草种混合液装入喷播器内，开动搅拌系统搅拌均匀后进行喷播。喷播时应根据土壤结构，少量多次重复喷播，使草种均匀分布，避免草种在坡面土体下流和滑动。在恶劣环境下，如大风大雨天气，应停止喷播。

喷播草种后应及时覆盖过筛细土，并清除杂物和土块，覆土厚度大于1cm，以覆盖草种为宜。

（6）养护。播种后及时洒水养护，洒水以雾状为宜，并以浸湿草种表面覆盖土为止。洒水采用应少量多次的方式，每天早晚各一次，时间不少于30d。还应根据幼苗长势进行追肥，以叶面肥和速效肥为主。

（7）病虫害检测。在草种生长期应进行病虫害检测，及时发现，及时防治，及时补种、补播。对于植被稀疏及缺损区域，应及时补播、补苗，防止水土流失。

二、工程防护（视频5.1-2）

工程防护是采用砂石、水泥、石灰等矿质材料进行的坡面防护。工程防护包括喷护、锚杆挂网喷护、干砌片石护坡、浆砌片石护坡和护面墙等形式。当不宜使用植物防护或考虑就地取材时，可以采用工程防护措施。

1.喷护

1）适用条件

将砂浆（或混凝土）均匀喷射在坡面上用来保护坡面，适用于坡度不大于1:0.5、易风化但未遭受强风化的岩石挖方边坡；对于高而陡的边坡、上部岩层较破碎而下部岩层完整的边坡，以及需大面积防护的边坡，采用此法比较经济。但高速公路、一级公路和对环境景观要求高的公路不宜采用。

2）施工流程

喷护施工工艺流程，如图5-11所示。

3）施工注意事项

（1）清理坡面。喷护前先清除坡面杂物、浮土及松动岩石，并用水冲洗表面。对边坡泉水、渗水应采取措施进行处治。

（2）原材料技术要求。

水泥：应采用强度等级不低于32.5的普通硅酸盐水泥。

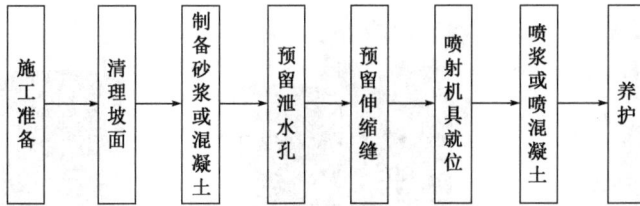

图 5-11　喷护施工工艺流程

砂:喷浆采用粒径为 0.1~0.25mm 的纯净细砂;喷射混凝土采用 0.25~0.5mm 的中砂,砂的含量不得超过 5%。

碎石(卵石):最大粒径不大于 20mm,大于 15mm 的颗粒应控制在 20% 以下,针片状颗粒含量不超过 15%。

速凝剂:掺和量为水泥质量的 3%~4%,应在喷射前加入。

(3)配合比设计。水泥砂浆及混凝土的配合比应根据施工机械及当地材料供应情况通过试验确定。常用的配合比(质量比)为(水泥砂浆)水泥:砂=1:4,(水泥石灰砂浆)水泥:石灰:砂=1:1:6,砂浆强度不低于 M10,厚度为 5~7cm;(混凝土)水泥:砂:碎石=1:2:2~1:2:3,水灰比为 1:0.45~1:0.55,混凝土强度不低于 C15,厚度不小于 8cm,一般为 10~15cm。

(4)预留泄水孔。即在喷护之前,将硬塑料管(或 PVC 管或钢管或竹管)放置在泄水孔位置,泄水管应外倾,用纸团或木桩堵孔。喷护完成后,再取出纸团或木桩,形成泄水孔。泄水孔间距 2~3m,孔径 100mm,见图 5-12。

图 5-12　泄水孔与伸缩缝布置

(5)预留伸缩缝。喷护前用浸沥青木板或塑料泡沫放置在伸缩缝位置,并加以固定,然后进行喷护形成伸缩缝;也可在喷护完成后用切割机切割形成伸缩缝,在混凝土凝固后用沥青浇筑封缝。伸缩缝间距宜为 15~20mm,见图 5-12。

(6)喷射机具。按砂浆(或混凝土)拌和料的加水方式不同,可分为干喷、湿喷和介于两者之间的潮喷三种,三种喷射机具见图 5-13。喷射机具利用压缩空气将一定配比的砂浆(或混凝土)形成悬浮状态的气流,喷射到坡面,形成密实的砂浆(或混凝土)层,以达到支护目的。

(7)喷浆(或喷混凝土)。喷射应自下而上进行,喷嘴应垂直坡面,并保持 0.6~1m 的距离。当喷护厚度大于 7cm 时,宜分两次喷射,喷射厚度应均匀,如图 5-14 所示。

(8)养护。喷射完成后 2~3h 应进行养护。养护方法:可采用麻袋或青草将喷射处覆盖,洒水养护,养护时间 5~7d。喷层周边与防护坡面的衔接处应做好防水封闭处理。

125

a) 干喷机　　　　　　　　b) 潮喷机　　　　　　　　c) 湿喷机

图 5-13　混凝土喷射机具

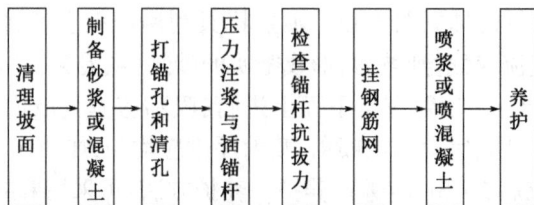

图 5-14　喷浆(或喷混凝土)作业

2. 锚杆挂网喷护

1)适用条件

锚杆挂网喷护是将菱形金属网或高强度聚合物土工格栅,通过锚杆或锚固钉固定于坡面,再喷射砂浆(或混凝土),形成"锚杆 + 钢筋网 + 砂浆(或混凝土)"的联合支护形式,可以加强防护的稳定性。其适用于边坡坡度不大于 1:0.5 的易风化、破碎的岩石边坡。

2)材料要求

锚杆常用 $\phi16 \sim \phi32$mm 钢筋制作;钢筋网常用 $\phi4 \sim \phi10$mm 的细钢丝编制成菱形网片,规格为 2.0m×2.0m;钢筋网框条为 $\phi6$mm 圆钢筋,绑扎钢筋网通常由施工单位自行制作。混凝土强度等级不低于 C15,厚度为 10 ~ 25cm。

3)施工流程

锚杆挂网喷护施工工艺流程,如图 5-15 所示。

清理坡面 → 制备砂浆或混凝土 → 打锚孔和清孔 → 压力注浆与插锚杆 → 检查锚杆抗拔力 → 挂钢筋网 → 喷浆或喷混凝土 → 养护

图 5-15　锚杆挂网喷护施工工艺流程

4)施工要点

(1)清理坡面。将坡面上的危石、杂草、树木、浮渣等清理干净。

(2)支架搭设。高速公路两侧的高边坡较多,施工时采取分级开挖、分级支护。每级边坡垂直高度为10m,防护施工为高空作业,因此,要求施工排架必须牢固稳定,必要时施工人员要备安全绳及安全防护网。

(3)固定锚杆。用全站仪或卷尺定出锚杆位置,采用手持风动凿岩机钻孔,锚孔孔深宜大于锚固长度20cm。成孔后将孔内吹洗干净,然后注浆(水泥:砂=1:1~1:2),插入锚杆捣固密实,固定锚杆。

(4)挂钢筋网。当锚固砂浆强度达到设计强度的70%时,可以挂钢筋网,钢筋网采用吊挂安装,网与网之间用φ5mm铁丝绑扎,网框与锚杆采用焊接固定。铺设钢筋网前宜在岩面喷射一层混凝土,钢筋网与岩面的间隙宜为30mm。

(5)喷浆(或混凝土)。喷射之前应进行试喷,调整确定水灰比。喷射应从上向下进行,喷射至设计厚度。喷射要均匀,钢筋网及锚杆不得外露,见图5-16。

(6)做好泄水孔、排水孔和伸缩缝。

(7)养护过程中如出现剥落、外鼓、裂纹和钢筋网外露时,应先清理,后补喷。

3.干砌片石护坡

1)适用条件

干砌片石护坡适用于边坡不大于1:1.25的土质路堤边坡或有少量地下水渗出的路堑边坡,如图5-17所示。干砌片石护坡不仅费用较低,而且可以适应较大的边坡变形。

图5-16 锚杆挂网喷浆(或混凝土)作业

图5-17 干砌片石护坡防护

2)施工流程

干砌片石护坡施工工艺流程,如图5-18所示。

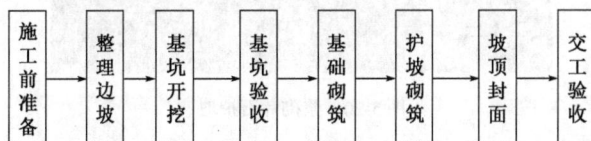

施工前准备 → 整理边坡 → 基坑开挖 → 基坑验收 → 基础砌筑 → 护坡砌筑 → 坡顶封面 → 交工验收

图5-18 干砌片石护坡施工工艺流程

3)施工注意事项

(1)干砌片石护坡铺砌层厚度一般为0.20~0.25m。当边坡为粉质土、松散的砂或粉砂土等易被冲蚀土时,为防止坡面土层细颗粒被水流冲刷带走,应在铺砌层下设置厚度不小于

0.10m 的碎石或砂砾垫层,如图 5-19 所示。

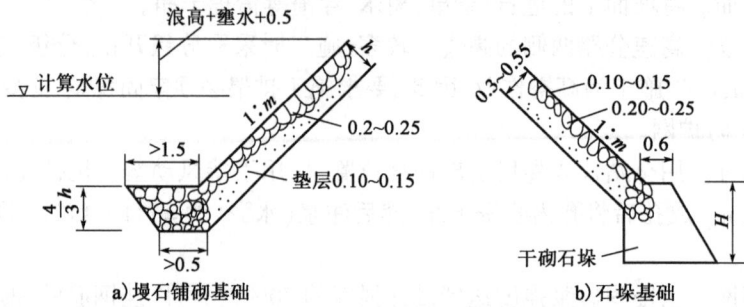

图 5-19　干砌片石护坡示意图(尺寸单位:m)

(2)干砌片石护坡基础的砌筑有两种:墁石铺砌基础和抛石、堆石基础。沿河受水流冲刷的基础,受冲刷较轻时,基础应埋置在冲刷线以下;受冲刷严重时,基础应埋置在冲刷线以下 0.5 ~ 1.0m。如基础与排水沟相连,其基础应设在沟底以下,并按设计要求砌筑浆砌片石。

(3)施工前,应清理坡面,处理好地下水,坡面应稳定、平整。

(4)铺砌应自下而上进行,各石块应彼此镶紧,缝隙间用小石块填满塞紧;铺砌层表面应平整,砌层之间应错缝砌筑;周界用水泥砂浆密封,以防渗水。

(5)干砌片石护坡施工应尽量选择在枯水季节进行。

4. 浆砌片石护坡

1)适用条件

浆砌片石护坡适用于坡度不大于 1:1 的易风化岩石边坡和土质边坡,见图 5-20。对于过于潮湿或冻害严重的土质边坡,在未采取排水措施之前,不宜采用浆砌片石护坡,以免引起砌体开裂破坏。浆砌片石护坡的厚度视边坡高度及坡度而定,一般为 30 ~ 40cm。

图 5-20　浆砌片石护坡

2)施工流程

浆砌片石护坡施工工艺流程,如图 5-21 所示。

护坡底面应设 10 ~ 15cm 的碎石或砂砾垫层,也可用反滤土工布。浆砌片石护坡应视土质情况设置砌石基础,其埋深应为护坡厚度的 1.5 倍以上(在冰冻地区设置在冰冻线以下 0.25m)。浆砌片石护坡每隔 10 ~ 15m 设置宽为 2cm 的沉降伸缩缝;每隔 2 ~ 3m 设置泄水孔,上下两排错位布置,以便排除护坡背面的积水及减小渗水压力。

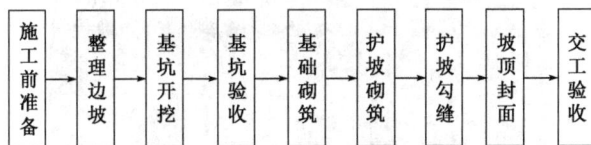

图 5-21 浆砌片石护坡施工工艺流程

3)施工注意事项

(1)采用人工或机械开挖基础,基础埋入冲刷线以下 0.5 ~ 1.0m,否则须有防止冲刷基础的措施。

(2)泄水孔施工时,在泄水孔位置处放置直径 5 ~ 10cm 的 PVC 管(竹管)等,并向外倾斜 3%,然后砌筑上面的护坡;在砂浆初凝后,再慢慢抽出 PVC 管(竹管)等,并用水冲洗干净,以备后面的泄水孔施工。泄水孔的进水口应设置反滤层。

(3)伸缩缝施工时,在其位置先放置 2cm 厚的泡沫板,以保证伸缩缝的直顺度。当边坡为浸水坡面时,缝内应填塞沥青麻絮,防止河水渗入路基内,使路基湿软而降低强度。

(4)浆砌片石砌筑采用坐浆法施工,一般 3 ~ 5m 为一个工作段。浆砌砌体之间必须紧密、错缝,严禁通缝、叠砌、贴砌和浮塞。若需勾缝,应在砌筑砂浆凝固前进行,以避免勾缝砂浆与砌筑砂浆不黏结。浆砌片石护坡的砂浆强度不得低于 M5。

5. 护面墙

1)适用条件

护面墙适用于边坡不大于 1:0.5 的土质边坡和易风化剥落的软质岩石边坡。护面墙多用于易风化的云母片岩、绿泥片岩、泥质页岩、千枚岩及其他风化严重的软质岩石和较破碎的岩石地段,以防止继续风化。

护面墙可以有效防止边坡冲刷,防止滑动型、流动型及落石型边坡崩坍,是挖方边坡最常见的一种防护形式。护面墙除自重外,不担负其他荷载,也不承受墙后的压力,因此护面墙所防护的挖方边坡坡度应符合极限稳定边坡的要求。

2)护面墙类型

护面墙分为实体式、窗孔式、拱式等类型,见图 5-22。

a)实体式　　　　　　　　　　　　b)窗孔式

图 5-22

c)拱式

图 5-22　护面墙类型

（1）实体式护面墙用于一般土质及破碎岩石边坡。等截面护面墙厚度一般为 0.5m，其高度：当边坡坡度为 1:0.5 ~ 1:0.3 时，不宜超过 6m；当边坡坡度缓于 1:1 ~ 1:0.5 时，不宜超过 10m。变截面护面墙墙顶宽 b 一般为 0.4m，底宽 B 根据墙高 H 确定：

$$B = b + \frac{H}{10} \quad \text{或} \quad B = b + \frac{H}{20} \tag{5-1}$$

为增强护面墙的稳定性，护面墙较高时应分级砌筑，视断面基岩情况，每 6 ~ 10m 高设一平台，平台宽 0.5 ~ 1m；墙背每 3 ~ 6m 高设一道耳墙，耳墙宽 0.5 ~ 1m。实体式护面墙如图 5-23 所示。护面墙每 10m 长设置一道伸缩缝（或沉降缝）缝宽 2cm，嵌以沥青麻絮，并每隔 2 ~ 3m 设置泄水孔。

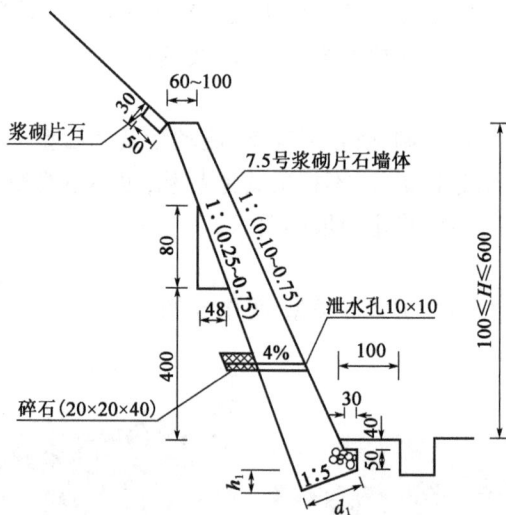

图 5-23　实体式护面墙示意图（尺寸单位：cm）

（2）窗孔式护面墙用于坡度小于 1:0.75 的边坡。窗孔内可采用干砌片石、植草等辅助防护设施。窗孔通常为半圆拱形，圆拱直径 1.25m、高 2 ~ 3m、宽 2.5m，窗孔间护面墙宽 80 ~ 90cm，相邻两排窗孔间距为 1m。

（3）拱式护面墙用于边坡坡度缓于 1:0.5，边坡下部岩层较完整而上部边坡较破碎的路段或个别软弱地段。当拱跨较小时（2 ~ 3m），拱圈可采用 M10 水泥砂浆浆砌块石，拱高视边坡下面完整岩层高度而定。拱跨较大时(5.0m以上),可采用混凝土拱圈,混凝土拱圈厚度根据护面墙高度而定。

窗孔式护面墙和拱式护面墙一般采用混凝土、浆砌片块石、卵(砾)石等材料制作框格骨架,框格内采用植物防护或其他辅助防护措施(捶面或干砌片石),这种防护形式能有效防止路基边坡在坡面水冲刷下形成冲沟。

3)施工流程

护面墙施工工艺流程,如图5-24所示。

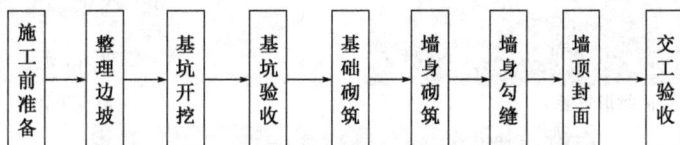

施工前准备 → 整理边坡 → 基坑开挖 → 基坑验收 → 基础砌筑 → 墙身砌筑 → 墙身勾缝 → 墙顶封面 → 交工验收

图5-24 护面墙施工工艺流程

4)施工要点

护面墙的前趾应低于边沟铺砌的底面,墙背顶部应用浆砌片石(或砂浆,或黏土)埋填夯实,以防止雨水渗入墙后引起墙体破坏。

(1)护面墙应挂线施工,墙背要紧贴坡面,表面砌平。

(2)护面墙的基础应埋置在稳定的地基上,埋置深度应根据地质条件确定,冰冻地区应埋置在冰冻深度以下不小于0.25m。

(3)护面墙墙顶均应设置25cm厚的墙帽,并使其嵌入边坡20cm,以防雨水灌入。

(4)护面墙每10~20m应设伸缩缝,施工时在伸缩缝位置处放置2cm厚的塑料泡沫,施工结束后,用沥青麻絮填缝。

(5)护面墙应设10cm×10cm或直径为10cm的泄水孔,泄水孔上下左右间隔2~3m交错布置,向外倾斜5%,进水口设置碎石或砂砾反滤层。

(6)护面墙高度大于6m时,应设置检查梯和拴绳环,多级护面墙还应在错台上设置安全栏杆,以便养护维修。

(7)护面墙施工应重视洒水养护工作。

三、骨架植物防护

1.浆砌片石骨架植草防护

浆砌片石骨架植物防护是指先用浆砌片石形成刚性骨架,如拱形、菱形、方格形等骨架,在其中间部分种草、铺草皮等。该方法既能稳定路基边坡,又节省圬工材料,还与周围环境自然融合,见图5-25。

1)适用条件

浆砌片石骨架植草防护适用于边坡坡度不大于1:0.75的土质边坡和全风化、强风化岩石边坡。防止边坡受雨水侵蚀,避免土质边坡坡面上产生冲沟。骨架内是植草、铺草皮,还是插面或栽砌卵石,应根据土质、边坡坡度及当地材料来源等情况选用。

2)施工流程

浆砌片石骨架植草防护施工工艺流程,如图5-26所示。

a) 拱形骨架

b) 菱形骨架

c) 方格形骨架

图 5-25　浆砌片石骨架植草防护

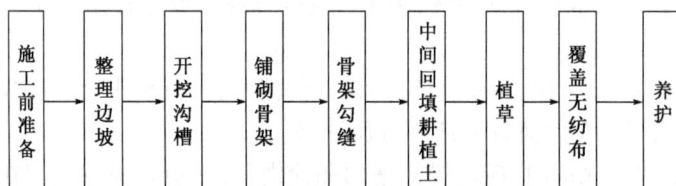

图 5-26　浆砌片石骨架植草防护施工工艺流程

3) 施工要点

(1) 刷坡。按设计坡度刷坡成形,刷坡采用人工配合挖掘机进行。

(2) 放样。采用全站仪或卷尺定出骨架位置与高程,插杆挂线。

(3) 开挖沟槽。采用人工从上向下开挖沟槽,直到沟槽验收合格。

(4) 浆砌片石骨架。从下向上用 M5 或 M7.5 的水泥砂浆铺砌浆砌片石骨架,骨架每一级垂直高度为 8 ~ 10m,沿坡长每隔 10 ~ 15m 设置一条伸缩缝(缝宽 2cm),骨架通常设计成 L 形断面(也称为拦水埝),拦截汇集坡面径流,以减少雨水对坡面的冲刷。

(5) 回填耕植土。主要针对风化严重的岩石边坡和原边坡土壤不容易生长草种的边坡。

(6) 植草与养护。植草与养护方法与种草防护方法相同。

2. 混凝土骨架植草防护

混凝土骨架植草防护是指用混凝土预制块、现浇混凝土形成刚性骨架(如菱形、人字形、方格形和空心砖等),中间透空部分可应用铺草皮、三维植被网、喷播植草等进行坡面绿化,见图 5-27。

a)菱形骨架

b)人字形骨架

c)空心砖骨架

图 5-27　混凝土骨架植草防护

混凝土预制块骨架植草防护与浆砌片石骨架植草防护的施工方法基本相同,主要区别是其按设计图纸和要求提前预制好骨架,在开挖验收合格的沟槽中采用坐浆法砌筑混凝土骨架。这种防护中的拦水埝是在预制混凝土块时一次浇筑形成的。

混凝土骨架植草防护的施工要点如下:

(1)边坡填筑或开挖到设计高程后,采用人工或机械进行刷坡,按设计要求平整坡面,清除坡面危石、松土、填补坑洼等。

(2)砌筑骨架前,应按设计要求在每条骨架的起终点放控制桩,挂线放样,然后开挖埋置骨架的沟槽。

(3)沟槽验收合格后,采用 M5 或 M7.5 水泥砂浆就地砌筑混凝土预制块或就地浇筑混凝土。在坡面的底部、顶部和两侧范围内,应用 M5 或 M7.5 水泥砂浆砌筑片石或混凝土镶边加固。

(4)每级坡面施工时应自上而下逐条砌筑骨架,骨架应与坡面密贴,与草皮表面保持平顺。坡面之间的防护顺序一般应从上往下进行。

3.锚杆混凝土框架植草防护

锚杆混凝土框架植草防护应用了锚杆对风化破碎岩石边坡的加固作用,既防止岩石边坡因开挖松动而产生的局部破坏,又吸收了混凝土骨架植草防护的美观作用,见图 5-28。

锚杆混凝土框架植草防护形式有多种组合:锚杆混凝土框架+喷播植草、锚杆混凝土框架+挂三维土工网+喷播植草、锚杆混凝土框架+土工格室+喷播植草、锚杆混凝土框架+混凝土空心块+喷播植草等。

图 5-28 锚杆混凝土框架植草防护

1）适用性

锚杆混凝土框架植草防护适用于边坡高度较大的土质边坡和稳定性较差的风化破碎岩石边坡。

2）施工流程

锚杆混凝土框架植草防护施工工艺流程，如图 5-29 所示。

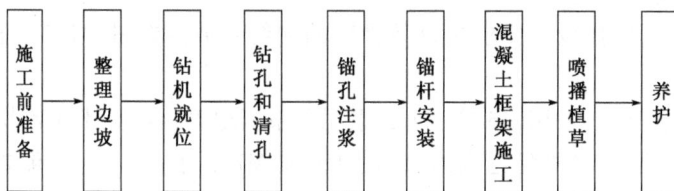

施工前准备 → 整理边坡 → 钻机就位 → 钻孔和清孔 → 锚孔注浆 → 锚杆安装 → 混凝土框架施工 → 喷播植草 → 养护

图 5-29 锚杆混凝土框架植草防护施工工艺流程

3）施工要点

（1）整理边坡。对高陡边坡，施工时应从坡顶向下逐级开挖，逐级加固，即开挖一级，防护一级，不得一次开挖到底。

（2）测定孔位。根据设计孔位坐标在坡面上测量定出孔位，孔位允许偏差不超过 ±50mm。

（3）钻机就位。锚杆孔确定后，搭设钻机平台，准确安装固定钻机，并调整机位。钻孔倾角和方向符合设计要求，倾角允许误差不超过 ±1°。

（4）钻孔。钻孔速度根据锚固地层严格控制，防止钻杆扭曲和变形，造成下锚困难。钻孔深度允许偏差不大于200mm且不小于50mm。

（5）清孔。钻到设计深度后，不能立即停钻，要稳钻1～2min，防止孔底尖灭，达不到设计孔径。在钻孔完成后，使用高压空气将孔内岩粉及水体全部清出孔外。

（6）锚孔注浆。浆液宜按水灰比0.45～0.5、灰砂比1∶1配制。如一次注浆不满，要补充注浆，直至注满为止。

（7）锚杆安装。锚杆入孔前需核对锚孔编号，确认无误后再人工缓慢插入孔内，用钢尺测量锚杆外露长度，确保锚杆锚固长度。

（8）混凝土框架施工。锚杆施工完后，测量放出框架位置，人工绑扎固定框架，安装模板，见图5-30。混凝土浇筑时，需充分振捣密实，以保证混凝土质量。

图5-30　锚杆混凝土框架施工

任务二　路基冲刷防护

学习目标

（1）知道路基冲刷的防护措施及适用性。

（2）熟悉路基冲刷防护措施的施工要求。

（3）能在施工现场完成冲刷防护施工作业。

任务描述

（1）教师准备公路路基冲刷防护相关设计文件，案例、图片、多媒体资源等。

（2）本任务要求学生能够明确路基冲刷防护常采用的措施及施工注意事项。针对具体的路基实例，应能提出切实可行的冲刷防护方案，并能在现场组织施工。

相关知识

沿河路基受水流冲刷时，应根据河流特性、水流性质、地质等因素，结合路基位置，经技术经济比较后，选用适宜的防护工程类型，或采取导流、改移河道等措施。路基冲刷防护类型按其作用形式的不同，可分为直接防护和间接防护，见图5-31。

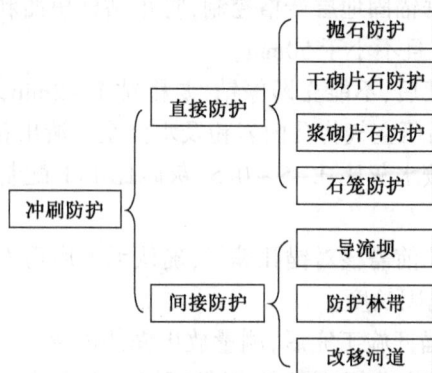

图 5-31　路基冲刷防护类型

![相关知识]

一、直接防护（视频 5.2-1）

直接防护就是对路基边坡直接加固,以抵抗水流的冲刷及淘刷作用。

直接防护适用于:水流流速不大,流向与河岸路基接近平行的地段;路基位于宽阔的河滩、凸岸及台地边缘等;水流破坏作用较弱的地段;在山区河流狭窄地段,因受地形限制,很难改变水流的性质,不得不采取直接加固措施。

直接防护包括抛石防护、干砌片石防护、浆砌片石防护、石笼防护等。

1.抛石防护

1)适用条件

抛石防护是在坡脚处抛填较大石块,用于稳固水下边坡的防护措施,如图 5-32 所示;其适用于经常浸水且水较深的路基边坡防护及洪水季节防洪抢险。抛石可以防止水下边坡遭受水流冲刷和波浪掏空坡脚。

2)石料选取

抛石防护应选用质地坚硬、不易风化崩解的石块。石料的粒径应根据水深、流速和波浪情况确定,一般不小于300mm。为了使抛石具有一定密实度,宜用大小不同的石块掺杂抛投,见图 5-33。

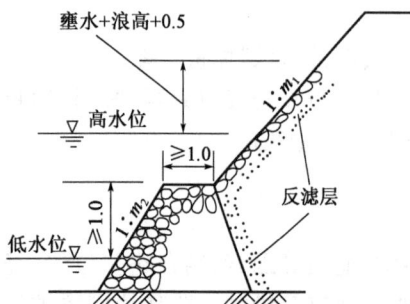

图 5-32　抛石防护示意图(尺寸单位:m)

图 5-33　抛石防护施工

3)抛石断面尺寸

抛石厚度宜为石块粒径的 3~4 倍;用大粒径石块时,抛石厚度不得小于石块粒径的 2 倍。抛石顶面高程应为设计水位加上波浪侵袭高度、壅水高度及 0.5m 的安全高度。抛石顶部宽度应不小于 1.0m。抛石边坡坡度应根据水深、流速和波浪情况确定,抛石边坡坡度见表 5-1。

抛石边坡坡度值 表 5-1

水 文 条 件	采用边坡坡度
水浅、流速较小	1:1.2~1:2.5
水深 2~6m,流速较大,波浪汹涌	1:2~1:3
水深大于 6m,在急流中施工	>1:2

4)施工注意事项

(1)抛石边坡坡度不应大于所抛石料浸水后的天然休止角。

(2)为了防止抛石背后路基土的流失,必要时应设置反滤层,可用碎砾石、砂砾作反滤层。

(3)除防洪抢险外,抛石宜安排在枯水季节施工。

2. 干砌片石防护

1)适用条件

干砌片石护坡适用于易受水流侵蚀的土质边坡,严重剥落的软质岩石边坡,周期性浸水及受冲刷轻的、流速为 2~4m/s 的河床路基边坡。

2)施工注意事项

(1)砌筑前先夯实整平边坡,基底应设置厚度 10~15cm 的砂砾垫层,以防止边坡内的细粒土被淘刷出来。

(2)护坡基础应按最大冲刷深度处理。当冲刷深度小于或等于 1.0m 时,可采用墁石铺砌基础;当冲刷深度大于 1.0m 时,宜用浆砌片石护脚基础,并埋置在冲刷线以下。

(3)护坡厚度大于 35cm 时,应采用双层铺砌。上层石块的尺寸应大于下层石块的尺寸,上下层的石块应咬合嵌紧。

(4)护坡顶的高程应为路基设计洪水水位高度加壅水高度、波浪侵袭高度,再加上 0.5m 的安全高度。

3. 浆砌片石防护

1)适用条件

浆砌片石护坡适用于经常浸水、受水流冲刷、流速为 2~8m/s 的河床路基边坡,或受波浪侵蚀的河岸。

2)施工注意事项

(1)砌石宜选用坚硬、耐冻、不易风化的石料,其抗压强度不小于 30MPa。

(2)护坡的最小厚度一般不小于 35cm,并采用双层浆砌;在非严寒地区可使用 M7.5 砂浆,在严寒地区应使用 M10 砂浆。

(3)砌筑前,坡面应整平拍实,基底应设置厚度 15~25cm 的砂砾垫层。

(4)当冲刷深度小于 3.5m 时,可将基础埋置在冲刷线以下 0.5~1.0m,并考虑将基础底面埋置于河槽最深点以下。当冲刷深度更深时,可将基础埋置在冲刷深度线以上、较稳定且有足够承载力的地层内,而在基脚前采用适当的防淘刷冲刷措施。

（5）浆砌片石护坡应设置伸缩缝，间距 $10 \sim 15m$，缝宽 2cm，用沥青麻筋或沥青木板填塞。

（6）为排除护坡可能存在的积水，应在护坡中下部设置交错排列的泄水孔，可采用 $10cm \times 15cm$ 的矩形孔或直径为 10cm 的圆形孔，孔距为 $2 \sim 3m$。泄水孔进水口应设碎石或砂砾反滤层，以防淤塞。

4. 石笼防护

1）适用条件

用石笼装填较小石块，形成较大的块体，可抵御 $4 \sim 5m/s$ 的流速、波浪高 $1.5 \sim 1.8m$ 的水流。为了提高石笼稳定性，也可将石笼连接起来，形成体积更大的柔性结构物，见图 5-34。石笼防护与抛石防护相比，有较好的稳定性，适用于沿河路堤坡脚或河岸防护。

图 5-34　石笼防护

2）石笼制作

（1）石笼可用镀锌铁丝或普通铁丝编织，并用细钢筋作框架。铁丝直径为 $3 \sim 4mm$，钢筋直径为 $6 \sim 8mm$。网孔形状多为六边形，网孔尺寸有 $6cm \times 8cm$、$8cm \times 10cm$、$10cm \times 12cm$ 等，具体采用何种尺寸，应根据填充石料的最大粒径确定。编网时宜采用双结，以防网孔变形。

（2）石笼的形状一般为箱形或圆柱形，如图 5-35 所示。石笼断面尺寸：长方体常采用宽 1.0m、高 1.0m；扁长方体一般采用宽 1.0m、高 0.5m。圆柱体的直径一般采用 $0.5 \sim 1.0m$。石笼的长度可按需要而定，也可按图示计算确定。

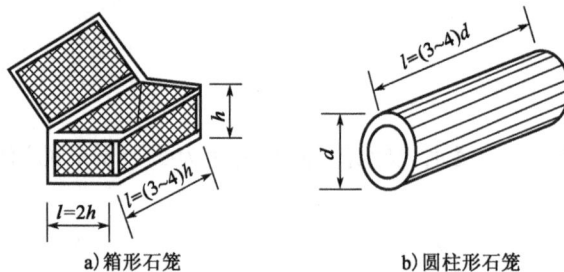

a）箱形石笼　　　　　　　　b）圆柱形石笼

图 5-35　石笼的形状

3）施工注意事项

（1）应选用密度大、浸水不崩解、不易风化的石块，粒径应大于石笼的网孔，粒径最小应大于 4cm。

（2）基底应大致平整，必要时用碎石或砾石垫平。

（3）为防止路堤坡脚淘刷，路堤边坡坡度小于 1:2 时，一般将石笼平铺于河床，并与坡脚线垂直,如图 5-36a)所示。

(4)为防止岸坡受冲刷,石笼可垒码成梯形,见图 5-36b)。宜用 $\phi16 \sim \phi19$mm 的铁钉将底层石笼固定在基底上,防止随水流移动。

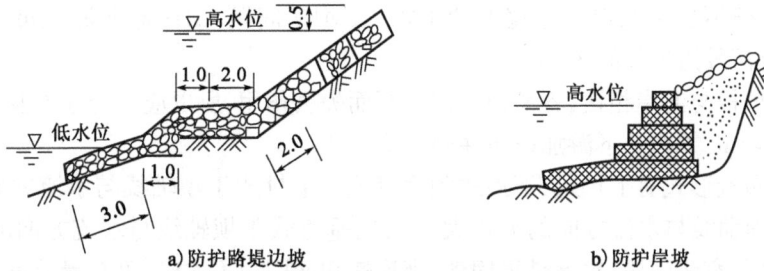

a)防护路堤边坡

b)防护岸坡

图 5-36　石笼防护示意图(尺寸单位:m)

(5)应做到石笼施工位置正确,搭叠衔接稳固、紧密,确保其整体性。

二、间接防护(视频 5.2-2)

间接防护采用导流或阻流的方式,来改变水流方向、调节水流速度,消除或减缓水流对堤岸的直接破坏,甚至促使部分堤岸产生有利于保护路基的淤积,在一定条件下还可以营造防护林带或改移河道,以达到间接防护河岸路基的目的。

间接防护适用于河床较宽、冲刷和淤积大致平衡,水流性质较易改变的河段。布置导流构造物时,应综合考虑河道宽窄、水流方向、地质条件、防护要求、材料来源、施工条件和工程经济等,避免压缩较多河床,或因水位提高或水流改变方向而危害河对岸或附近地段的农田水利、地面建筑及堤岸等。

1. 导流构造物

导流构造物按其与河道的相对位置的不同,可分为丁坝、顺坝和格坝,如图 5-37 所示。

1)丁坝

丁坝也称为挑水坝,由坝头、坝身、坝根三部分组成。丁坝的坝根与岸滩相接,坝头伸向河槽,坝身与堤岸垂直或相交;丁坝可使水流挑离河岸,见图 5-38。丁坝压缩水流断面较多,能强制干扰原来的水流方向和流速。但单个丁坝起不到防护作用,必须是成群布置。

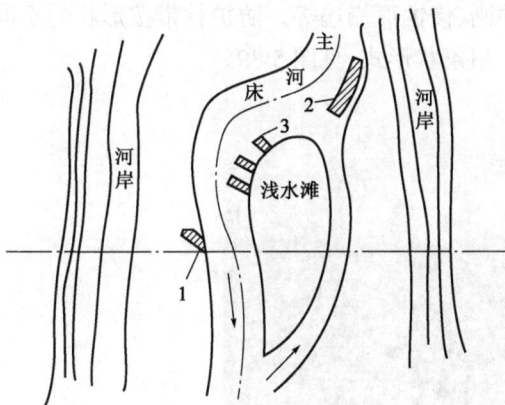

图 5-37　导流构造物示意图

1-丁坝;2-顺坝;3-格坝

图 5-38　丁坝实景

丁坝的横断面形式和尺寸应根据材料种类、河流的水文特性等确定。丁坝可采用石笼、砌片石、现浇混凝土等砌筑而成,其断面形式多为梯形,坝身的顶宽一般为 2~3m。坝身迎水面边坡宜采用较缓的坡度,一般为 1:1.5~1:2;背水面边坡坡度可采用 1:0.5~1:1。丁坝的长度不宜太长,一般不超过稳定河床宽度的 1/4。丁坝的间距:山区弯曲河段可考虑为坝长的 1~2.5 倍;顺直河段为坝长的 3~4 倍。

由于丁坝坝根与河岸相接,容易被水流冲开而失去作用,所以应结合地质及水流特点将坝根嵌入岸边 3~5m,并在上下游加设防冲刷措施。

丁坝群的布置形式有上挑式、下挑式和垂直式。上挑式丁坝轴线与水流方向的夹角小于 90°,下挑式丁坝轴线与水流方向的夹角大于 90°,垂直式丁坝轴线与水流方向的夹角为 90°。在平原、半山区的宽浅河段,水流易于摆动,当流速和冲刷力不大时,可布置成垂直式丁坝的形式或上挑,以促进坝间淤积,较快形成新岸。

2)顺坝

顺坝也称为导治坝,其坝根与岸滩相接,顺坝是坝身大致与堤岸平行的结构物。它适用于河床断面较窄、基础地质条件较差的河岸,或沿河路基防护;用于调整流水曲度,改善流态,使水流偏离被防护的河岸。

顺坝压缩水流断面较小,并不干扰原来的水流,不致引起过大的冲刷,但坝的长度与防护地段的长度相等,故成本较高。

顺坝的结构大体与丁坝相同,一般采用石砌或混凝土结构。顺坝断面形式多为梯形,坝顶宽度为 1~2m,坝根应嵌入河岸内不小于 3m。顺坝受纵向水流影响较大,一般迎水坡应比背水坡缓,迎水坡坡度宜采用 1:1.5~1:2.5,背水坡坡度宜采用 1:1.0~1:1.5。当流速较大、土质较松软时,迎水坡应设置护脚或适当放缓迎水坡坡度,以减轻冲刷,稳定坝体。坝的长度为防止冲刷河岸长的 2/3。

3)格坝

格坝在平面上呈网格状,设置于顺坝与堤岸之间,与顺坝配合使用,可以促进泥沙淤积,防止边坡或河岸受到冲刷,格坝间距以使两格坝间流速减小为原则。

2. 防护林带

防护林带,是在公路、河流和渠道两侧等,以带状形式营造的具有防护作用的树林的统称;主要用于固持河岸,防止堤岸和沿河路基受水流冲刷、侵蚀而崩塌等。防护林带按形状的不同分为条状和网状两种形式,公路防护林带大部分采用条状形式,见图 5-39。

图 5-39 防护林带

防护林带适宜于被防护的路基外侧有宽阔的河滩或仅在洪水时才被淹没的台地,河滩及台地的土质适宜于树木生长,有洪水时的流速不大于 $3m/s$。防护林带的作用是洪水期使流速降低,减缓冲刷和泥沙沉积,从而起到防护的效果。

在防护林带最适宜栽植杨柳类的乔木和灌木。乔木和灌木的特点是成长快,对土的要求低,根系发达,枝梢茂密,成活率高。一般宜成行栽植,行列可与水流方向成正交或逆水方向斜交约 $45°$。林带的行距为 $0.8 \sim 1.5m$,棵距为 $0.4 \sim 0.8m$。

植树宜在秋末季节进行。防护林带的布置应按导流堤设计原理,即按顺上游流势的圆顺曲线布置,由水流的边缘轮廓线至被防护的河岸或路基坡脚之间,按规定的行距和棵距整片栽植。

3. 改移河道

改移河道适用于山区及半山区河道弯曲不规则的河段,通过裁弯取直或将急弯改圆顺,以达到路基防护的目的。

改移河道施工应符合下列规定:

(1)改移河道时,挖河道的工程量较大,应在枯水时期施工。一个旱季不能完成时,应采取防洪措施。

(2)河道开挖时,应先挖好中段,然后再开挖两端,确认新河床工程已符合要求后,方可挖通其上游河段。

(3)利用开挖新河道的土石填平旧河道时,在新河道未通流前,旧河道应保持适当的流水断面。

(4)通流时,改河上游进口河段的河床纵坡坡度宜稍大于设计坡度。

(5)河床加固设施及导流构造物的施工应合理安排,及时配套完成。

任务三 路基支挡工程施工

学习目标

(1)明确挡土墙的用途。

(2)了解挡土墙的分类、构造和适用条件。

(3)熟悉砌石挡土墙施工流程及施工要点。

(4)能够在施工现场指导挡土墙施工。

任务描述

(1)教师准备公路路基挡土墙设计图、施工图片、多媒体教学资源等。

(2)本任务教师引导学生认识路基支挡工程的必要性,进而分析挡土墙的类型和使用条件;针对具体的路基实例,应能提出切实可行的砌石挡土墙施工方案,并能在现场组织施工。

相关知识

挡土墙是公路路基中常见的一种支挡结构物,其应用十分广泛。当山区路面横坡过陡,常在下侧边坡设置挡土墙;或由于刷坡过多,不仅土石方工程数量大,而且破坏了天然植被容易引起山体滑坡时,在靠山侧设置挡土墙。因此,山区公路设置挡土墙用于支挡路基边坡,提高路基边坡稳定性。

一、路基挡土墙的类型(视频5.3-1)

挡土墙是用来支撑天然边坡或人工填土边坡以保持土体稳定的构造物。因其施工方便,可就地取材,适应性强,故得到了广泛的使用,尤其在山区更为常见。在公路工程中挡土墙常用于支撑路提或路堑边坡、隧道洞口、桥梁两端及河流岸边等。

1. 挡土墙按设置位置分类

根据挡土墙在路基横断面上的位置的不同,挡土墙可分为路肩挡土墙、路堤挡土墙、路堑挡土墙、浸水挡土墙和山坡挡土墙等,见表5-2。

挡土墙的使用场合   表5-2

序号	挡土墙名称	挡土墙示意图	使 用 场 合
1	路肩挡土墙	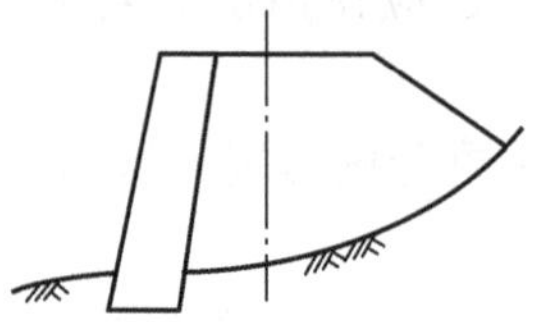	挡土墙墙顶设置于路肩位置,可以防止路堤边坡或基底滑动;同时可收缩填土坡脚,减少填方数量;减少拆迁和占地面积,保护邻近线路和既有建筑物
2	路堤挡土墙	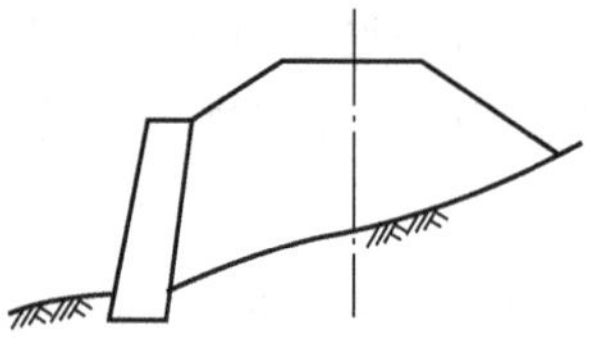	挡土墙设置于路堤边坡位置,受地形限制或其他建筑物干扰,必须收缩填土坡脚,防止路基边坡或基底滑动,确保路基稳定
3	路堑挡土墙	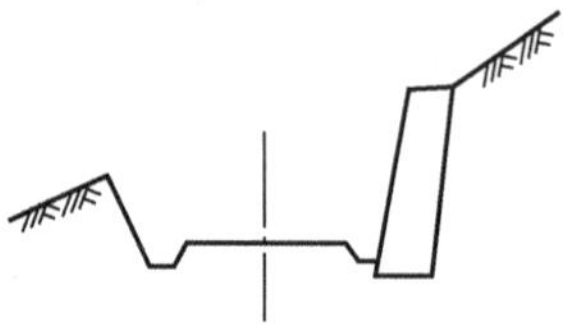	挡土墙设置在挖方边坡坡脚,用于支撑开挖后不能自行稳定的边坡,同时可减少挖方数量,降低边坡高度
4	山坡挡土墙	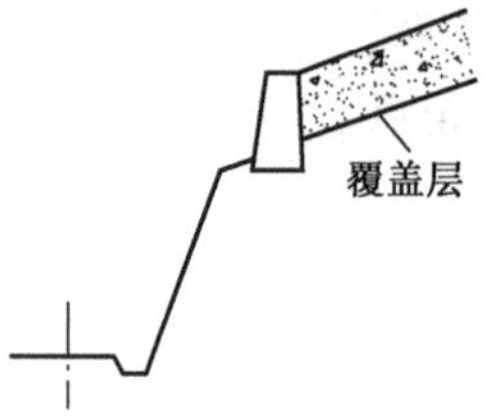 覆盖层	挡土墙设置在挖方边坡坡顶上,用于支挡山坡上可能坍滑的覆盖层,有的也兼有拦石的作用
5	浸水挡土墙	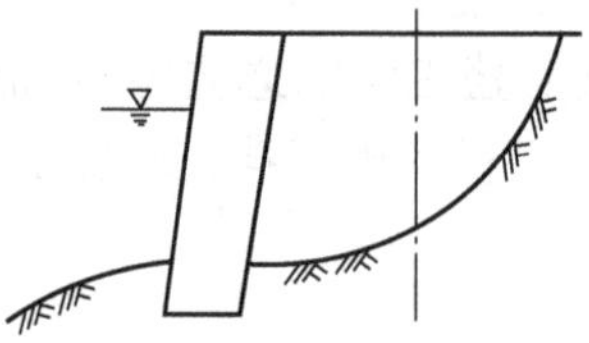	挡土墙设置在沿河路堤边坡一侧,可防止水流对路基的冲刷和侵蚀,也是减少压缩河床或少占库容的有效措施

2. 挡土墙按材料分类

挡土墙按照墙体材料的不同可分为石砌挡土墙、砖砌挡土墙、混凝土块挡土墙、钢筋混凝土挡土墙等,见图5-40。

a) 石砌挡土墙

b) 砖砌挡土墙

c) 混凝土块挡土墙

图 5-40　不同材料的挡土墙

3. 挡土墙按加固原理、结构形式分类

挡土墙根据加固原理及结构的不同可分为重力式(包括衡重式)挡土墙、薄壁式(包括悬臂式、扶臂式)挡土墙、锚定式(包括锚杆式、锚定板式、桩板式)挡土墙、加筋土挡土墙、垛式挡土墙等形式,见表 5-3、图 5-41。

各类挡土墙的特点及适用范围　　　　　　　　　　表 5-3

序号	挡土墙名称	挡土墙结构示意图	结构特点及适用范围
1	重力式挡土墙	墙顶　墙面　墙背　基底	重力式挡土墙依靠墙身自重支撑土压力;多用片(块)石砌筑,圬工量较大,结构简单,施工方便,可就地取材;适应于一般地区、浸水地段的路堤和路堑墙;墙高不宜超过 12m
2	悬臂式挡土墙	立板　趾板　踵板	悬臂式挡土墙由立壁和底板组成;结构断面较薄,需利用底板上的土重保持稳定;适用于石料缺乏地区、地基承载力较低的路肩墙和路堤墙;墙高不宜超过 5m

序号	挡土墙名称	挡土墙结构示意图	结构特点及适用范围
3	扶壁式挡土墙		扶壁式挡土墙由立壁、扶壁和底板组成,沿墙长方向每隔一定距离加设肋板(扶壁),以改善挡土墙受力状况;适用于石料缺乏地区、地基承载力较低的路肩墙和路堤墙;墙高不宜超过 15m
4	锚杆挡土墙		锚杆挡土墙由立柱、挡土板和锚杆组成;墙后侧压力由挡土板传给立柱,由锚杆与岩体之间的锚固力,使墙获得稳定;适用于墙高较大的岩质路堑边坡;每级墙高不宜大于 8m,多级墙的上、下墙体之间应设宽度不小于 2m 的平台
5	锚定板挡土墙		锚定板挡土墙由立柱、挡土板、锚杆和锚定板组成;由锚定板产生的抗拔力抵抗土压力;适用于缺乏石料地区的路肩墙或路堤墙;墙高不宜大于 10m;多级墙每级墙高不宜大于 6m,上、下墙体之间应设宽度不小于 2m 的平台
6	桩板式挡土墙		桩板式挡土墙由锚固桩和挡土板组成;适用于表土及强风化层较薄的均质岩石地基,也可用于基础埋置较深的滑坡整治地段的路堑或路堤支挡
7	加筋土挡土墙		加筋土挡土墙是由填土、加筋条和墙面板组成;利用填土与加筋条之间的摩擦作用,把土的侧压力传递给加筋条,从而稳定土体;适用于地形较平坦且宽敞的路肩墙、路堤墙;墙高不宜大于 12m

a) 扶壁式挡土墙

b) 锚杆挡土墙

c) 桩板式挡土墙

图 5-41 不同结构的挡土墙

二、重力式挡土墙施工(视频 5.3-2)

1. 重力式挡土墙的构造

挡土墙的构造必须满足强度和稳定性的要求,同时考虑就地取材、结构合理、断面经济、施工养护方便与安全。常用的重力式挡土墙一般由墙身、基础、排水设施和伸缩缝等部分组成。

1)墙身

墙身由墙背、墙面和墙顶构成。

(1)墙背。重力式挡土墙的墙背,可做成仰斜、垂直、俯斜、凸形折线式和衡重式等形式,如图 5-42 所示。

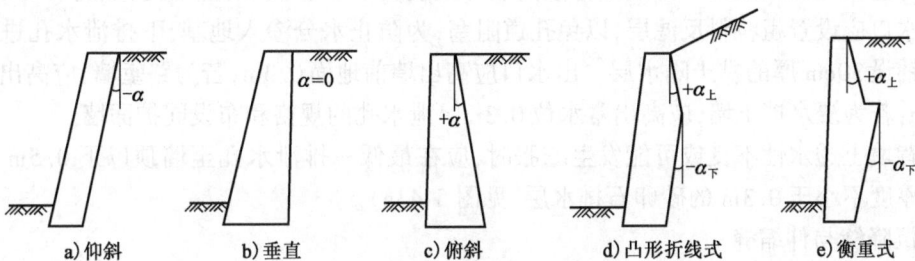

a)仰斜   b)垂直   c)俯斜   d)凸形折线式   e)衡重式

图 5-42 重力式挡土墙的断面形式

①仰斜墙背:所受的土压力小,故墙身断面较经济;用于路堑墙时,墙身与开挖面边坡较贴合,故开挖量与回填量均较小。但当墙趾处地面横坡较陡时,会使墙身增高,断面增大,故仰斜墙背适用于路堑墙及墙趾处地面平坦的路肩墙或路堤墙。仰斜墙背的坡度不宜小于 1:0.3,

以免施工困难。

②俯斜墙背:所受的土压力较大。在地面横坡陡峻时,俯斜式挡土墙可采用陡直的墙面,以减小墙高。俯斜墙背也可做成台阶形,以增加墙背与填料之间的摩擦力。

③垂直墙背:特点介于仰斜墙背和俯斜墙背之间。

④凸形折线式墙背:其将仰斜式挡土墙的上部墙背改为俯斜,以减小上部断面尺寸,多用于路堑墙,也可用于路肩墙。

⑤衡重式墙背:在上下墙之间设衡重台,并采用陡直的墙面。适用于山区地形陡峻处的路肩墙和路堤墙,也可用于路堑墙。上墙俯斜墙背的坡度 1:0.25~1:0.45,下墙仰斜墙背的坡度在 1:0.25 左右,上下墙的墙高比一般采用 2:3。

(2)墙面。墙面一般均为平面,其坡度应与墙背坡度相协调。墙面坡度直接影响挡土墙的高度。因此,在地面横坡较陡时,墙面坡度一般为 1:0.05~1:0.2,矮墙可采用陡直墙面;地面平缓时,一般采用坡度 1:0.2~1:0.35,较为经济。

(3)墙顶。墙顶最小宽度,浆砌片石不小于 50cm,干砌片石不小于 60cm。路肩墙墙顶宜采用粗石料或混凝土做成顶帽,其厚度为 40cm,顶部帽檐宽 10cm。路堤墙和路堑墙,墙顶应以大块石砌筑,采用 M5 砂浆勾缝和抹平顶面,砂浆厚 2cm。

2)基础

地基不良和基础处理不当往往会引起挡土墙的破坏,因此事先应对地基的地质条件作详细调查,然后再确定基础类型与埋置深度。

(1)基础类型。挡土墙宜采用明挖基础,基础砌筑在天然地基上。当地基承载力不足、地形平坦而墙身较高时,为了减小基底压应力和增加抗倾覆稳定性,也可采用扩大基础,将墙趾或墙踵部分加宽成台阶,或两侧同时加宽,以加大承压面积。加宽宽度一般不小于 20cm。

(2)基础埋置深度。基础埋置深度应符合下列要求:

①基础最小埋置深度不小于 1.0m。对于风化层不厚的硬质岩石地基,基底应置于基岩未风化层以下。

②受水流冲刷时,基底应置于冲刷线以下不小于 1.0m。

③受冻胀影响时,基底应置于在冻结线以下不小于 0.25m。

3)排水设施

挡土墙应设置排水措施,以疏干墙后土体和防止地面水下渗,防止墙后积水形成静水压力,减少寒冷地区回填土的冻胀压力,消除黏性土填料浸水后的膨胀压力。

墙身应在地面以上设一排或多排倾向墙外且坡度不小于 4% 的泄水孔,如图 5-43a)、b)所示。进水口应设置粗粒料反滤层,以免孔道阻塞;为防止水分渗入地基,下排泄水孔进水口的底部应铺设 30cm 厚的黏土隔水层。出水口应高出墙前地面 0.3m;若为路堑墙,应高出边沟水位 0.3m;若为浸水挡土墙,应高出常水位 0.3m。泄水孔的规格和布设同护面墙。

墙背填土透水性不良或可能发生冻胀时,应在最低一排泄水孔至墙顶以下 0.5m 的范围内铺设厚度不小于 0.3m 的砂卵石排水层,见图 5-43c)。

4)沉降缝与伸缩缝

为避免因地基不均匀沉陷而引起墙身开裂,在地形、地基变化处应设置沉降缝;为了防止圬工砌体因收缩硬化和温度变化而产生裂缝,沿墙长方向在墙身断面变化处、与其他构筑物相接处应设置伸缩缝;沉降缝与伸缩缝可合并设置。沿墙长方向每隔 10~15m 设置一道,缝宽 2~3cm,缝内宜用沥青麻筋或涂以沥青的木板等具有弹性的材料填塞,填深不小于 0.15m。

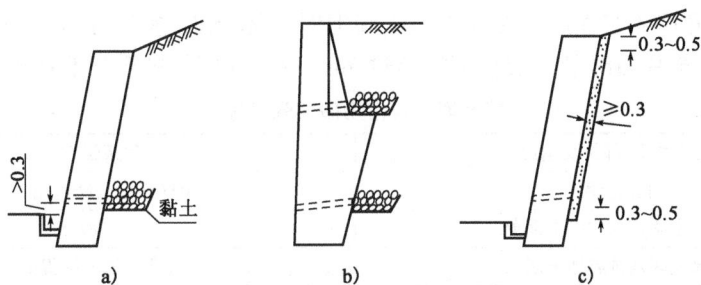

图 5-43　泄水孔及排水层(尺寸单位:m)

2.重力式挡土墙施工工艺

1)施工工艺流程

重力式挡土墙施工工艺流程,如图 5-44 所示。

图 5-44　重力式挡土墙施工工艺流程

2)施工要点

(1)测量放样

以路基中线为基准,测定挡土墙基底轴线和两端起讫点位置。测量挡土墙各点的高程,并设置施工水准点。

(2)材料要求

浆砌片(块)石挡土墙石料可采用片石、块石和料石三种。石料应结构密实、质地均匀、不易风化且无裂缝的硬质石料,其抗压强度不小于 30MPa。在冰冻及浸水地区,应具有耐冻和抗浸蚀性能,并应满足以下要求:

①片石应具有两个大致平行的面,其厚度不小于 15cm,宽度及长度不小于厚度的 1.5 倍,质量约 30kg。用作镶面的片石,可选择表面较平整,尺寸较大者,并应稍加修整。

②块石形状应大致方正、上下面大致平整,厚度不小于 20cm,宽度宜为厚度的 1 ~ 1.5 倍,长度宜为厚度的 1.5 ~ 3 倍。用作镶面时,由外露面四周向内稍加修凿,如图 5-45 所示。

③料石外形方正呈六面体,厚度为 20 ~ 30cm,宽度为厚度的 1 ~ 1.5 倍,长度为厚度的 2.5 ~ 4 倍,表面凹陷深度不大于 20mm。用作镶面时,应适当修凿,外露面应有细凿边缘,如图 5-46所示。

图 5-45　块石砌筑挡土墙

图 5-46　料石砌筑挡土墙

挡土墙砌筑常用砂浆强度等级应按挡土墙类别、部位及用途选用,见表5-4。宜采用中砂或粗砂,当用于砌筑片石时最大粒径不宜超过5mm,砌筑块石、料石时不宜超过2.5mm。

挡土墙砌筑常用砂浆强度等级 表5-4

挡土墙类别、部位及用途	砂浆强度等级
一般挡土墙	M5(四级公路可用 M2.5)
浸水挡土墙常水位以下部分	M7.5
严寒地区及抗震挡土墙	较非地震地区提高一级
勾缝	比砌筑用强度等级提高一级

（3）基坑开挖

根据测量放线定出的位置,采用人工或机械开挖基坑,如图5-47所示。基坑开挖的大小,需满足基础施工的要求。一般基坑底面宽度应比设计尺寸各边增宽0.5~1.0m,以免干扰施工。基坑开挖坡度按地质、开挖深度和水位等情况确定,要确保基坑坑壁开挖稳定,避免出现塌方等情况。

图 5-47　基坑开挖

（4）基底处理与检查

任何土质基坑挖至设计高程后不得长时间暴露,扰动或浸泡会削弱其承载能力。一般土质基坑挖至接近高程时,留10~20cm的厚度,在基础砌筑前以人工挖除。基坑开挖完成后,应及时对基底进行承载力检验,检验合格后方可进行下一道工序。

（5）基础砌筑

基坑完成后,按基底纵轴线结合横断面放线复验,确认位置、高程无误后,方可进行基础砌筑。砌筑前应将基底表面风化、松散土石清除。基础完成后,应立即分层回填夯实,并在表面留坡度3%的向外斜坡,防止积水渗入基底。

（6）墙身砌筑

砌筑前应将石料表面泥土清扫干净并用水保持湿润,基础顶面也应洒水湿润。砌筑时必须两面立杆挂线或样板挂线,如图5-48所示。外面线应顺直,逐层收坡,以保证砌体各部尺寸符合设计要求。

砌筑时砌块底面应卧浆铺砌,上下层应错缝砌筑,立缝填浆补实,不得有空隙和立缝贯通现象。砌筑工作中断时,应将砌好的砌块层空隙用砂浆填满。在砌筑时,表面应清扫干净,洒水润湿。砌筑外层时,应留出1~2cm的缝槽,以便砂浆勾缝。墙身砌筑如图5-49所示。

图 5-48　立杆和样板挂线砌筑

图 5-49　墙身砌筑

（7）砌体养护

对浆砌砌体应加强养护，以便砌体砂浆强度的形成和提高。砌筑时，一个工段完成后，须用浸湿的草帘、麻袋等覆盖物将砌体盖好。一般气温条件下，砌完后 10～12h 以内，炎热天气砌完后 2～3h 以内，洒水养护，养护时间不少于 7～14d。

（8）墙背填料

砌体砂浆强度达到 70% 以上时，方可回填墙背填料。填料宜为透水性好、抗剪强度大且稳定、易排水的砂砾土。严禁使用腐殖土、盐渍土、淤泥等作为填料，填料中不得含有机物、冰块、草皮、树根等杂物及生活垃圾。

墙背回填要均匀摊铺平整，并设坡度不小于 3% 的横坡，以利于排水。应逐层填筑，逐层压实，每层压实厚度不宜超过 20cm。邻近墙背 1.0m 范围内，应采用小型压实机械碾压。

知识链接

（为公路设计专业而增加的内容，施工专业可不讲）

3. 重力式挡土墙稳定性验算

为避免挡土墙发生破坏，保证其具有足够的整体稳定性和强度，在设计挡土墙时，应验算挡土墙沿基底的滑动稳定性，绕墙趾转动的倾覆稳定性和基底合力的偏心距等。

1）挡土墙的荷载分类与组合

施加于挡土墙的作用（或荷载），按性质可分为永久作用（或荷载）、可变作用（或荷载）、偶然作用(或荷载),各类作用(或荷载)名称见表5-5。

施加于挡土墙的各类作用(或荷载)　　　　表5-5

作用(或荷载)分类		作用(或荷载)名称
永久作用(或荷载)		挡土墙结构重力
		填土(包括基础襟边以上土)重力
		填土侧压力
		墙顶上的有效永久荷载
		墙顶与第二破裂面之间的有效荷载
		计算水位的浮力及静水压力
		预加应力
		混凝土收缩及徐变
		基础变位影响力
可变作用(或荷载)	基本可变作用(荷载)	车辆荷载引起的土侧压力
		人群荷载、人群荷载引起的土侧压力
	其他基本可变作用(荷载)	水位下降时的动水压力
		流水压力
		波浪压力
		冻胀压力和冰压力
		温度影响力
	施工荷载	与各类型挡土墙施工有关的临时荷载
偶然作用(或荷载)		地震作用力
		滑坡、泥石流作用力
		作用于墙顶护栏上的车辆碰撞力

荷载效应组合应符合下列规定:

(1)作用在一般地区挡土墙上的力,可只计算永久作用(或荷载)和基本可变作用(或荷载)。

(2)浸水地区、地震地区、产生冻胀力的地区等,尚应计算其他基本可变作用(或荷载)和偶然作用(或荷载)。

(3)不同组合将采用相应的荷载系数和抗力安全系数。常用作用(或荷载)组合见表5-6。

常用作用(或荷载)组合　　　　表5-6

组　合	作用(或荷载)名称
Ⅰ	挡土墙结构重力、墙顶上的有效永久荷载、填土重力、填土侧压力及其他永久作用(或荷载)组合
Ⅱ	组合Ⅰ与基本可变作用(或荷载)相组合
Ⅲ	组合Ⅱ与其他基本可变作用(或荷载)、偶然荷载相组合

注:1.洪水与地震力不同时考虑。

　2.冻胀力、冰压力与流水压力或波浪压力不同时考虑。

　3.车辆荷载与地震力不同时考虑。

2)土压力计算

(1)作用在挡土墙上的力系

作用在挡土墙上的力系,按力的作用性质的不同可分为主要力系、附加力和特殊力。

挡土墙的主要力系包括经常作用于挡土墙的各种力,如图 5-50 所示,具体如下:

①挡土墙自重 G 及位于墙上的恒载;

②墙后土体的主动土压力 E_a(包括作用在墙后填料破裂棱体上的荷载);

③基底的法向反力 N 及摩擦力 T;

④墙前土体的被动土压力 E_p。

对浸水挡土墙,在主要力系中尚应包括常水位时的静水压力和浮力。

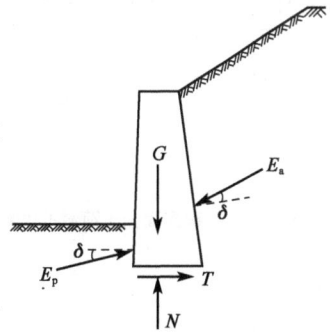

图 5-50　挡土墙的主要力系

附加力是季节性作用于挡土墙的各种力,如洪水时的静水压力和浮力、动水压力、波浪冲击力、冻胀压力以及冰压力等。

特殊力是偶然出现的力,如地震力、施工荷载、水流漂浮物的撞击力等。

在一般地区,进行挡土墙设计时仅考虑主要力系,在浸水地区还应考虑附加力,而在地震区应考虑地震对挡土墙的影响。各种力的取舍,应根据挡土墙所处的具体工作条件,将最不利的组合作为设计的依据。

(2)挡土墙土压力计算

挡土墙土压力是指挡土墙墙后的土体或墙后土体表面上的荷载对墙背产生的侧压力。作用在墙背上的土压力,可按库仑理论计算。

挡土墙因路基形式和荷载分布的不同,其土压力有多种计算图式。以路堤挡土墙为例,按破裂面交于路基面的位置不同,可分为 5 种图示,见表 5-7。

挡土墙土压力计算图式　　　　　　　　　　　　　　　　　表 5-7

序号	破裂面的位置	土压力计算图式
1	破裂面交于内边坡	
2	破裂面交于荷载的内侧	

序号	破裂面的位置	土压力计算图式
3	破裂面交于荷载的中部	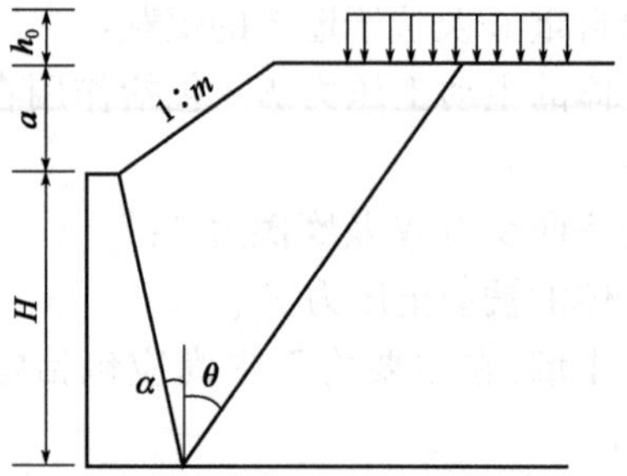
4	破裂面交于荷载的外侧	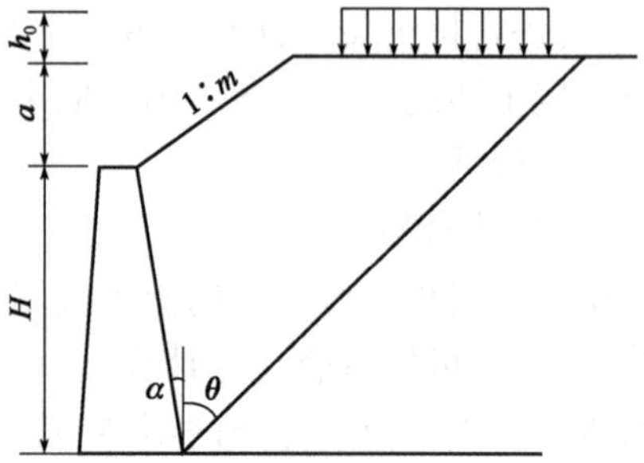
5	破裂面交于外边坡	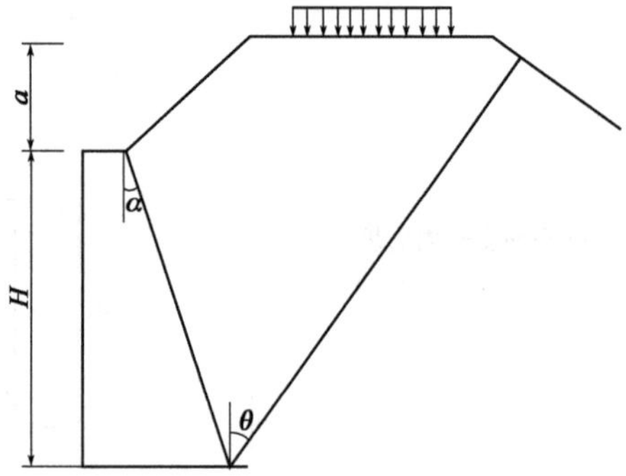

以破裂面交于内边坡图式为例,介绍库仑土压力计算公式。

图中 AB 为挡土墙墙背,BC 为破裂面,BC 与铅垂线的夹角 θ 为破裂角,ABC 为破裂棱体。棱体上作用着三个力,即破裂棱体自重 G、主动土压力的反力 E_a 和破裂面上的反力 R。E_a 的方向与墙背法线成 δ 角,且偏于阻止棱体下滑的方向;R 的方向与破裂面法线成 φ 角,且偏于阻止棱体下滑的方向。取挡土墙长度为 1m 计算,从作用于棱体上的平衡力三角形 abc(图 5-51),可计算得:

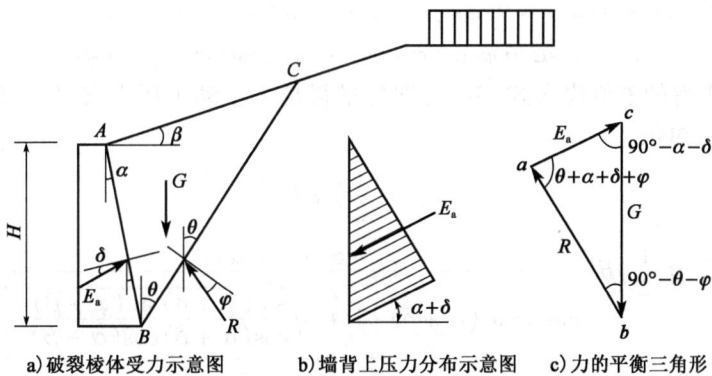

a) 破裂棱体受力示意图   b) 墙背上压力分布示意图   c) 力的平衡三角形

图 5-51　破裂面交于内边坡

$$E_a = \frac{\sin(90° - \theta - \varphi)}{\sin(\theta + \psi)}G = \frac{\cos(\theta + \varphi)}{\sin(\theta + \psi)}G \qquad (5-2)$$

$$\psi = \varphi + \alpha + \delta$$

$$G = \frac{1}{2}\gamma AB \cdot BC\sin(\alpha + \theta)$$

$$AB = H\sec\alpha$$

$$BC = \frac{\sin(90° - \alpha + \beta)}{\sin(90° - \theta - \beta)} \cdot AB = H\sec\alpha\frac{\cos(\alpha - \beta)}{\cos(\theta + \beta)}$$

$$G = \frac{1}{2}\gamma H^2\sec^2\alpha\frac{\cos(\alpha - \beta)\sin(\theta + \alpha)}{\cos(\theta + \beta)} \qquad (5-3)$$

将式(5-3)代入式(5-2),得

$$E_a = \frac{1}{2}\gamma H^2\sec^2\alpha\frac{\cos(\alpha - \beta)\sin(\theta + \alpha)}{\cos(\theta + \beta)} \cdot \frac{\cos(\theta + \varphi)}{\sin(\theta + \psi)} \qquad (5-4)$$

令

$$A = \frac{1}{2}\gamma H^2\sec^2\alpha\cos(\alpha - \beta)$$

则

$$E_a = \gamma A\frac{\sin(\theta + \alpha)}{\cos(\theta + \beta)} \cdot \frac{\cos(\theta + \varphi)}{\sin(\theta + \psi)} \qquad (5-5)$$

当参数 γ、φ、δ、α、β 固定时,E_a 随破裂面的位置而变化,即 E_a 是破裂面角 θ 的函数。为求最大土压力 E_a,首先要求对应于最大土压力时的破裂角 θ_0。取 $dE/d\theta = 0$,得

$$\gamma A\left[\frac{\cos(\theta + \varphi)}{\sin(\theta + \psi)} \cdot \frac{\cos(\theta + \beta)\cos(\theta + \alpha) + \sin(\theta + \beta)\sin(\theta + \alpha)}{\cos^2(\theta + \psi)} - \right.$$

$$\left.\frac{\sin(\theta + \alpha)}{\cos(\theta + \beta)} \cdot \frac{\sin(\theta + \psi)\sin(\theta + \varphi) + \cos(\theta + \psi)\cos(\theta + \varphi)}{\sin^2(\theta + \psi)}\right] = 0$$

整理化简后得

$$P\tan^2\theta + Q\tan\theta + R = 0$$

$$\tan\theta = \frac{-Q \pm \sqrt{Q^2 - 4PR}}{2P} \qquad (5-6)$$

式中:

$$P = \cos\alpha\sin\beta(\psi - \varphi) - \sin\varphi\cos\psi\cos(\alpha - \beta)$$

153

$$Q = \cos(\alpha - \beta)\cos(\psi + \varphi) - \cos(\psi + \varphi)\cos(\alpha + \delta)$$
$$R = \cos\varphi\sin\psi\cos(\alpha - \beta) - \sin\alpha\cos(\psi - \varphi)\cos\beta$$

将式(5-6)求得的 θ 值代入式(5-5),即可求得最大主动土压力 E_a 值。最大主动土压力 E_a 也可用式(5-7)表示。

$$E_a = \frac{1}{2}\gamma H^2 K_a$$

$$K_a = \frac{1}{2}\gamma H^2 \frac{\cos^2(\varphi - \alpha)}{\cos^2\alpha\cos(\alpha + \delta)\left[1 + \sqrt{\dfrac{\sin(\varphi + \delta)\sin(\varphi - \beta)}{\cos(\alpha + \delta)\cos(\alpha - \beta)}}\right]^2} \tag{5-7}$$

式中:K_a——主动土压力系数;

　　γ——墙后填土的重度(kN/m^3);

　　φ——填土的内摩擦角(°);

　　δ——墙背与填土间的摩擦角(°);

　　β——墙后填土表面的倾斜角(°);

　　α——墙背倾斜角(°),俯斜墙背 α 为正,仰斜墙背 α 为负;

　　H——挡土墙高度(m)。

土压力的水平、垂直分力为:

$$\left.\begin{array}{l} E_x = E_a\cos(\alpha + \delta) \\ E_y = E_a\sin(\alpha + \delta) \end{array}\right\} \tag{5-8}$$

3)车辆荷载的换算

作用于墙后破裂棱体上的车辆荷载,使土体中出现附加的竖直应力,从而产生附加的侧向压力。将车辆荷载近似地按均布荷载考虑,换算成重度与墙后填料相同的均布土层。

车辆荷载作用在挡土墙墙背填土(破裂棱体)上所引起的附加土体侧压力,可按式(5-9)换算成等代均布土层厚度计算:

$$h_0 = \frac{q}{\gamma} \tag{5-9}$$

式中:h_0——换算土层厚度(m);

　　γ——墙背填土的重度(kN/m^3);

　　q——车辆荷载附加荷载强度,墙高小于 2m,取 $20kN/m^2$;墙高大于 10m,取 $10kN/m^2$;墙高在 $2\sim10m$ 之内时,附加荷载强度用直线内插法计算。作用于墙顶或墙后填土上的人群荷载强度规定为 $3kN/m^2$,作用于栏杆顶的水平推力采用 $0.75kN/m$,作用于栏杆扶手上的竖向力采用 $1kN/m$。

4)抗滑动稳定性验算

挡土墙沿基底的抗滑动稳定性是指在土压力和其他外力的作用下,基底摩阻力抵抗挡土墙滑移的能力,用抗滑动稳定系数 K_c 表示,即抗滑力与滑动力之比,如图 5-52 所示,按下式计算:

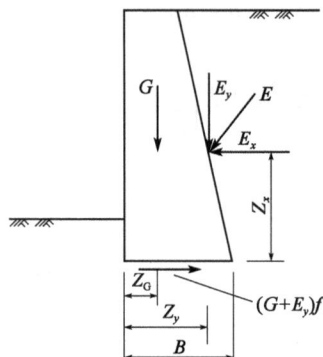

图 5-52　挡土墙滑动与倾覆稳定示意图

$$K_c = \frac{(G + E_y)f}{E_x} \geqslant [K_c] \tag{5-10}$$

式中:G——挡土墙自重(kN);

E_x、E_y——墙背主动土压力的水平与垂直分力(kN);

f——基底摩擦系数,可通过现场试验确定,无试验资料时,可参考表5-8的经验数;

$[K_c]$——容许的抗滑动稳定系数,见表5-9。

基底与基底土间的摩擦系数 f 表5-8

地基土分类	摩擦系数 f	地基土分类	摩擦系数 f
软塑黏土	0.25	碎石类土	0.5
硬塑黏土	0.3	软质岩石	0.4~0.6
砂类土、黏砂土、半干硬黏土	0.3~0.4	硬质岩石	0.6~0.7
砂类土	0.4		

抗滑动和抗倾覆稳定系数 表5-9

荷 载 情 况	稳 定 系 数	
	K_c(抗滑动)	K_0(抗倾覆)
荷载组合 I 、II	1.3	1.5
荷载组合 III	1.3	1.3
施工阶段验算	1.2	1.2

当 $K_c < [K_c]$ 时,表明挡土墙的抗滑稳定性不足,可考虑采用倾斜基底、基底设置混凝土凸榫,以增加其抗滑动稳定性。改善地基(如在黏性土地基内掺加碎石夯实等),以增大摩擦系数 f;改变墙身断面形式,以增大垂直力系,但单纯扩大断面尺寸,收效不大且不经济。

5)抗倾覆稳定性验算

挡土墙的抗倾覆稳定性是指挡土墙抵抗墙身绕墙趾向外转动倾覆的能力,用抗倾覆稳定系数 K_0 表示,即墙趾稳定力矩 $\sum M_y$ 与倾覆力矩 $\sum M_0$ 比,如图5-52所示。

$$K_0 = \frac{\sum M_y}{\sum M_0} = \frac{GZ_G + E_y Z_y}{E_x Z_x} \geqslant [K_0] \tag{5-11}$$

式中:$\sum M_y$——稳定力系对墙趾的稳定力矩(kN·m);

$\sum M_0$——倾覆力系对墙趾的倾覆力矩(kN·m);

Z_x、Z_y——分别为 E_x、E_y 对墙趾的力臂(m);

Z_G——墙重 G 对墙趾的力臂(m);

$[K_0]$——容许的抗倾覆稳定性系数,见表5-9。

当 $K_0 < [K_0]$ 时,则表明挡土墙的抗倾覆稳定性不足,应考虑采取加宽墙趾,改变墙面及墙背坡度等措施,以减少土压力或增加稳定力臂;改变墙身形式,如改用衡重式、墙后增设卸荷平台或卸荷板等,以增加抗倾覆稳定性。

6)基底合力的偏心距验算

为保证挡土墙基底应力不超过地基承载力,应进行基底应力验算;同时为了避免挡土墙产生不均匀沉陷,应控制作用于挡土墙基底的合力偏心距。

(1)基底合力的偏心距 e

如图5-53所示,作用于基底合力的偏心距 e 可按式(5-12)计算:

$$e = \frac{B}{2} - Z_N \leqslant [e] \tag{5-12}$$

$$Z_N = \frac{\sum M_y - \sum M_0}{\sum N} = \frac{GZ_G + E_y Z_y - E_x Z_x}{G + E_y}$$

（2）基底应力

在偏心荷载作用下,基底的最大和最小法向应力,按式(5-13)计算:

$$\begin{matrix} \sigma_1 \\ \sigma_2 \end{matrix} = \frac{\sum N}{A} \pm \frac{\sum M}{W} = \frac{G + E_y}{B}\left(1 \pm \frac{6e}{B}\right) \leqslant [\sigma_0] \tag{5-13}$$

式中: $\sum N$——作用于基底合力的法向分力(kN);

$\quad Z_N$——$\sum N$ 对墙趾的力臂(m);

$\quad B$——基底宽度(m),对于倾斜地基来说,为其斜宽;

$\quad A$——基底面积(m²);

$\quad \sum M$——各力对中轴的力矩和(kN·m);

$\quad W$——基底截面模量(m³),对1m长挡土墙, $W = B^2/6$ 。

当 $|e| > \dfrac{B}{6}$ 时,基底的一侧将出现拉应力,考虑到一般情况下地基与基础之间不能承受拉力,故不计拉力而按应力重新分布计算基底最大压应力。如图5-54所示,基底应力图形将由虚线图形变为实线图形。根据力的平衡条件,总压应力等于 $\sum N$,实线三角形的形心必须在 $\sum N$ 的作用线上,故基底应力三角形的底边长度等于 $3Z_N$ 。从而可得:

$$\sum N = \frac{1}{2}\sigma_{max} \times 3Z_N$$

故最大压应力为

$$\sigma_{max} = \frac{2}{3}\frac{\sum N}{Z_N} = \frac{2}{3}\frac{G + E_y}{\dfrac{B}{2} - e} \leqslant [\sigma_0] \tag{5-14}$$

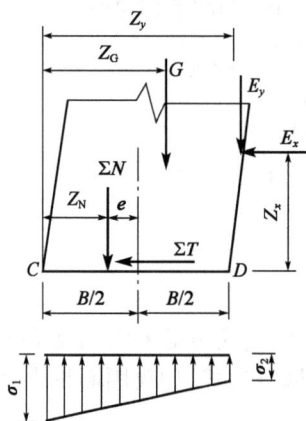

图5-53　基底应力及合力偏心距验算图式

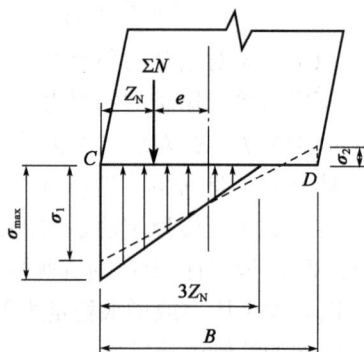

图5-54　基底应力重分布图式

从上述分析可以看出,合力偏心距 e 直接影响到基底应力的大小和性质(拉或压)。如偏心距过大,即使基底应力仍小于地基容许承载力,但由于基底应力分布的显著差异,也可能引起基础产生不均匀沉陷,从而导致墙身过分倾斜。为此,应控制偏心距,使其满足表5-10的要求。

荷载组合	地基条件	合力偏心距
荷载组合 I	非岩石地基	$e \leq B/8$
荷载组合 II、III、施工荷载	非岩石地基	$e \leq B/6$
	软弱岩石地基	$e \leq B/5$
	坚硬岩石地基	$e \leq B/4$
荷载组合 I、II		$0.25B$
荷载组合 III		$0.3B$
施工荷载		$0.33B$

降低基底应力及减小偏心距的措施：采用加宽墙趾或扩大基础,加大承压面积、调整偏心距；加固地基或换土,以提高地基承载力；调整墙背坡度或断面形式,以减小偏心距。

采用加宽墙趾的方法时,如地面横坡较陡,则会因此增加墙身高度,所以应与其他方法比较后再予以确定。

三、锚杆式挡土墙施工

1. 锚杆式挡土墙设计要求

1）锚杆与钻杆直径

在锚杆式挡土墙中,锚杆必须承受一定的抗拔力,并且通过注浆连接固结周围岩体。因此,锚杆直径与钻杆直径均不能过小,一般采用 $\phi 25 \sim \phi 28mm$ 的螺纹钢筋,用 $\phi 68 \sim \phi 110mm$ 的钻头钻孔。

2）锚杆长度的选择

锚杆长度的选择主要考虑两方面的因素,即提供足够的抗拔力和加固边坡岩体,其长度取决于墙后坡面岩体的性状,如石质边坡节理、裂隙的产状和发育情况等。

锚杆上下排间距不宜小于2m,水平间距不宜小于1.5m；锚固段的长度不宜小于4m；自由段的长度不宜小于5m,并应超过潜在滑裂面1.5m。锚杆总长不宜超过20m。

3）注浆

锚杆注浆一般采用水泥砂浆,强度等级应不小于 M20。

4）锚杆与立柱的连接

当挡土墙立柱就地浇筑时,锚杆必须插入立柱(图5-55),并保证其锚固长度符合规范要求；当立柱为预制拼装时,锚杆与立柱之间一般采用螺栓连接,包括螺钉端杆、螺母、垫板和砂浆包头,也可采用焊短钢筋等形式,以保证锚固力的传递。

5）挡土板

挡土墙的锚杆连接在立柱上,立柱之间加挡土板(图5-55),挡土板既可以预制拼装,也可以就地浇筑。

2. 锚杆式挡土墙施工工艺

1）施工工艺流程

锚杆式挡土墙的施工工艺流程,如图5-56 所示。

2）施工要点

（1）清理边坡

图 5-55 锚杆式挡土墙施工

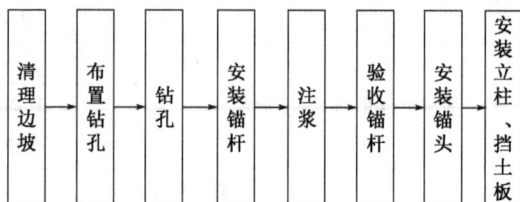

图 5-56 锚杆式挡土墙施工工艺流程

①施工前,应清除岩面松动的石块,整平墙背坡面。

②应根据情况考虑临时支撑,以免山坡坍塌,影响锚杆的抗滑力。

(2)布置钻孔

①准确定出挡土墙的位置和高程。

②测定孔位,用仪器测出各个孔的位置,并设置孔位方向桩,以便校正。

(3)钻孔

①根据施工图所规定的孔位、孔径、长度与倾斜度,可采用冲击钻或旋转钻钻孔,成孔孔壁必须顺直、完整。

②钻孔深度须超过已有的滑动面,并应在稳定土层中达到足够的有效锚固长度。当岩层风化程度严重或其性质接近土质地层时,可加用套管钻进,以保证钻孔质量。

③待钻至要求的深度后,用高压吹风机清孔,将孔内壁及根部残留的土渣清除干净,严禁用水冲洗。

(4)安装锚杆

①清孔完毕后,应及时安装锚杆,把锚杆缓慢送入钻孔。插入锚杆时应将灌浆管与锚杆同时放至钻孔底部。

②在有水地段安装锚杆时,应将孔内水排出或采用早强速凝药包式锚杆。

③插入钻孔的锚杆要顺直,在锚固段部分用水泥砂浆防护;采用孔外部分表面涂防锈底漆,包扎两层沥青麻布或塑料套管等方法进行防锈处理。

④为使锚杆在孔内居中,可沿锚杆长度每隔 2m 左右焊接一对定位支架。孔位偏差为 ±50mm,深度允许偏差为 +50mm,-10mm。

⑤锚杆焊接、锚固及防锈是锚杆施工中的关键工序,应严格按施工工艺操作。

(5)注浆

①注浆用砂以中砂为宜,砂浆的配合比为 1:1(质量比),水灰比不大于 0.50,同时尽可能采用膨胀水泥。为避免孔内产生气垫,压浆泵仓内要始终有一定的砂浆。

②按配合比采用搅拌机拌制砂浆,随拌随用,经过 2.5mm×2.5mm 的滤网倒入储浆桶。对桶内砂浆,在使用前仍需低速搅拌,以防砂浆离析。

③采用重力注浆与压力注浆相结合的方法灌注砂浆。先将内径为 5cm 的胶管与锚杆同时送入距孔底 10cm 处,用注浆泵(注浆压力约为 0.3MPa)使砂浆在压力下自孔底向外充满。当砂浆注至孔口时,立即减压为零,以免在孔口形成喷浆。

④随着砂浆的灌注,把注浆管从孔底朝孔口缓慢、匀速拔出,但要保持出管口始终埋入砂

浆 1.5~2.0m。注浆管拔出后,立即将制作好的封口板塞进孔口,注浆结束。

(6)立柱、挡土板安装

①待锚杆孔内的砂浆强度达到设计强度的70%时,才可进行立柱和挡土板的安装。安装挡土板时,应随时做反滤层并进行墙背回填。

②立柱间距放样应正确,并用卡尺固定;挡土板和立柱搭接部分的尺寸应符合施工图要求;挡土板和立柱接触面应保持平整,可填入少量砂浆,以免产生集中受力。

(7)设置反滤层泄水孔

泄水孔应按施工图的要求设置,孔径为10cm。当挡土板后为非渗水土质时,应在最低泄水孔至墙顶以下0.5m的高度内填筑不小于0.3m厚的砂砾石反滤层。

(8)墙背回填

挡土板后的填料应均匀,不应填入大块石料,以免造成挡土板集中受力。

(9)分级式挡土墙平台的封闭

分级式挡土墙的平台应回填密实,并做好泄水坡或设排水护板。

思考与练习

一、单选题

1. 下面哪种防护形式属于对沿河河堤河岸冲刷的间接防护( )。
　　A. 砌石　　　　　B. 植物　　　　　C. 石笼　　　　　D. 丁坝

2. 某沿河路段修筑有石笼、丁坝、砌石护坡,并在边坡铺草皮,在河滩大量植树,上述结构和措施属于( )。
　　A. 路基防水工程　　　　　　　　B. 路基加固工程
　　C. 路基防护工程　　　　　　　　D. 路基挡土工程

3. 用护面墙防护的挖方边坡在符合极限稳定边坡要求的同时,边坡坡度不宜大于( )。
　　A. 1:0.2　　　　B. 1:0.5　　　　C. 1:0.75　　　　D. 1:1

4. 某二级公路土质路堤边坡基本稳定,坡面只受轻微冲刷,最适合在此处采用的坡面防护措施是( )。
　　A. 喷浆防护　　　B. 种草防护　　　C. 植树防护　　　D. 抹面防护

5. 宜修建加筋土挡土墙的路段是( )。
　　A. 挖方路段　　　　　　　　　　B. 地形陡峭的山坡路段
　　C. 半填半挖路段　　　　　　　　D. 地形平坦宽阔的填方

6. ( )设在挖方边坡上部,用于支挡山坡上可能坍滑的覆盖层,并兼有拦石的作用。
　　A. 路堤墙　　　B. 路堑墙　　　C. 山坡挡土墙　　　D. 浸水挡土墙

7. 对于坡面为碎裂结构的硬岩或层状结构的不连续地层,以及坡面岩石与基岩分离并有可能下滑的挖方边坡,其护坡形式宜选用( )。
　　A. 干砌片石　　　B. 喷射混凝土护坡　　C. 浆砌片石　　　D. 石笼

8. 根据锚杆式挡土墙的施工工艺流程,钻孔完成后,下一道工序为( )。
　　A. 清理边坡　　　B. 安设锚杆　　　C. 注浆　　　D. 安装锚头

9. 某路段挖方边坡由风化较严重的软质石构成,另一路段挖方边坡由易受侵蚀的土质边坡构成,两者都能采用的措施是( )。

　　A.喷射混凝土　　　　　　　　　　B.护面墙

　　C.混凝土框格护坡　　　　　　　　D.锚杆铁丝网喷浆

10. 当挡土墙的墙体强度达到设计强度的( )以上时,才可回填墙后填料。

　　A.50%　　　　　B.65%　　　　　C.75%　　　　　D.80%

二、多选题

1. 路基防护与加固工程设施的类型可分为( )等。

　　A.边坡坡面防护　　　　　　　　　B.河堤河岸冲刷防护

　　C.排除地表水的设施　　　　　　　D.支挡建筑物

2. 砌石挡土墙一般是由( )组成。

　　A.墙身　　　　　B.基础　　　　　C.排水设施　　　　D.沉降伸缩缝

3. 沿河河堤河岸冲刷防护中的间接防护包括( )。

　　A.石笼　　　　　B.丁坝　　　　　C.顺坝　　　　　D.改河营造护林带

4. 路基边坡坡面防护可以防止和延缓软弱岩土的下列( )问题。

　　A.剥蚀　　　　　B.碎裂　　　　　C.风化　　　　　D.开采

5. 重力式挡土墙的墙背形式可分为( )。

　　A.俯斜式　　　　B.仰斜式　　　　C.垂直式　　　　D.衡重式

6. 锚杆式挡土墙一般由( )组成。

　　A.钢筋混凝土墙面　B.立柱　　　　C.挡土板　　　　D.锚杆

7. 路基防护中抛石适用于( )。

　　A.经常浸水的岩质边坡

　　B.经常浸水且水深较大的路基边坡或坡脚

　　C.挡土墙的基础防护

　　D.抢修工程

8. 锚杆式挡土墙的锚固工序包括( )。

　　A.勾缝　　　　　B.钻孔　　　　　C.灌浆　　　　　D.插入锚杆

9. 下列关于浆砌片石护坡防护说法正确的是( )。

　　A.适用于坡度小于1:1的易风化岩石和土质路堑边坡

　　B.护坡底面应设10~15cm的碎石或砂砾垫层,也可用反滤土工布

　　C.浆砌片石护坡应每隔10~15m,设置宽为5cm的伸缩缝

　　D.浆砌片石砌筑应采用坐浆法施工

10. 下列情况适合采用干砌片石护坡的是( )。

　　A.易受水流侵蚀的土质边坡

　　B.严重剥落的软质岩石边坡

　　C.周期性浸水及受水流冲刷较轻的河岸

　　D.波浪作用较强、有流水、漂浮物等撞击的边坡

三、简答题

1. 简述路基防护的目的和路基防护的分类。
2. 简述冲刷防护的目的和冲刷防护的分类。
3. 试述各类挡土墙的结构特点及其适用场合。
4. 砌石挡土墙是由哪几部分构成的？各有什么要求。
5. 根据挡土墙的结构形式的不同,挡土墙可分为几类？各类的使用条件是什么？
6. 试述砌石挡土墙的施工流程及注意事项。
7. 锚杆式挡土墙由哪几部分组成？构造上有什么要求。

项目六　特殊路基施工

任务一　软土路基施工

学习目标

（1）知道软土路基的工程特性。
（2）熟悉软土路基的处治方法及适用性。
（3）能在现场组织软土路基加固施工作业。

任务描述

（1）教师准备公路路基施工案例、图片、多媒体资源等。
（2）本任务要求学生针对具体的软土路基示例，能提出切实可行的加固方案，编制相应的施工工艺流程和施工注意事项。

相关知识

软土是指滨海、湖沼、谷地、河滩沉积的天然含水率大、孔隙比大、压缩性高、抗剪强度低的呈软塑或流塑状态的黏性土，见图6-1。工程上常将软土细分为软黏性土、淤泥质土、淤泥、泥炭质土和泥炭等，这类影响填土和构造物稳定或使结构物产生沉降的路基称为软土路基。软土路基由于强度低、沉降量大，往往给道路工程带来很大的危害，如处理不当，会对公路施工和使用产生很大影响。

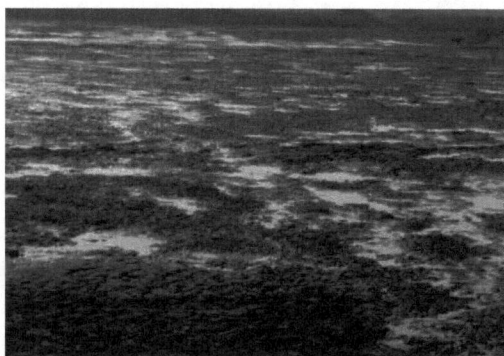

图6-1　软土路基

软土路基加固关键在于治水和固结，其加固方法如图6-2所示。各种加固方法具有不同的特点，可得到不同的效果。软土路基加固时，应根据土质、水文地质和周边环境等因素，正确选择加固方法，使其能确保路基稳定和安全。

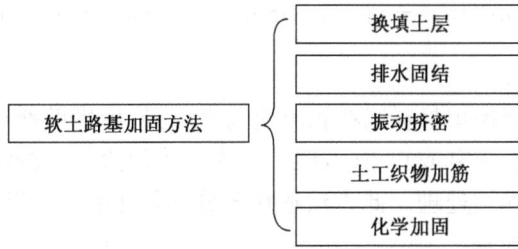

图 6-2 软土路基加固方法类型

一、换填土层法

当软土地基的承载力和变形不满足设计要求,而软土层的厚度又不是很大时,将路基底面以下一定深度范围的软土层部分或全部挖除,然后分层换填质地坚硬、强度较高、稳定性好的砂、碎(砾)石、灰土或素土、矿渣等材料,并及时碾压至要求的密实度,以满足工程要求。这种地基处理的方法被称为换填土层法,见图 6-3。

图 6-3 软土层换填

换填土层主要用于处理路基工程中浅层软基,如淤泥、淤泥质土、松散素填土、杂填土等低洼区域填筑,高填方路基、挡土墙、涵洞地基处理等。

1. 开挖换填

开挖换填适用于软土或泥岩层厚度小于 3m 的情况,如图 6-4a)所示;若软土或泥岩层的厚度大于 3m,只挖除一部分再进行换填,如图 6-4b)所示。换填料应选用砂、砾(卵)石、片石等水稳性和透水性好、强度较大的材料。

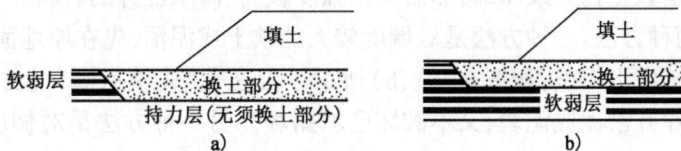

图 6-4 开挖换填示意图

163

开挖时应根据开挖深度与土的抗剪强度确定合理的边坡坡度,开挖时用水泵排水,防止因边坡坍塌破坏而增加不必要的挖方量。回填时应分层填筑、压实,并随挖随填。

2. 抛石挤淤

抛石挤淤是指直接将换填材料铺在软土地基表层,然后借助换填材料的自重或利用其他外力,如压载、振动、爆破、强夯或卸载(及时挖出换填体周边外的淤泥)等,使软弱层遭受破坏后被强制挤出而进行的换填处理。此方法适用于常年厚度在 3m 以内的流动性大、表层无硬壳的大面积流塑状淤泥地基。

抛投片石的大小,根据泥炭或软土的稠度而定,厚度或直径不宜小于 30cm。抛投时,应先从路堤中部开始,由中部向前突进后,再次向两侧扩展,以使淤泥从两旁挤出,如图 6-5 所示。当软土或泥沼底面有较大横坡时,抛石应从高的一侧向低的一侧抛石扩展,并在低的一侧多抛填一些。抛填片石后,应用较小的石块填塞垫平,并碾压密实。在其上铺设反滤层,然后填土,如图 6-6 所示。

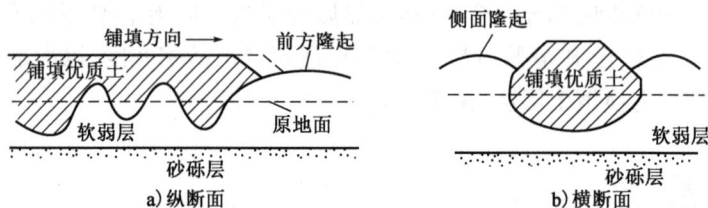

图 6-5　抛石挤淤示意图

图 6-6　抛石挤淤施工

3. 爆破排淤

爆破排淤适用于淤泥(或泥炭)层较厚、稠度较大,路堤较高和工期紧的情况。爆破排淤也是换土的一种方法,该方法与一般方法比,换填深度大、工效高。其基本原理为利用炸药爆炸时的张力作用,使软土扬弃或压缩,然后填以强度较高、渗水性好的材料。

爆破排淤有两种方法:一种方法是对稠度较大的软土或泥沼,先在原地面上填筑低于极限高度的路堤,再在基底下爆破,如图 6-7a)、b)所示。但这种"先填后爆"的方法要求严格控制炸药量,做到既能炸开淤泥或泥炭,又不破坏已填路堤。另一种方法是对稠度较小的软土,可用"先爆后填"的方法,见图 6-7c)、d)。采用这种方法要先准备足够的回填料,爆破后立即回填,保证随爆随填,填满再爆,爆后即填,以免回淤,造成浪费。

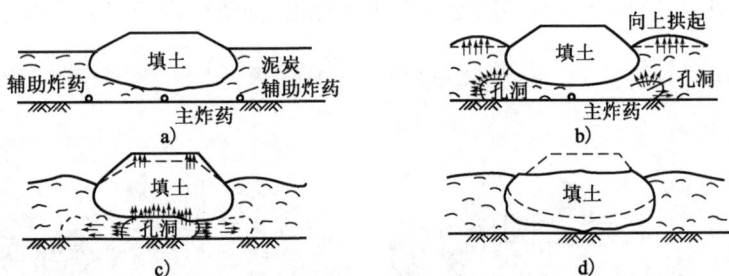

图 6-7　爆破排淤示意图

二、表层处理法

表层处理包括砂垫层、反压护道、土工聚合物处治等方法。

1. 砂垫层

砂垫层的基本原理是通过在软土层顶面铺设砂垫层，以增加排水面，主要起浅层水平排水的作用，使软土地基在填土荷载的作用下加速排水固结，提高强度，满足稳定性要求，如图 6-8 所示。

砂垫层的厚度依据路堤高度、软土层的厚度及压缩性而定，一般为 0.6～1.0m；砂垫层的宽度应宽出路基边脚 0.5～1.0m，两侧宜用片石护砌或采用其他方式防护，以免砂料流失。

砂垫层适用于以下情况：软土表面无硬壳；软土层不很厚或虽稍厚但具备排水条件；当地有砂，运距不太远；施工期限不十分紧迫等。砂垫层铺设的特点是施工简便，不需要特殊机具设备，占地较少。

1）砂垫层施工流程

砂垫层的施工工艺流程，如图 6-9 所示。

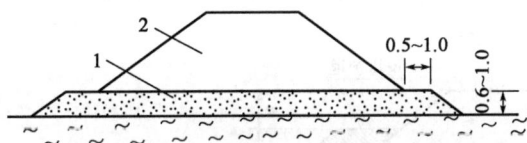

图 6-8　砂垫层的断面（尺寸单位：m）
1-砂垫层；2-填土

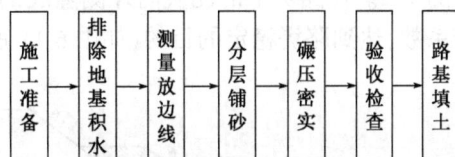

图 6-9　砂垫层施工工艺流程

2）砂垫层施工注意事项

（1）砂垫层宜选用颗粒级配良好、质地坚硬的中、粗砂，不得掺有细砂及粉砂，含泥量不得大于 5%；也可采用天然级配砂砾，其最大粒径应小于 50mm，砾石强度不低于Ⅳ级。

（2）砂垫层施工中，当地基表面无硬壳层承载，运输机械不能在上面行走施工时，一般采用顺序摊铺法；当地基表面很软时，可在地基表面铺荆笆（或塑料编织网、尼龙编织网、土工聚合物等），在荆笆上再铺设砂垫层，见图 6-10。

（3）砂垫层应分层摊铺、分层压实，碾压到规定的压实度。在路堤填筑过程中随时掌握地基的变形情况，借以判断地基是否稳定，控制填土速度。根据经验，水平位移量应控制在每天不超过 1cm，垂直位移量每天不超过 1.5cm，地基便可保持稳定。

（4）砂垫层分段施工时，接头应做成斜坡，每层错开 0.5～1.0m，并充分压实。

（5）施工结束后,应检查砂石垫层是否有排水通道,使垫层内的水能排出路基外侧。

图 6-10　砂垫层施工

2. 反压护道

反压护道是指为防止软弱地基产生剪切、滑移,对积水路段和填土高度超过临界高度的路段,在路堤一侧或两侧填筑起反压作用的具有一定宽度和厚度的土体,其高度不宜超过路堤高度的1/2。使路堤下的泥炭向外侧隆起的趋势得到平衡,以提高路堤在施工中的滑动破坏安全系数,达到路堤稳定的目的,如图 6-11 所示。

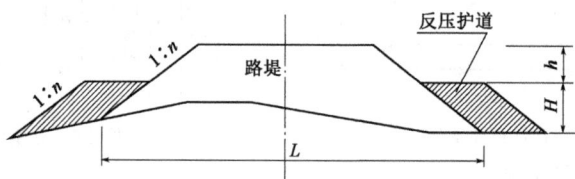

图 6-11　反压护道的断面

反压护道适用于路堤高度不大于 1.5～2 倍的极限高度,非耕作区和取土不太困难的地区。多用在施工过程中已经明显出现不稳定的填方或发生了滑坍破坏填方时,作为应急措施和修复措施,见图 6-12。

反压护道加固地基,不需特殊的机具设备和材料,施工简易方便;但占地多,用土量大,后期沉降大,后期养护工作量也大。

反压护道的施工要点如下:

（1）按一次全宽施工,将铺砂垫层与反压护道视为一体,整体分层摊铺压实,以提高两者的整体性,最后填筑路堤填料。

（2）反压护道填料一般和路堤使用同一种填筑材料。

图 6-12　反压护道施工

（3）两侧的反压护道应与路堤同时填,反压护道压实度应达到 90%。

（4）当软土层或泥沼层较薄,且其下卧硬层具有明显的横向坡度时,应采用两侧不同宽的反压护道,横坡下方的护道应比上方护道宽一些。

3. 土工聚合物处治

土工聚合物处治属于加筋法的一种。土的加筋是指在路堤中铺设加筋材料（图 6-13）,由筋体和土共同组成复合地基,筋体承受拉应力,筋间土承受压应力及剪应力,使土体与筋体都能较好地发挥各自的作用;形成可以抗压、抗拉、抗剪、抗弯的复合土体,以提高地基的承载力,减小沉降,增加稳定性。

图 6-13　土工聚合物的处治

加筋材料主要有土工布和土工格栅等。

（1）土工布。又称为土工织物,它是由合成纤维通过针刺或编织而成的透水性土工合成材料,一般宽度为 4 ~ 6m,长度为 50 ~ 100m,见图 6-14。土工布分为有纺土工布和无纺长丝土工布。其特点是:强度高、耐腐蚀、透水性好、施工方便。

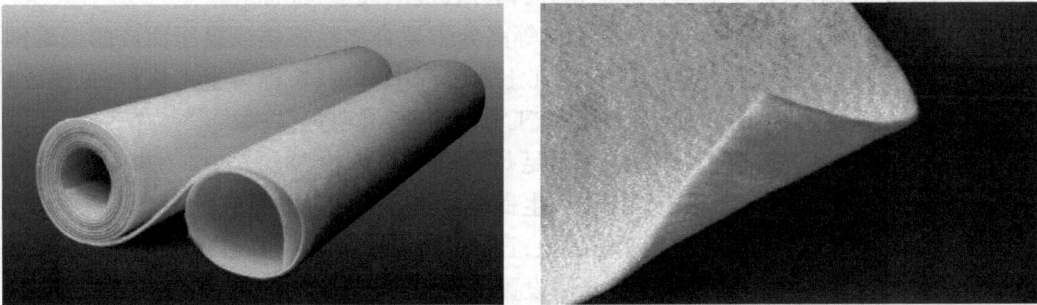

图 6-14　土工布

土工布铺设于路堤底部,其在软土地基加固中的作用有排水、隔离、反滤、应力分散和加筋补强,如图 6-15 所示。

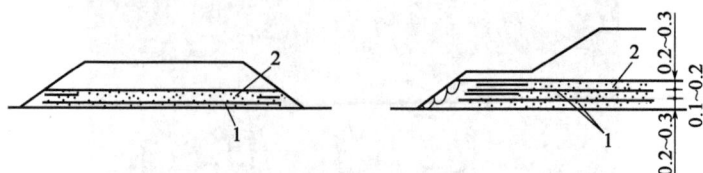

图 6-15　土工布加固路堤(尺寸单位:m)
1-土工布;2-砂垫层

当铺设两层以上土工布时,中间要夹 0.1 ~ 0.2m 的砂层,以提高基底的透水性。土工布的铺设需满足锚固搭接长度的要求,注意保持土工布的平整和张拉程度,以及端头的位置和锚固,以保证其整体性,如图 6-16 所示。

图 6-16　土工布的铺设

土工布铺设的工艺要求:

①检查下承层是否平整、坚实,如有异物,应妥善处理。

②确定土工布尺寸,裁剪后予以试铺,裁剪尺寸应准确。

③用人工滚铺,布面要平整,并适当留有变形余量。

④土工布应在路堤每边各留一定长度,回折覆裹在已压实的填筑层面上,折回外露部分用土覆盖。

⑤土工布的连接,采用搭接时,搭接长度宜为 300 ~ 600mm;采用缝接时,缝接宽度应不小于 50mm;采用黏结时,黏合宽度应不小于 50mm。

⑥施工中应采取措施防止土工布受损,出现破损时应及时修补或更换。

⑦双层土工合成材料上、下层接缝应错开,错开长度应大于 500mm。

(2)土工格栅。它是用聚丙烯、聚氯乙烯等高分子聚合物经热塑或模压而成的二维网格状或具有一定高度的三维立体网格屏栅,当在土木工程中使用时,称为土工格栅,见图 6-17。其特点是:强度大、变形小;耐腐蚀、寿命长;施工方便快捷,周期短、成本低。

使用土工格栅的路堤,其路堤填料应满足《公路路基设计规范》(JTG D30—2015)的要求,并且应当选择易于压实、能与土工格栅产生良好摩擦的土质。土工格栅施工见图 6-18。

土工聚合物不宜直接设置于原地基表面上,宜在原地表设置 30 ~ 50cm 厚的砂垫层或其他透水性较好的均质土后再铺设土工格栅;对于需设置多层土工格栅加筋的路堤,各层之间的间距不宜小于一层填土的最小压实厚度,且不宜大于 60cm,土工格栅的最小铺设长度不宜小于 2m。

图 6-17　土工格栅

图 6-18　土工格栅施工

　　铺设不允许有褶皱,应用人工拉紧,必要时可采取插钉等措施固定。铺设表面应平整,表面严禁有碎块石等坚硬突出物。土工聚合物摊铺好后应立即用土料填盖。目前大部分土工聚合物由合成化工原料制成,这种材料受阳光等紫外线照射易于老化,因此铺好后的土工聚合物在两天内应进行覆盖;若无紫外线照射,则可适当延迟覆盖时间。

三、排水固结法

　　排水固结法是在地基中设置砂井、袋装砂井及塑料排水板等竖向排水体,增加土层竖向排水途径,缩短排水距离。利用路基分层填筑,逐步加载,使土体中的孔隙水排出,加速地基固结,提高强度。此法适用于沼泽土、淤泥及淤泥质土、水力冲积土等。

　　排水固结由两大部分组成,即排水系统和加载系统,见图 6-19。

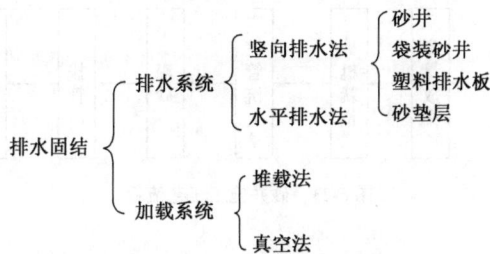

图 6-19　排水固结法的组成

1. 砂井排水

砂井又称排水砂井,是在软土地基中按一定规格排列成梅花形或正方形(图6-20),用中粗砂灌注的圆形砂柱。柱顶铺设砂垫层或砂沟将各个砂井连接起来,构成完整的地基排水系统,如图6-21所示。

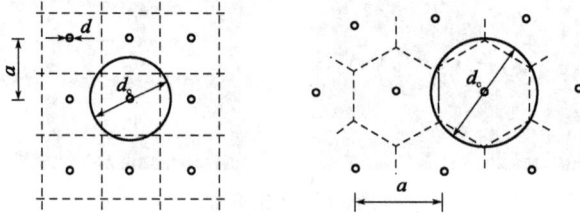

图6-20 砂井的平面布置

砂井直径 $d = 20 \sim 30\text{cm}$,砂井间距 a 为砂井直径的 $8 \sim 10$ 倍,通常用 $2 \sim 4\text{m}$。当填土高,地基土的固结系数小且工期短时,应采用较小井距;反之,可采用较大井距。砂井的深度应根据软土层厚度和路堤高度确定。砂井适用于路堤高度大于极限高度,软土层厚度大于 5m 的情况。

砂井是通过在履带起重机的吊臂上安装一个导向架,以锤击桩管或用振动锤夹住桩管施以振动力,把桩管打入地基中,将砂投入套管内,以 $4 \sim 6\text{m/min}$ 的速度拔管,套管全部拔出,砂井形成,如图6-22所示。

图6-21 砂井的横断面布置

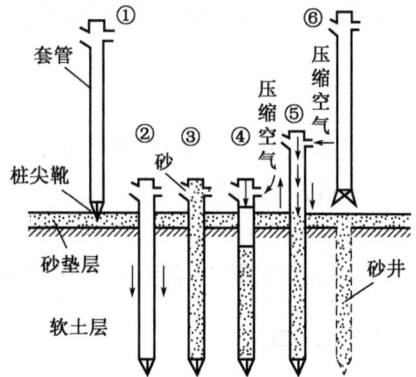

图6-22 砂井成形示意图

1)砂井施工工艺流程

砂井的施工工艺流程,如图6-23所示。

图6-23 砂井施工工艺流程

2)砂井施工注意事项

(1)砂井所用砂宜为中、粗砂,其含泥量不大于3%。砂井的灌砂量应按井孔的体积和砂在中密状态时的干密度计算,其实际灌砂量(不包括水重)不得少于计算量的90%。

（2）砂井施工前,应进行场地的清理和整平,使场地范围内没有树枝、草木等植物根系,填平低洼地和进行场地的平整。

（3）为了保证砂井内渗出的水能够及时排出,在砂井顶部应铺设厚为0.3～0.5m的砂垫层。当缺乏砂砾时,也可采用砂沟式垫层,即在横向每排砂井的顶部设置一条砂沟,砂沟的宽度可为砂井直径的2倍,高度为0.4～0.5m。

2. 袋装砂井排水

袋装砂井排水的基本原理与砂井排水基本相同,但此法是先将砂装入透水性良好的土工织物编织成的细长袋子内,再用打桩机将其沉入软土地基中,形成排水砂柱,以加速软土排水固结,如图6-24所示。

图6-24　袋装砂井

袋装砂井的直径宜为7～12cm,间距一般为1.0～2.0m,平面布置多采用三角形。该方法将砂井的间距缩小了,加快了排水固结时间;直径缩小,减少了用砂量;同时,这种砂袋具有较大的拉伸强度,受荷后能随地基变形,避免了砂桩因断桩而排水的缺点,它既具有大直径砂井的作用,又可保证砂井的连续性,避免发生"缩颈"现象。

1）袋装砂井施工流程

袋装砂井的施工工艺流程,如图6-25、图6-26所示。

图6-25　袋装砂井施工工艺流程

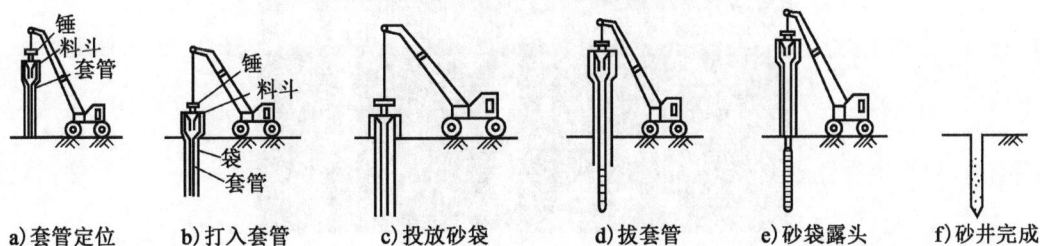

a)套管定位　b)打入套管　c)投放砂袋　d)拔套管　e)砂袋露头　f)砂井完成

图6-26　袋装砂井施工示意图

2）袋装砂井施工要点

（1）整平场地后，视软土地基情况，铺设 20～30cm 的砂垫层，用压路机稳压 3～4 遍。

（2）采用全站仪和皮尺确定砂井轴线位置，并撒石灰线放样，然后用卷尺确定桩的位置。

（3）预制砂袋时，将袋口固定在装砂用的漏斗上，通过振动将砂填满袋子，卸下砂袋，把袋口扎好，见图 6-27。宜采用渗水率较高的中、粗砂，粒径大于 0.5mm 的砂的含量宜占总重的 50% 以下，含泥量不应大于 3%。

（4）桩管垂直定位后，将带有开闭底盖的套管或带有预制桩尖的套管按井孔定位打到设计深度。

（5）将预制好的砂袋投入套管中，沉入到要求的深度，见图 6-28。如不能沉至设计深度，会有一部分拖留在地面，此时需作排泥处理，直至砂袋能沉到预定深度。

图 6-27　预制砂袋

图 6-28　投放砂袋

（6）然后一边把压缩空气送进套管，一边提升套管至地面。

（7）施工结束后，砂袋顶端应露出地面至少 0.3m，埋入砂垫层。

3. 塑料板排水

塑料排水板又称为塑料排水带，中间是挤出成型的芯板，是排水带的骨架和通道，其断面呈并联十字，两面以土工织物包裹作滤层，芯带起支撑作用并将滤层渗进来的水向上排出。塑料排水板是淤泥、淤质土、冲填土等饱和黏性及杂填土运用排水固结法进行软基处理的良好垂直通道，可大大缩短软土固结时间，如图 6-29 所示。

图 6-29　塑料排水板加固土基

塑料排水板芯板,有波浪形、口琴形等多种断面形状,其断面尺寸为宽10cm、厚4mm。为便于施工和运输塑料排水板,通常采用卷筒状,200m/卷,卷筒直径0.8～1.3m,高度0.1m,如图6-30所示。

图6-30 塑料排水板结构

1)塑料排水板施工流程

塑料排水板的施工工艺流程,如图6-31所示。

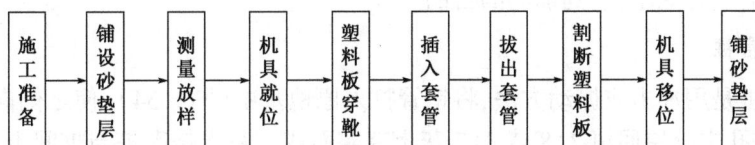

图6-31 塑料排水板施工工艺流程

2)塑料排水板施工要点

(1)塑料排水板施工前,要对软基进行预先处理,其处理方法与袋装砂井相同。

(2)放样时要根据情况准确定位。

(3)塑料排水板由卷筒通过井架上部的滑轮插入套管,将靴头套在空心套管端部,固定塑料排水板,使其在下沉过程中能阻止泥沙进入套管,见图6-32。

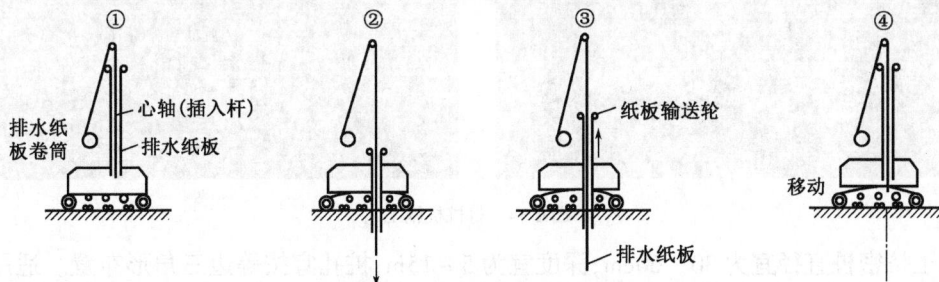

图6-32 塑料排水板施工示意图
①-机具定位;②-塑料板插入套管;③-拔出套管;④-割断塑料排水板

(4)用芯轴的输送轮带夹住塑料排水板,一起垂直压入地下,不得使透水滤套被撕破和污染。

(5)芯轴到达预定深度后,输送轮轴反转,将芯轴上拔,将塑料排水板留在土中,然后用自动刀具将塑料排水板切断,但应保证塑料排水板顶端露出地面至少0.5m,埋入砂垫层,使其与砂垫层贯通,如图6-33所示。

图 6-33　塑料排水板施工

四、挤密法

挤密法是指在桩孔中灌以砂、石、土、灰土或石灰等材料,将其捣实,形成直径较大的桩体,利用横向挤紧作用,使地基土粒彼此靠紧,孔隙减少。孔隙被填满和压紧,形成桩体。桩体具有较高的承载能力,群桩的面积约占松散土加固面积的20%,使得处理后的地基变成由桩和原土共同受力的复合地基,达到加固的目的。

1. 灰土挤密桩

灰土挤密桩是用冲击或振动方法,将钢管打入原地基中(图6-34),使之侧向挤密成孔,将管拔出后,在桩孔中分层回填2:8或3:7灰土夯实而成。灰土挤密桩与桩间土共同组成复合地基,以承受上部荷载。

图 6-34　打桩机施工

灰土挤密桩直径宜为30~60cm,深度宜为5~15m,桩孔宜按等边三角形布置。适用于处理加固地下水水位以上的湿陷性黄土、素填土、杂填土以及含水率较大的软弱地基。

1)灰土挤密桩施工工艺流程

灰土挤密桩的施工工艺流程,如图6-35所示。

2)灰土挤密桩施工注意事项

(1)施工前应在现场进行成孔、夯填工艺和挤密效果试验,以确定分层填料厚度、夯击次数和夯实后干密度等要求。

（2）成孔施工时，地基土宜接近最佳含水率。灰土桩的成孔方法有沉管法（图6-36）、冲击或爆破等，应按设计要求和现场条件选用。

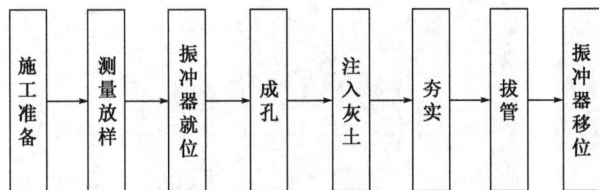

图6-35　灰土挤密桩施工工艺流程

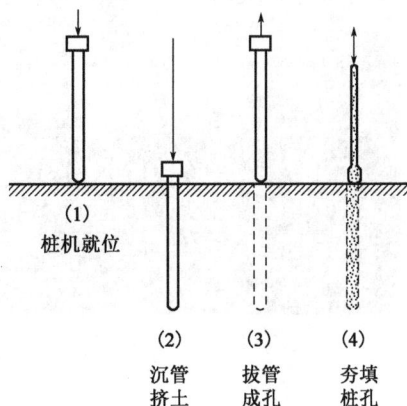

（1）
桩机就位

（2）　　（3）　　（4）
沉管　　拔管　　夯填
挤土　　成孔　　桩孔

图6-36　灰土挤密桩施工

（3）灰土应在最佳含水率状态下分层回填夯实，每次回填厚度为30~40cm。

（4）成孔和回填夯实的施工顺序，应先外排后里排，同排内应间隔1~2孔进行，以免振动挤压造成相邻孔缩孔或塌孔。

2. 碎石挤密桩

碎石挤密桩是指用振动、冲击或水冲等方式在软弱地基中成孔后，再将碎石或砂挤压入孔中，形成大直径的碎石或砂所构成的密实桩体，如图6-37所示。适用于砂土、粉土、素填土和杂填土的地基。

碎石挤密桩桩径为30~80cm，桩间距应通过试验确定，一般为桩径的1.8~4.0倍；桩长应根据加固土层的厚度确定，桩长一般不宜小于4m；桩位宜采用正方形、矩形或等边三角形布置。

1）碎石挤密桩施工工艺流程

碎石挤密桩的施工工艺流程，如图6-38所示。

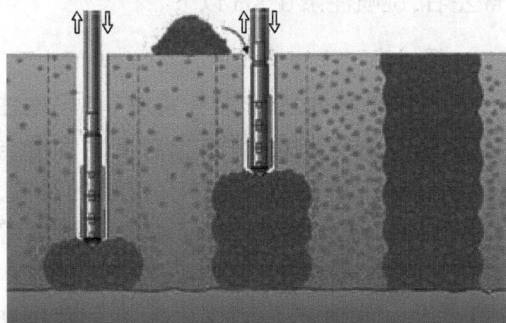

图6-37　碎石挤密桩

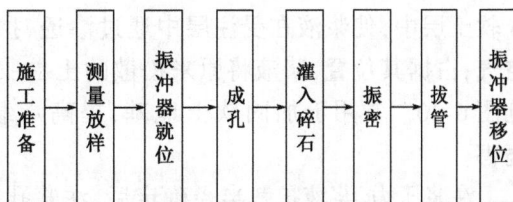

图6-38　碎石挤密桩施工工艺流程

2）碎石挤密桩施工技术要点

（1）碎石挤密桩施工前应进行挤密试验，桩数宜为7~9根。

（2）按桩位图准确放出桩的位置并编号，安装好打桩机械。

（3）开动振动器，通过振动将套管下沉至设计深度，见图6-39。

图 6-39　碎石挤密桩施工

(4)将料斗插入套管,向管内灌一定量的碎石;再将套管提升到规定的高度,套管内的碎石被压缩空气从套管中压出。

(5)再将套管沉到规定的深度,并加以振动,使排出的碎石振密,由此碎石再一次挤压周围土体。

(6)再一次向套管灌一定量的碎石,并把套管提升到一定高度。碎石应符合级配要求,粒径为 20~40mm,含泥量应小于 10%。

(7)将(4)~(6)工序重复多次,直到成桩。

(8)待全部或一段碎石桩施工完毕并检验合格后,清理现场。然后填筑碎石垫层,铺单向排水土工布(或防渗土工布),填筑路堤。

五、化学加固法

化学加固法又称为胶结法,是指利用化学溶液或胶结剂,采用压力灌注或搅拌混合等措施,使土颗粒胶结起来,达到对土基加固的目的。加固效果取决于土的性质和所用化学剂,亦与施工工艺有关。化学加固的施工方法有压力注浆法和深层搅拌法。

注浆的有效深度视其方法而异:压力注浆为 6m 左右,旋喷注浆在 8m 以下。

1. 压力注浆法

压力注浆法是利用液压或气压把凝固的浆液(水泥浆液或水泥粉煤灰浆液)均匀地注入软土层中,使浆液在受注层中通过渗透、扩散、充填和挤密等方式,排挤土粒间的水分与空气,占据其位置,浆液将原来松散的土粒胶结成一个整体,从而达到加固受注层的目的,见图 6-40。常用于加固软土地基,提高承载力;还可用以防护坡面、沿河堤岸和滑坡等病害。

注浆压力、浆液扩散半径确定后,注浆孔距取值范围也就确定了,注浆孔距取值范围在 $r \leq L \leq 2r$ 之间。注浆排列方式分为两种:一种为矩形排列,即前排孔与后排孔渗水方向上平行;另一种为三角形排列,即前排孔的位置与后排孔的位置沿渗水方向错开 1/2 的孔距,平面上呈梅花状。

1)压力注浆施工工艺流程

压力注浆的施工工艺流程,如图 6-41 所示。

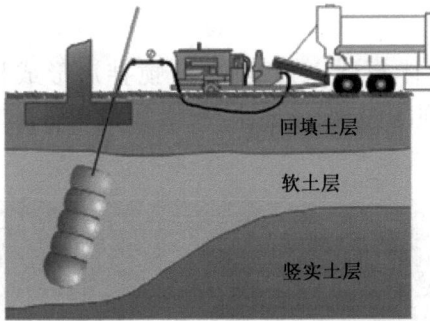

图 6-40 压力注浆法

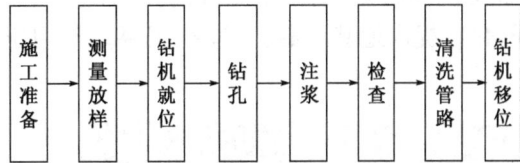

图 6-41 压力注浆施工工艺流程

2）压力注浆材料要求

（1）生石灰粒径应小于 2.36mm，无杂质，氧化镁和氧化钙总量应不小于 85%，其中氧化钙含量应不小于 80%。

（2）粉煤灰中二氧化硅和三氧化二铝含量应大于 70%，烧失量应小于 10%。

（3）宜用普通水泥或矿渣水泥。

（4）水泥浆液或水泥粉煤灰浆液宜采用水灰比 0.8:1～1:1，水泥粉煤灰浆液中粉煤灰的含量可占固相比的 0～30%。

3）压力注浆施工注意事项

（1）制备好的浆液不得离析，不得停置时间过长。停置超过 2h 的浆液应降低等级使用。浆液应拌和均匀，不得有结块。供浆应连续。

（2）注浆施工中，宜先注入少量水灰比在 4:1～1:1 之间的稀浆，后注入水灰比为 0.8:1～1:1 的稠浆，当地下砂砾层孔隙较大时，水灰比可提高到 0.5:1～1:1。

（3）开始注浆前，必须进行成桩试验，桩数不宜少于 5 根。应取得满足设计喷入量的各种技术参数，如钻进速度、提升速度、搅拌速度、喷气压力、单位时间喷入量等，如图 6-42 所示。

图 6-42 压力注浆施工

（4）在注浆过程中，当地面隆起或地面有跑浆现象时，应停止注浆，分析其原因，对下一段宜减量注浆，并检查封孔装置、注浆设备等，如调整后仍未改变，应结束该孔注浆施工。

2.深层搅拌法

深层搅拌法是利用粉喷机,将水泥、石灰等粉体与软土强制搅拌,搅拌后形成桩体(图6-43),提高地基承载力,减少沉降。常用于加固淤泥、淤泥质土、粉土和含水率高的黏性土。

图6-43 粉喷桩体

粉喷桩的加固深度取决于施工机械的功率,加固深度一般为 26 ~ 27m。粉喷桩的直径是按粉喷钻机确定的,钻孔直径为 0.5m,桩间距为 1.0 ~ 1.5m。

1)粉喷桩施工工艺流程

粉喷桩的施工工艺流程,如图6-44、图6-45所示。

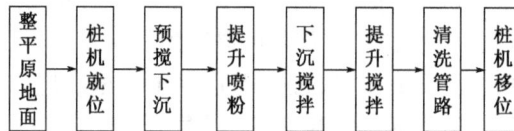

图6-44 粉喷桩施工工艺流程

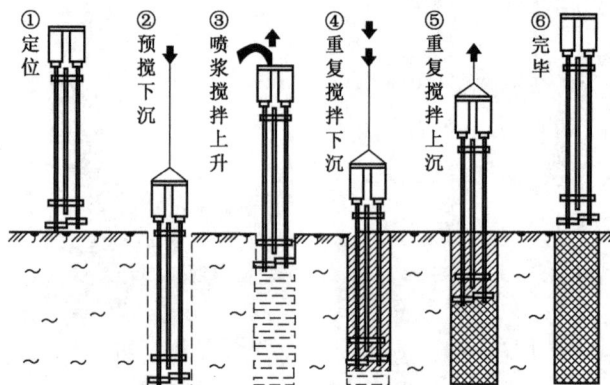

图6-45 粉喷桩施工示意图

2)粉喷桩的施工要点

(1)施工中桩机钻到设计孔深时,关闭送气阀门,喷送加固粉料,见图6-46。

（2）整个制桩过程中要边喷粉、边提升连续作业，若出现断粉，应及时补喷，补喷重叠长度不小于0.5m。

（3）提升到设计桩顶高程时，停止喷粉，打开送气阀，关闭送料阀，但空压机不能停机，搅拌钻头提升到桩顶时停止提升，在原位转动2min，以保证桩头密实。

（4）钻头在钻到设计桩底后，边提升边进行二次搅拌。

（5）搅拌结束后，将搅拌机钻头提到地面，清洗管路。

图6-46 粉喷桩施工图

工程应用

【例4-1】 某二级公路位于平原区，路基宽度为10m，采用沥青混凝土路面，其中K4+460～K3+550段位于水田路段。路堤的填筑高度为5～6m，填料为砂性土。该路堤的软土地基处理方案如图6-47所示，土工格栅铺设在路床范围之内。塑料排水板采用SPB-1型，平面间距为1.5m，呈梅花状布设，板底深至基岩面处，板顶伸入砂垫层50cm。

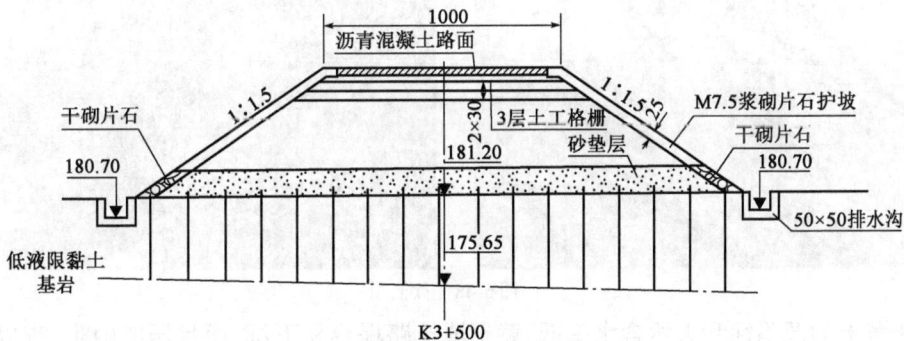

图6-47 软土地基处理方案（尺寸单位：cm；高程单位：m）

施工单位制订的塑料排水板及砂垫层的施工工艺流程为：整平原地面→铺设下层砂垫层→机具就位→插入套管→塑料排水板穿靴→拔出套管→割断塑料排水板→机具移位→A。其中塑料排水板采用插板机打入。

【问题】

（1）改正塑料排水板施工工艺流程中的排序错误，并写出工艺A的名称。

（2）写出图6-47中低液限黏土中水排至路堤外的主要路径。

【答案】

（1）正确的排序是：应先"塑料排水板穿靴"，再"插入套管"；A 为"摊铺上层砂垫层"。

（2）低液限黏土中的水先沿塑料排水板从下至上排到砂垫层，再由砂垫层和干砌片石横向排到两侧排水沟。

任务二　黄土地区路基施工

学习目标

（1）知道黄土路基的特点及工程危害。

（2）熟悉黄土路基的处治方案及适用条件。

（3）能在现场组织黄土路基处治施工作业。

任务描述

（1）教师准备黄土路基实例、图片、多媒体资源等。

（2）本任务要求学生针对具体的黄土路基实例，能够提出切实可行的处治方案，编制出相应的施工工艺流程和施工注意事项。

相关知识

黄土是指在地质时代中的第四纪期间，以风力搬运的黄色粉土沉积物。黄土具有多孔性，孔隙率为 35% ~60%，颗粒组成以粉粒（0.005~0.075mm）为主，其含量可达 50% 以上。天然状态下其含水率低，遇水易崩解，表层多具有湿陷性，易形成陷穴，见图 6-48。

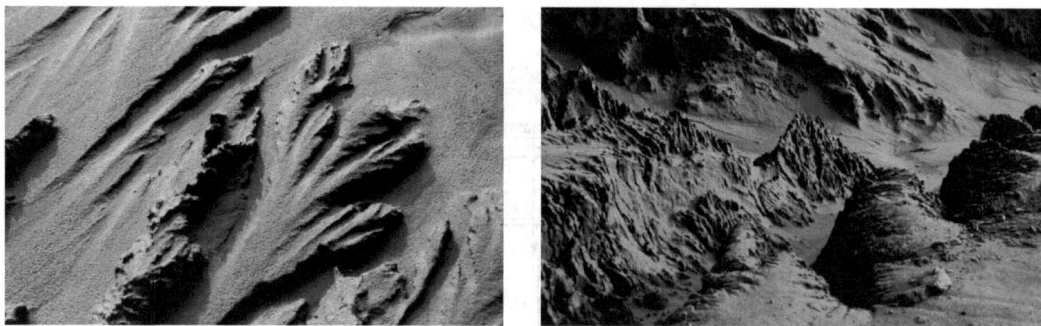

图 6-48　黄土

由于黄土的湿陷性和天然含水率低，黄土填筑路堤容易下沉，而且压实困难，难以达到要求的压实度；黄土路堑边坡容易产生变形，常见的变形有剥落、冲蚀、溜坍和崩塌。应根据施工路段的黄土类型和特点，正确选择处治方法。

黄土地区路基施工见**视频 6.2**。

一、黄土地区路堤施工

黄土透水性差，干燥时坚硬；浸水后强度急剧下降，不易干燥。过湿时易形成弹簧土，还会产生收缩开裂的现象。黄土地区路基施工，应做好施工期排水，将水迅速引离路基。在填挖交界处引出边沟时，应做好出水口的加固，排水设施接缝处应坚固不渗漏。

1. 黄土路基基底处理

黄土地区路基基底应按以下规定处理：

(1)若基底为非湿陷性黄土,且无地下水,则可按普通土质路堤施工进行基底处理。

(2)若基底为一般湿陷性黄土,应采取措施拦截、排除地表水,并防止地表水下渗。对地下排水构造物与地面排水沟渠,必须采取防渗措施,路侧严禁积水。

(3)若基底黄土具有强湿陷性或较高的压缩性,应在填筑前进行碾压或采用强夯、石灰桩挤密和换填土等加固处理。

2. 黄土填筑路堤

黄土填筑路堤应符合下列规定：

(1)路床填料不得使用老黄土。路堤填料不得含有粒径大于100mm的土块。

(2)将路基土运到现场后应及时摊铺,见图6-49。摊铺厚度控制在25～30cm。现场土含水率应低于最佳含水率的1%～2%。

(3)为防止和减少水的蒸发,对上路的土要及时碾压。随上随摊铺,并及时碾压;对洒水后达到最佳含水率的土也要及时进行碾压。

(4)在多雨季节要注意防雨和排水;摊铺时要做成2%～4%的路拱,以防雨天积水;当水分过大出现弹簧现象时,应换填砂砾或撒石灰处理。

(5)应选用大吨位(18t以上)的压路机进行碾压,见图6-50,这样既可以减少用水量,也可以达到要求的密实度。

图6-49　黄土路堤摊铺平整

图6-50　黄土路堤压实

(6)施工中路堤两侧宽填尺寸应不小于50cm,以保证路基的整体压实度达标。同时,尽可能增加光轮压路机在边缘的压实遍数。

(7)在填筑横跨沟堑的路基土方时,应做好纵横向界面的处理。

(8)对黄土路堤边坡应拍实,并应及时予以防护,防止路表水冲刷。

(9)浸水路堤不得用黄土填筑。

二、黄土地区路堑施工

黄土路堑的施工宜安排在旱季。施工前应做好路堑坡顶截、排水和地面排水设施,应采取有效措施防止地表和地下水流入施工开挖区域软化地基、浸泡边坡,开挖作业面应保持干燥。在降雨量较大的地区应及早做好边坡防护和冲刷防护。

黄土路堑开挖应采用多种施工方法,配合土石方机械快速施工,如图6-51所示。黄土路堑开挖除采用一般路堑开挖的施工方法外,应特别注意以下事项。

图6-51 黄土路堑开挖施工

1)黄土路堑边坡开挖

(1)黄土路堑边坡,应严格按设计坡度开挖,如设计为陡坡时,施工中不得放缓,以免引起边坡冲刷。

(2)黄土路堑边坡受各种因素的影响,容易产生变形,因此,施工中应采取措施进行边坡的防护加固。

(3)在路堑施工中,若边坡地质与设计不相符,则可提出修改边坡的坡度。

(4)黄土路堑开挖确需在雨季施工时,应集中力量快速施工,工作面应随时保持大于4%的坡度,横向排水沟距路堑边坡不小于2m。

2)黄土路堑的路床

(1)黄土路堑施工,当挖到接近设计高程时,应对上路床部分的土基整体强度和压实度进行检测。

(2)若路堑路床土质不符合设计规定时,则应将其挖除,另行取土分层摊铺、碾压至规定的压实度。路床挖除厚度根据道路等级对路床的要求而定,高速公路、一级公路宜挖除50cm,其他公路可挖除30cm。

(3)若路堑路床密实度不足时,土质符合设计规定,则视其含水率情况,经洒水或翻松晾晒至要求的含水率再行碾压至要求的压实度。

3)黄土路堑的排水

(1)路堑开挖前应做好堑顶截水沟,确保路堑开挖过程中场地不积水。

(2)路堑顶为土质或含有软弱夹层时,应及时铺砌截水沟或采取其他防渗措施,其排水口应引入自然沟或排水构造物。

(3)在路堑开挖中,如发现路堑或边坡有地下水渗流时,应根据渗流的位置、流量的大小采取设置渗沟、渗井、排水沟等措施,降低地下水水位或将地下水引出。

三、黄土陷穴的处理措施

黄土陷穴是黄土地区一个典型的工程地质问题,产生的原因是由于黄土的湿陷性经水的冲蚀和溶蚀以及地下水潜能作用,形成暗沟、暗洞、暗穴等,这些统称陷穴。黄土陷穴分布很广,常呈串珠状,见图6-52。

在地形起伏多变、地表径流容易汇集的地方,在土质松软、垂直节理较多的新黄土中,最容易形成陷穴。黄土陷穴常常能引起路基下沉、开裂等病害;有时由于黄土陷穴的存在,使水大量灌入路基和边坡,从而导致路基溃爬(即液化)和边坡坍滑。特别是地下暗穴,由于不易被人发现,时常在路基修建后,导致突然发生坍塌事故等。故在黄土地区进行路基施工,必须对这些问题进行调查研究和分析论证,确保路基施工质量和安全使用。

图6-52　黄土陷穴

黄土陷穴的处理措施主要包括以下几项内容。

(1)路基范围内的陷穴,应在其发源地点对陷穴进口进行封填,并截排周围地表水。

(2)对现有的陷穴、暗穴,可采取灌砂、灌浆、开挖回填、导洞和竖井等措施进行填充。具体应满足以下要求:

①灌砂法。其适用小而直的陷穴,以干砂灌实整个洞穴。

②灌浆法。其适用于洞身不大,但洞壁起伏曲折较大,并离路基中线较远的小陷穴,施工时先将陷穴出口用草袋装土堵塞,再在陷穴顶部每隔4~5m打钻孔作为灌浆孔,待灌好的土凝固收缩后,再在各孔作补充灌浆,一般需重复2~3次,有时为了封闭水道也可灌水泥砂浆。

③开挖回填夯实。其适用于各种形状的陷穴。

④导洞和竖井。其适用于较大、较深的洞穴。由洞内向外逐步回填夯实,在回填前,应将穴内虚土和杂物彻底清除干净。当接近地面0.5m时,应用老黄土或新黄土加10%的石灰拌匀回填夯实。

(3)处理好的陷穴,其土层表面均应用石灰土(石灰与土的配比为3:7)填筑夯实或铺填透水材料加以改善,石灰土厚度不宜小于30cm;并将流向陷穴附近地面的水引离,防止形成地表积水或水流集中产生冲刷。

(4)对路堑坡顶以外50m范围内、路堤坡脚以外20m范围内的黄土陷穴宜进行处理;挖方边坡顶以外的陷穴,若倾向路基,也应对其做适当处理;对串珠状陷穴应彻底进行处理。

任务三　盐渍土地区路基施工

🔖 学习目标

(1)知道盐渍土路基的工程特性。

(2)熟悉盐渍土路基的工程危害及处治措施。

(3)能在现场组织盐渍土路基处治施工作业。

任务描述

（1）教师准备盐渍土路基实例、图片、多媒体资源等。

（2）本任务要求学生针对具体的盐渍土路基实例，能够提出处治方案。

相关知识

盐渍土是指地表以下1m深的土层内易溶盐含量大于0.3%的土地，见图6-53。盐渍土浸水后，土中盐分溶解、流失等导致地基出现湿陷、洞穴等情况，从而引起路基出现沉降，甚至坍陷等破坏现象。盐渍土的松胀性和膨胀性还会引起路基的不均匀沉降、路肩及边坡土体变松等路基失稳现象。用盐渍土作为填料填筑路堤会因冻胀而造成路基翻浆和由雨水冲刷而引起边坡失稳，从而导致路基破坏，如图6-54所示。

图6-53　盐渍土

图6-54　盐渍土路基病害

用盐渍土作路基填料，其含盐量应在容许范围之内。应保证路基排水系统排水通畅，以避免路基附近出现积水现象。路基应有足够的高度，以避免冻胀、翻浆和再盐渍化。如路基高度不能保证，则应采取毛细水隔断层以隔断毛细水，或采取降低地下水水位等措施。为保证路基稳定和有效宽度，必要时还可采取加宽路基、放缓边坡、加固路肩及边坡等措施。

盐渍土地区路基施工见**视频6.3**。

一、盐渍土分类及工程性质

1. 盐渍土分类

（1）盐渍土按含盐性质的不同可分为五类，见表6-1。

184

离子含量比值	盐渍土名称				
	氯盐渍土	亚氯盐渍土	亚硫酸盐渍土	硫酸盐渍土	碳酸盐渍土
Cl^-/SO_4^{2-}	>2.0	1.0~2.0	0.3~1.0	<0.3	—
$CO_3^{2-}+HCO_3^-/Cl^-+SO_4^{2-}$	—	—	—	—	>0.3

注:离子含量以 1kg 土中离子的毫摩尔数计(mmol/kg)。

(2)盐渍土按盐渍化程度的不同可分为四类,见表 6-2。

盐渍土名称	细粒土 (土层的平均含盐量,以质量百分数计)		粗粒土 (通过 1mm 筛孔土的平均含盐量,以质量百分数计)	
	氯盐渍土及 亚氯盐渍土	硫酸盐渍土及 亚硫酸盐渍土	氯盐渍土及 亚氯盐渍土	硫酸盐渍土及 亚硫酸盐渍土
弱盐渍土	0.3~1.0	0.3~0.5	2.0~5.0	0.5~1.5
中盐渍土	>1.0~5.0	>0.5~2.0	>5.0~8.0	>1.5~3.0
强盐渍土	>5.0~8.0	>2.0~5.0	>8.0~10.0	>3.0~6.0
过盐渍土	>8.0	>5.0	>10.0	>6.0

注:离子含量以 100g 干土内的含盐总量计。

2. 盐渍土的工程性质

1)氯化物盐渍土

(1)土的液、塑限随着含盐量的增大而减小,需在低含水率下压实。

(2)湿化后密度降低,强度丧失快;变干后有黏固性,使得土很硬。

(3)含盐量多、有结晶时,压实后遇水出现空隙空洞,所以压实时要注意含盐量。最佳含盐量:对轻型标准为 5%~8%,对重型标准为 3%~6%。

(4)结晶时体积不发生变化,不会出现因盐胀而导致土体结构破坏的现象。

2)硫酸盐渍土

(1)土的液、塑限随着含盐量的增大而增大,压实时需较大含水率。

(2)湿化后强度降低,并且含盐量越大,强度降低得越快;干后黏固性小。

(3)密实度随含盐量的增加而降低,当含盐量超过 2% 时,松胀严重。

(4)结晶时体积膨胀。

3)碳酸盐渍土

(1)土的液、塑限随着含盐量的增加而增大,故压实时需较大含水率。

(2)密实度随含盐量的增加而降低,最佳含水率随含盐量的增加而增大,当 Na_2CO_3 的含量超过 0.5% 时,膨胀量显著增大。

(3)湿化时,强度降低不明显;干时黏固性大。

(4)吸附性 Na^+ 多,因此膨胀严重、不透水,毛细现象不明显。

3. 盐渍土的主要病害

盐渍土作为一种特殊的路基填料,具有诸多的特殊性。例如,硫酸盐在结晶时会结合一定数量的水分子,使体积增大,脱水时体积缩小,这个过程的反复作用就会破坏土体结构,导致盐胀、溶陷、冻胀、翻浆等病害的发生,从而降低路面的稳定性。

（1）盐胀。在低温作用下，盐分吸水结晶，体积膨胀，致使路基、路面出现鼓胀开裂，路肩以及边坡松散剥蚀。

（2）溶陷。在高温作用下，结晶体失去水分，体积减小，路基密实度减小，在荷载的作用下，路基、路面易出现塌陷变形。

（3）冻胀。氯盐含量在一定范围内冰点降低，水分聚流时间长，加重冻胀，但含盐量更多时，不产生冻胀或只产生轻微冻胀；硫酸盐渍土对冻胀的影响不如氯盐渍土显著；碳酸盐渍土透水性差，可减轻冻胀。

（4）翻浆。氯盐渍土聚冰多，且液、塑限低，蒸发缓慢，翻浆不易干燥，路面损坏严重，含盐量更多时，因不冻或少冻结而不翻浆或减轻翻浆。

二、盐渍土路基施工要点

1. 施工季节的选择

在盐渍土地区筑路时，应尽可能地考虑当地盐渍土的水盐状态特点，力求在土的含水率接近最佳含水率的时期不发生冻结。根据这一原则，一般认为，在地下水位高的黏性土盐土地区，以夏季施工为宜；在砂性土的盐土地区，以春季和夏初施工为宜；在强盐渍土地区，以表层含盐量降低的春季施工为宜；对于不冻结的土，可以考虑冬季施工。

2. 基底的处理

对于盐土地区路堤的基底，应视地表的不同情况分别进行处理。对表层的植被、盐壳、腐殖土必须清除后再进行压实；在过湿地段应排除积水，挖除表层湿土后换填，换填厚度不应小于 0.3m。在离风积沙或河积沙比较近的路段，应优先利用风积沙或河积沙换填。

对盐渍土路基基底的处理应视表土的含盐量、含水率及地下水水位而定。根据测得的结果，分别按设计规定进行处理。

（1）含盐量。当表土不符合表6-3的规定时，应挖除；当地表为过盐渍土的细粒土、有盐结皮和松散土层时，应将其铲除，铲除的深度通过试验确定，一般为10~30cm。当地表过盐渍土层过厚时，若仅铲除一部分，则应设置封闭隔断层，则隔断层宜设置在路床顶以下80cm处；若存在盐胀现象，则隔断层应设在产生盐胀的深度以下。

（2）路堤高度。当路堤高度小于表6-3的规定时，除应将基底土挖除外，还应按设计要求换填透水性较好的土。

盐渍土地区路堤最小高度（m） 表6-3

土质类别	高出地面		高出地下水位或地表长期积水位	
	弱、中盐渍土	强、过盐渍土	弱、中盐渍土	强、过盐渍土
砾类土	0.4	0.6	1.0	1.1
砂类土	0.6	1.0	1.3	1.4
黏性土	1.0	1.3	1.8	2.0
粉性土	1.3	1.5	2.1	2.3

注：1. 一级公路、高速公路的最小高度按表中数值的2倍计算。

2. 二级公路的最小高度按表中数值的1.2~1.5倍计算。

（3）含水率。对于含水率超过液限的原地基土，将基底以下1m范围内全部换填为透水性材料；当含水率界于液限和塑限之间时，应换填10~30cm厚的透水性材料；含水率在塑限以下时,可直接填筑黏性土。对于地下水位以下的软弱土体,应按设计要求采用透水性好的粗粒土换填,高度宜高出地下水位30cm以上。在内陆盆地干旱地区,当路面为沥青混凝土、水泥混凝土时,在路堤下部设置封闭性隔断层。

清除表层后的地表应做成由路基中心向两侧约2%的横坡,整平压实,沿横坡均匀铺平,以利于排水;铲除的表层过盐渍土应堆置在较远处,最好堆置在低处,以免水流浸渍后,又流回到路基范围内。

3.路堤填料的选择

盐渍土用作路堤填土时除与所含易溶盐的数量有关外,还与其所处的气候、水文、地质等环境条件有关,在潮湿气候或浸水条件下,氯盐含量超过5%时易遭溶蚀而产生松软、湿陷、坍塌等病害。因此,在盐渍土地区筑路必须限制路堤填土中的容许含盐量并防止冻胀,以及盐分再向路面集中的可能性。

盐渍土地区路堤填料的要求如下:

(1)盐渍土地区路堤填料的可用性应符合表6-4的规定。

盐渍土地区路堤填料的可用性　　　　　　　　　　　表6-4

公路等级		高速公路、一级公路			二级公路			三、四级公路	
填土层位		0~0.80m	0.80~1.50m	1.50m以下	0~0.80m	0.80~1.50m	1.50m以下	0~0.80m	0.80~1.50m
细粒土	弱盐渍土	×	○	○	△¹	○	○	○	○
	中盐渍土	×	×	○	△¹	○	○	△³	○
	强盐渍土	×	×	△¹	×	△²	△³	×	△¹
	过盐渍土	×	×	×	×	×	△²	×	△²
填土层位		0~0.80m	0.80~1.50m	1.50m以下	0~0.80m	0.80~1.50m	1.50m以下	0~0.80m	0.80~1.50m
粗粒土	弱盐渍土	×	△¹	○	△	○	○	△¹	○
	中盐渍土	×	×	△¹	×	△¹	○	×	△⁴
	强盐渍土	×	×	×	×	×	△¹	×	△²
	过盐渍土	×	×	×	×	×	△²	×	×

注:表中○表示可用;△表示部分可用;×表示不可用。△¹表示氯盐渍土及亚氯盐渍土可用;△²表示强烈干旱地区的氯盐渍土及亚氯盐渍土经过论证可用;△³表示粉土质(砂)、黏土质(砂)不可用;△⁴表示水文地质条件差时的硫酸盐渍土及亚硫酸盐渍土可用,强烈干旱地区的盐渍土经过论证可酌情选用。

(2)路堤填料中的含盐量不得超过表6-5的规定,不得夹有盐块和其他杂物。

(3)对填料的含盐量及其均匀性应加强施工控制检测,路床以下每1000m³填料、路床部分每500m³填料应至少做一组测试,每组3个土样。当不足上列数量时,也应做一组试件。

(4)用石膏土作填料时,应先破坏其蜂窝状结构。对于石膏含量一般不予限制,但应控制压实度。

路堤填料容许含盐量　　　　　　　　　　　表6-5

公 路 等 级	填料容许含盐量(以质量百分数计)		
	氯盐渍土及亚氯盐渍土	硫酸盐渍土及亚硫酸盐渍土	碳酸盐渍土
高级公路、一级公路	≤5	≤1	≤0.5
其他公路	≤8	≤2	≤0.5

4.路基的压实

盐渍土地区路基的压实应按下列要求进行。

(1)盐渍土路堤应分层填筑、分层压实,每层松铺厚度不大于20cm,砂类土松铺厚度不大于30cm。限制压实层的松铺厚度是保证压实度达到规定的重要措施。

(2)碾压时应严格控制含水率,含水率不大于最佳含水率的1%。雨天不得施工。

(3)在干旱缺水地区,当含水率不足时,应补水到最佳含水率的70%以上,也可采用增大压实功能的方法来达到要求的压实度。

(4)为了防止盐分的转移和保证路基的稳定,应尽可能地提高盐渍土路基的压实度,要求达到重型压实标准。

(5)盐渍土路提的施工,应从基底处开始连续施工。在设置隔断层的地段,宜一次做到隔断层的顶部。

5.路基的排水

在盐渍土地区,水对盐渍土所造成的溶蚀是影响路基稳定的主要因素,雨水、融雪水的地面径流及人为的排水、灌水、流动水和积水携盐侵入路基,使路基土体聚积过量的含盐水分而导致路基失稳破坏,因此,在施工中应及时合理地做好排水工作。

(1)施工中应及时合理地设置排水设施,路基及其附近不得有积水。

(2)取土坑的底面应高出地下水位至少150mm,底面向路堤外侧应当有2%~3%的排水横坡。

(3)在排水困难地段或取土坑有可能被水淹没时,应在取土坑外采取适当处治措施。

(4)在地下水水位较高的地段,应加深两侧边沟或排水沟,以降低路基下的地下水水位。

(5)对盐渍土地区的地下排水管与地面排水沟渠必须采取防渗措施。盐渍土地区不宜采用渗沟。

6.隔断层的设置

为防止路基冻胀、翻浆、盐胀及再盐渍化,当路基修筑在强盐渍化细颗粒黏土(黏性土、粉性土)地区,路基边缘至地下水水位高度又不可能达到设计规定,而采用提高路堤或降低地下水水位的措施又不经济或不可行时,可在路基边缘以下0.4~0.6m处(或路基底部)的整个路基宽度上设置毛细隔断层,防止水分进入路基上部。

隔断层的材料可用卵石、碎石或粒径为5~50mm的砂砾,其厚度为0.15~0.30m。为防止隔断层失效,应在隔断层的顶面及底面各铺一层5~10cm厚的粗砂或石屑作为反滤层。

任务四 季节性冻土地区路基施工

🔖 **学习目标**

(1)明确冻土路基的工程特性。

(2)知道冻土路基的工程危害及处治措施。

(3)能在现场完成冻土路基处治施工作业。

（1）教师准备冻土地区路基实例、图片、多媒体资源等。

（2）本任务要求学生针对具体的冻土路基实例，应能提出切实可行的处治方案，编制出相应的施工注意事项。

📖 相关知识

季节性冻土是指地表层冬季冻结、春季融化的土层。自地表面至冻结层的厚度称为冻结深度。季节性冻土地区的路基在冰冻过程中，土中的水分不断地向上移动，使路基上部的水分含量大大增加。春融期间，由于土基含水率过大，强度急剧降低，再加上行车的作用，路面会产生弹簧、裂缝、鼓包、冒泥等现象，形成翻浆，见图6-55。

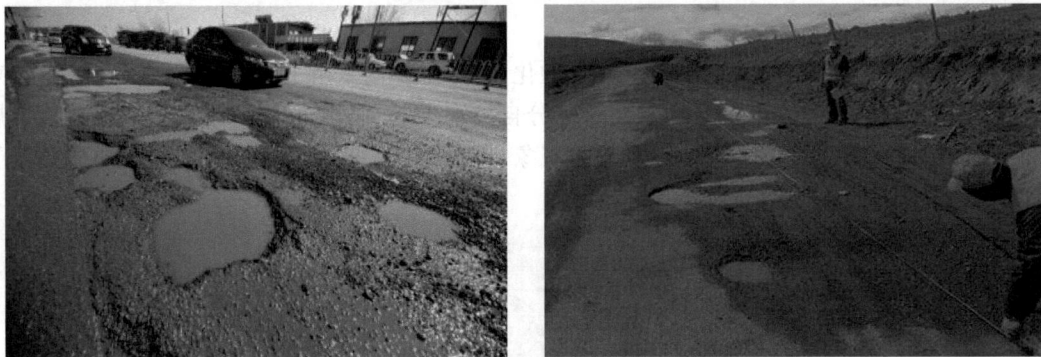

图6-55　路基冻融翻浆破坏

翻浆的发生，不仅会破坏路面、妨碍行车，严重时还会中断交通。因此，在翻浆地区修筑公路，对水文及地质不良地段，要详细调查沿线地面水、地下水、路基土和筑路材料的情况，以便采取相应的处理措施。

季节性冻土地区路基施工见**视频6.4**。

一、季节性冻土的工程危害

春季冻结层融化时，由于冰层分布不均匀，形成土层不均匀沉降是导致路基变形和破坏的重要原因。公路沿线季节性冻土地区所出现的路基冻害现象主要有冻胀、融沉、翻浆冒泥三种。所以，对于季节性冻土地区的路基应特别注意对冻害的防范措施。

1.路基的冻害

1）冻胀

冻胀是指由于土的冻结作用而造成的体积膨胀现象，这是季节性冻土地区常见的病害。在温度梯度的诱导下，路基上层的土体开始冻结，路基下部土体的温度仍然较高，水分在土体内由温度较高处向温度较低处迁移，使路基上层水分增多，并冻结成冰，造成体积增大1.09倍，使路面发生冻裂或隆起，这就是冻胀现象，见图6-56。

2）融沉

季节性冻土融化时，冰晶融化成水，土层在重力和荷载的作用下，路基会产生不同程度的沉降，即融沉。融沉在空间上具有不连续性，厚度上具有不均匀性。有的路段以较慢的速度连续下沉一段时间，有的路段突发大量的沉陷，并使周围部分土体隆起，见图6-57。这是因为冻路基土融化后处于饱和状态,其承载力几乎为零,在外部荷载作用下,路基瞬间产生大幅度沉陷并有大量积水冒出,融沉多发生在矮路堤地段。

图 6-56　路基冻胀病害

图 6-57　路基融沉病害

3)翻浆冒泥

春季气温逐渐回升,路基上层的土首先融化,下层土体尚未解冻,水分渗透不下去,这样就在解冻层和未解冻层之间形成自由水。这部分自由水不能及时排出,造成土基软弱,强度急剧降低,在荷载作用下,路基面发生鼓包、唧泥现象,即为翻浆,见图 6-58。翻浆冒泥导致路基下沉,路面状态不良产生纵横裂纹。

图 6-58　路基翻浆病害

2.路基冻害防治措施

冻害的防治措施主要有以下几项内容。

(1)防止地面水、地下水或其他水分在冻结前或冻结过程中进入路基上部,在易发生翻浆的地段可以在路基设计和施工中设置隔离层,如利用土工布等。

(2)在解冻时期,可以将聚冰层中的水分及时排除或暂时蓄积在渗水性好的路面结构层中,可以采用设置排水沟或蓄水砂(砾)垫层等方法处理。

(3)提高路面强度和整体性,改善土基结构。可以采用水稳定性、冰冻稳定性及隔热性好的石灰土、煤渣石灰土等结构层的措施来防治。

二、季节性冻土路基施工要点

针对季节性冻土地区路基冻胀产生的原因,结合已有的季节性冻土地区路基施工经验,可以通过隔断地面水的渗入和毛细管水上升的途径、降低地下水水位,减小路基填料的原始含水率,使之接近最佳含水率,由此切断聚冰过程中的供水来源,进而有效预防由于施工中填料及施工工艺不合理造成的路基冻胀,保证通车后的道路质量。

1.路堤施工

1)施工工艺流程

季节性冻土地区路堤填筑的施工工艺流程,如图6-59所示。

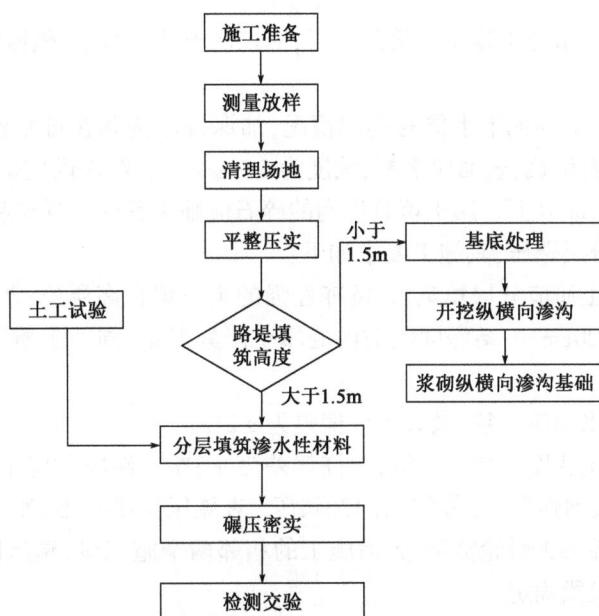

图6-59 季节性冻土地区路堤填筑施工工艺流程

2)施工要点

季节性冻土地区路堤填筑的施工要点如下:

(1)路基施工开工前,应在全面理解设计要求和设计交底的基础上进行现场调查和核对。

(2)修建临时工程,以满足正常施工的需要。

(3)现场恢复和固定路线。包括导线、中线的复测,水准点的复测与增设、中线放样及路基放样等。

(4)基底的处理。基底的处理应按下列要求进行:

①清除路基范围内的杂物,根据放样高程推除积土,达到设计高程后,用压路机碾压至设计规定的压实度标准。

②对于黏性土、砂性土基底路段,应按现场实际情况挖除原地基土,换填砂砾并分层压实,保证路槽下的压实度。

③要保证结构层下填筑高度不足80cm的地段,其处理深度必须达到80cm。

④对于路基基底范围内的植被、腐殖土及树根,必须全部按设计要求清除。清基进度要与施工进度相对应,基底暴露时间不能过长,以免受水侵害。

⑤对于水田、湿地等低洼湿软路基的基底,应设置透水隔离层,其有效厚度可根据实际情况确定,上下宜设防淤层。隔离层的材料可用0.075mm的粒径含量小于5%的碎石、砾石、粗砂等。隔离层的上、下面宜设3% ~4%的坡度,这样既能隔断毛细水和冻结水上升,又能排出渗入路基中的水,因为渗入水占冻害水的绝大部分。

(5)路堤填料。季节性冻土地区的路堤填料应符合下列要求:

①路堤填料宜选用保温、隔水性能均较好的矿渣、炉渣、粉煤灰、砂、砂砾石及碎石等。严

禁使用塑性指数大于12、液限大于32%的细粒土和富含腐殖质的土及冻土。

②路床或上路堤采用粉土、黏土填筑时,可按设计要求使用石灰、水泥、土壤固化剂等单独或混合进行稳定处理,填料的改善或处理应根据路基抗冻胀性能的要求,结合填料性质经试验确定。

③采用黏性土或透水性不良土填筑路堤时,应控制土的含水率,碾压时含水率控制在最佳含水率 ±2% 范围内。

(6)渗沟。根据地形和地下水位的具体情况,加深排水沟和在排水沟下设纵、横向渗沟。渗沟的基础用浆砌片石砌筑,表面应平整,坡度为 3% ~ 4%。渗沟内应铺设滤水土工布,其顶面和接头搭接应在 20cm 以上。用于填筑渗沟的碎石应筛去其中细颗粒和粉尘。

(7)路基填筑应分层碾压,其施工要求如下:

①冻胀性不同的土质应分层填筑,且抗冻性强的土应填在高层位;严格控制填土厚度,每层压实厚度不应超过 20cm;冻结深度范围内的填土严禁混杂,同一土质填筑的总厚度不宜小于 60cm。

②同一层土的含水率应一致,最大允许偏差为 ±2%。

③同一层填土的压实度应均匀一致,允许偏差为 ±2%。碾压前应用平地机整平,碾压方式为先慢后快,由弱振到强振,由外侧向内侧碾压。在碾压轮迹处,振动压路机一般重叠 0.4 ~ 0.5m,光轮压路机重叠 1/2 后轮宽度,先后施工的相邻两个施工段,碾压区域纵向重叠 1.0 ~ 1.5m,压实遍数由试验段确定。

④填土期间,每层顶面应设置不小于 2.5% 的排水横坡。

⑤优先安排高填方路段施工,保证 6 个月的沉降时间。若因工期限制不能满足时间要求时,则应进行强夯,加速沉降。

⑥严格控制填挖接合部的施工质量,防止差异沉降。

(8)因料源限制而需采用非粗颗粒土进行路基填筑时,可通过设置透水性隔离层保证路基的质量。

(9)靠近基底部位有冰冻土层且有可能融化时,宜设保温护道和护脚。

(10)每道工序完成后应及时进行自检,自检合格后报检,经监理工程师检验合格后才可进行下道工序的施工。

2.路堑施工

1)路床换填

季节性冻土地区路床换填的要求如下:

(1)路床地基土的挖除、换填深度应符合设计要求。

(2)换填足够厚度的水稳性好的填料。施工速度要快,保温措施要有效。

(3)当使用粗颗粒填料换填时,填料应均匀,小于 0.075mm 的颗粒含量应不大于 5%。

(4)当采用石灰、水泥对填料进行改性处理时,应掺拌均匀,改性剂的剂量应符合设计要求或经试验确定。

(5)换填应分层填筑,压实度应达到规定的要求。

2)排水

季节性冻土地区路基的排水要求如下:

(1)施工前应完成截水沟的设置,填筑拦水埝,填平坡顶的冲沟、水坑。

(2)施工中应采取措施阻止边界外的水流入路基,应保持排水沟通畅,将水迅速排出路基。

(3)在填挖交界段应设置过渡边沟。

(4)当路基开挖面接近设计高程时,应及时施工地下排水构筑物,尽快形成各式沟、管、井、涵等,组成完整、有效的排水系统,严禁在路基完成后才进行地下排水构筑物的施工。

3)石质挖方、零填路段不宜超挖

超挖或清除软层后的凸凹面,严禁用挖方料和未经稳定处理的混合料回填;对岩面凸出部分应凿除;对超挖的坑槽及岩石凹面可用贫混凝土浇筑,混凝土的最小厚度应大于80mm。

思考与练习

一、单选题

1. 软土地基施工时,在软土层顶面铺设排水砂垫层,主要起(   )的作用。
   A. 深层水平排水   B. 浅层水平排水   C. 浅层纵向排水   D. 深层纵向排水

2. 下面关于抛石挤淤施工的说法,错误的是(   )。
   A. 该方法适用于常年积水的洼地,排水困难的地方
   B. 该方法适用于淤积处表层无硬壳,片石能沉达底部的泥沼地
   C. 抛投片石的大小由泥炭或软土的稠度确定
   D. 抛石顺序一般情况下应先从路堤两侧向中间进行

3. 常年积水的洼地,排水困难,泥岩呈流动状态,厚度较薄,表层无硬壳,片石能沉达底部的泥沼或厚度为 3~4m 的软土的处理用(   )比较合适。
   A. 开挖换填法   B. 堆载预压法   C. 爆破排淤法   D. 抛石挤淤法

4. 开挖换填适用于软土或泥岩层厚度小于(   )的情况。
   A. 3m   B. 5m   C. 7m   D. 10m

5. 在潮湿天气或浸水条件下,氯盐含量超过(   )时易遭溶蚀而产生松软、湿陷、坍塌等病害。
   A. 2%   B. 3%   C. 4%   D. 5%

6. 盐渍土地区过湿地段应排除积水,挖除表层湿土后换填,换填厚度不应小于(   )。
   A. 20cm   B. 30cm   C. 40cm   D. 50cm

7. 采用砂井进行软基处理,其施工工艺包括加料压密、桩管沉入、机具定位、拔管、整平原地面等。砂井的施工工艺流程正确的是(   )。
   A. 整平原地面—桩管沉入—机具定位—加料压实—拔管
   B. 整平原地面—机具定位—桩管沉入—加料压实—拔管
   C. 整平原地面—机具定位—桩管沉入—拔管—加料压实
   D. 整平原地面—桩管沉入—机具定位—拔管—加料压实

8. 某换填工程工期紧,换填面积大,淤泥层较厚,该工程最适合采用的换填方法是(   )。
   A. 抛石挤淤法   B. 爆破排淤法   C. 开挖换填法   D. 水冲成孔法

9. 冻土地区路基施工时,冻结深度范围内的填土严禁混杂,同一土质填筑总厚度不宜小于(   )。

A. 30cm   B. 40cm   C. 50cm   D. 60cm

10. 黄土地区路堤填筑,可将现场含水率控制在低于最佳含水率的(　　)。

    A. 0.5% ~1%   B. 1% ~2%   C. 2% ~3%   D. 3% ~4%

二、多选题

1. 以下关于软土工程特性的说法正确的是(　　)。

    A. 抗剪强度低   B. 抗压强度高   C. 天然含水率高   D. 流变性显著

2. 具有排水功能的软基处治措施有(　　)。

    A. 砂垫层   B. 砂井   C. 袋装砂井   D. 塑料插板

3. 下面可用于湿陷性黄土地基的处理方法有(　　)。

    A. 换填法   B. 强夯法   C. 挤密法   D. 化学加固法

4. 季节性冻土地区路基冻害主要有(　　)三种。

    A. 吸水膨胀   B. 冻胀   C. 翻浆冒泥   D. 融沉

5. 土工布在软土地基加固中的作用包括(　　)

    A. 排水   B. 隔离   C. 应力分散   D. 加筋补强

6. 软土地基处理垂直排水固结法包括(　　),其增加土层竖向排水途径,缩短距离、加速地基固结。

    A. 砂井排水法   B. 土工布排水法   C. 袋装砂井排水法   D. 塑料板排水法

7. 软土地基处理表层处理法包括(　　)。

    A. 砂垫层法   B. 砂井法   C. 反压护坡道法   D. 土工聚合物处治法

8. 盐渍土地区路基常见的主要病害包括(　　)。

    A. 盐胀   B. 冻胀   C. 溶陷   D. 翻浆

9. 关于盐渍土地区施工技术说法不正确的是(　　)。

    A. 应根据当地气候、水文地质等条件,通过试验决定填筑措施

    B. 碾压时应严格控制含水率,应大于最佳含水率 1 个百分点;雨天可以施工

    C. 用石膏土作填料时,应先破坏其蜂窝状结构

    D. 盐渍土路堤应分层铺填、分层压实,每层松铺厚度不大于20cm

10. 季节性冻土路基常见的病害主要防治方法包括(　　)。

    A. 做好路基原地面处理

    B. 做好路基排水

    C. 提高路基,保证路基填土高度

    D. 严格分层填筑,控制分层厚度,并充分压实

三、简答题

1. 什么是软土路基? 软土路基的主要工程特性是什么?

2. 软土路基加固方法有哪些? 具体的施工要点是什么?

3. 黄土地区路堤填筑施工要点有哪些?

4. 简述盐渍土路基的主要病害和盐渍土路基压实的施工要点。

5. 试述翻浆产生的过程、影响因素及防治措施。

6. 季节性冻土地区路基的施工技术要点有哪些?

项目七　路基施工安全与环境保护

项任务一　路基安全施工

学习目标

(1) 掌握路基土方施工的安全要点。
(2) 熟悉路基石方施工的安全要点。
(3) 路基施工中能够严格执行安全操作规范。

任务描述

(1) 教师准备路基安全施工实例,图片、多媒体资源等。
(2) 本任务要求学生在路基施工中能够提高安全素质,严格执行安全操作规程。

相关知识

路基施工过程中受自然因素及外界干扰的影响很大,露天作业和高处作业多,难以封闭而采用开放式施工,受气候、地形、地物、水文地质等自然因素尤其是人为因素等影响极大,施工现场存在大量的危险和有害因素,事故隐患多,易产生坍塌(图7-1)、高处坠落、物体打击、机械伤害、爆炸、触电等施工安全事故和交通事故。

图7-1　山体坍塌

路基施工中必须严格贯彻执行"安全第一,预防为主"的原则,路基施工前应对施工人员进行安全教育工作,明确安全施工要点,确保安全施工。在路基土石方施工过程中如何预防路基施工安全隐患,是路基施工必须关注的问题。

一、路基土方安全施工要点

安全施工是指为了使施工过程在符合安全要求的物质条件和工作秩序下进行,防止发生人身伤亡和财产损失等事故,消除或控制危险、有害因素,保障人身安全与健康、设备和设施免受损坏,环境免遭破坏。

路基工程开工前必须进行现场调查,根据施工地段的地形、地质、水文、气象、环境等制订相应的安全技术措施。施工中应及时掌握气温、雨雪、风暴、汛情等预报,做好防范工作。

施工现场应按照国家有关规定配置消防设施和器材,设置消防安全标志,应设置醒目的安全、警示标志(图7-2)和安全防护设施,并做好消防知识培训工作,见图7-3。

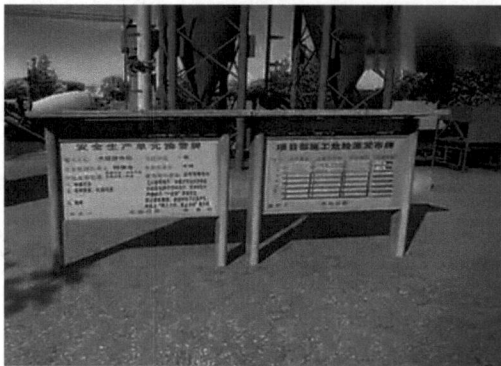

图7-2 安全制度宣传栏

图7-3 消防知识培训

路基土方安全施工要点:

(1)路基土方施工前,必须查清施工范围内地下埋设的各种管线、电缆、光缆等情况,并与相关部门联系,制订合理的安全保护措施。施工中如发现危险品及其他可疑物品时,应立即停止施工,报请有关部门处理。

(2)挖土应从上而下逐层挖掘,土方开挖应遵循"开槽支撑、先撑后挖、分层挖掘、严禁掏(超)挖"的原则,在建筑物或电线杆、脚手架附近挖土时,必须采取安全防护措施。

(3)在高边坡开挖土方时,作业人员要佩戴安全帽,并安排专职人员对上边坡进行监视,防止物体坠落和塌方。在边坡开挖中若遇地下水涌出,则应先排水,后开挖。

(4)当开挖深度超过2m,特别是在街道、居民区、行车道附近开挖土方时,不论深度大小都应视为高处作业,并设置警告标志和高度不低于1.2m的双道防护栏,夜间还必须设红色警示灯。

(5)开挖坑(沟、槽)时,应根据土质情况进行放坡或支撑防护。当挖掘深度超过1.5m且不加支撑时,应按规定确定放坡坡度或加设可靠支撑,土方坡度为1:1,石方坡度为1:0.5。当施工区域狭窄不能放坡时,应采取固壁措施。

(6)在开挖的坑(沟、槽)边沿1m以内不许堆土或堆放物料;距坑(沟、槽)边沿1~3m处的堆上高度不得超过1.5m;距坑(沟、槽)边沿3~5m处的堆土高度不得超过2.5m;在坑(沟、槽)边沿停放车辆、起重机械及振动机械时距离应不小于4m。

(7)当人工挖掘土方时,作业人员之间必须保持足够的安全距离,横向间距应不小于2m,纵向间距应不小于3m,土方开挖必须自上而下按顺序放坡进行,严禁挖空底脚。

(8)开挖工作应与装运作业面相互错开,严禁上、下双重作业;弃土下方和有滚石危及的区域,应设警告标志;下方有道路时,严禁车辆通行。

(9)机械车辆在危险地段作业时,必须设置明显的安全警告标志,并设专人指挥;运输土方的车辆在会车时,应轻车让重车,重车先行,前后两车的间距必须大于5m;下坡时,两车的间距不得小于10m。

(10)施工中如遇土质不稳、山体滑动、坍塌危险时,应暂停施工,撤出人员和机具;当工作面出现陷穴或不足以保证人员安全时,应立即停工,确保人员安全。

二、路基石方安全施工要点

路基石方施工除了必须满足前面提到的安全要求外,还应注意以下安全施工要点:

(1)应根据岩石的类别、风化程度及开挖的深度确定石方开挖方法,并做好安全技术交底,确保安全环保和文明施工。

(2)石方开挖时,坡顶的排水天沟应与石方开挖同步进行,并做好对横坡和纵坡的控制。

(3)爆破工程施工必须严格按照《爆破安全规程》(GB 6722—2014)的要求进行,所有涉爆人员必须经过爆破专业培训并取得相关从业资格。爆破前安全教育见图7-4。

图7-4 爆破前安全教育

(4)爆破器材库的选址及搭建应请当地公安部门进行指导和监督,运输爆破器材要使用专用运输工具,中途不得停留,并应避开人员密集的地方。

(5)爆破器材应严格管理,并执行领用和退库制度,各种手续要有严格的记录,并由专人领取,禁止由一人同时搬运炸药和雷管。

(6)爆破作业应由专人指挥,经确定的危险边界应有明显的标志,警戒区四周必须派出警戒人员,警戒区内的人员、牲畜必须撤离。对预告、起爆、解除警戒等信号应有明确的规定。

(7)选择炮位时,炮孔应避开正对的电线、路口、结构物。严禁在残眼上打孔。

(8)电力起爆时,在同一爆破网路上必须使用同厂、同型号的电雷管;爆破网路的主线应绝缘良好,并设中间开关,与其他电源线路应分开敷设;爆破网路的连接必须在全部炮孔装填完毕、无关人员全部撤至安全地点后进行。

(9)在雷雨季节、潮湿场地等情况下,应采用非电起爆法;深度不超过10m的爆破用火花起爆,深度超过10m的爆破不得采用火花起爆,必须采用电力起爆。

(10)爆破时,应清点爆破数,确保其与装炮数量相符,确认炮响完成并过5min后,方准爆破人员进入作业区。

(11)大型爆破工作必须按照审批的爆破设计书,并征得当地县(市)以上公安部门同意后,由专门成立的现场指挥机构组织人员实施。

(12)石方地段爆破后,确认已经解除警戒、作业面上的悬岩危石已经处理后,清理石方人员方准进入现场;人工撬动岩石必须由上而下逐层撬(打)落,严禁人员上下双重作业,更不准将下面撬空后使上部自然坍落。

1. 事故简介

某道路工程在土方施工过程中发生一起挡土墙基槽边坡土方坍塌事故,造成5人死亡,2人受伤。

2. 事故发生经过

土方施工队私自招募民工进行清槽作业,分配其中8人在基槽内修整边坡,并准备砌筑挡土墙。基槽内侧边坡突然发生坍塌,将在此作业的7人埋在土方下,在场的其他民工立即进行抢救工作。当救出2人时,土方再次坍塌,抢救工作受阻。闻讯赶来的百余名人员奋力抢救,但不幸被埋的5人全部遇难。

3. 事故原因分析

1)技术方面

(1)在基槽施工前没有制订基槽支护方案,在施工过程中既未按照规定比例进行放坡,也未采取有效的支护措施。在修理边坡过程中没有按照自上而下的顺序施工,而是在基础下部挖掘。

(2)未按规定对基槽沉降实施监测。在土方施工过程中应在边坡上口确定观测点,对土方边坡的水平位移和垂直度进行定期观测。

2)管理方面

该工程现场负责人和技术负责人未取得相应执业资格证书,不具备土建施工专业技术资格,违法组织施工生产活动,违章操作。

4. 事故结论与教训

(1)这是一起严重的安全生产责任事故。如果建设单位、施工企业或者监理单位,其中的任何一方能够严格履行管理职责,都可避免此次事故的发生。

(2)施工企业经营管理存在严重缺陷。《中华人民共和国建筑法》第二十六条明确规定:承包建筑工程的单位应当持有依法取得的资质证书,并在其资质等级许可的业务范围内承揽工程。禁止建筑施工企业超越本企业资质等级许可的业务范围或者以任何形式用其他建筑施工企业的名义承揽工程。禁止建筑施工企业以任何形式允许其他单位或者个人使用本企业的资质证书、营业执照,以本企业的名义承揽工程。

(3)建设单位未进行有效的监督。在施工生产过程中,无论是在土方施工工艺,还是对劳动力安排,建设单位未能按照有关规范对其进行有效监督。

(4)此次事故在施工技术管理方面有明显漏洞。土方坍塌是一个渐变过程,它是因土质疏松,在受外力作用下产生剪切破坏,土方发生位移而导致的坍塌。

因此,该工程现场负责人对此事故负有直接责任,应当依法追究其刑事责任,建设单位和施工单位也应负行政管理责任。

5. 事故的预防对策

(1)加强和规范建筑市场的招投标管理。建设工程的招投标应该严格依法进行,本着公开、公正、公平的原则,增加建设工程招投标过程中的透明度,这样就可以减少其中的一些违法行为。

（2）依法建立健全企业生产经营管理制度，加强企业生产经营管理。通过完善建筑施工企业资质管理等手段，强化企业自我保护意识，维护企业利益，充分保护作业人员的身体健康和生命安全。

（3）加强土方施工技术管理。土方工程应根据工程特点，依照相关地质资料，经勘察和计算编制施工方案。

任务二　环境保护

学习目标

（1）了解路基施工过程中对环境造成的主要污染源。

（2）熟悉路基施工环境保护的各项防护措施。

（3）能够弘扬生态文明施工的理念。

任务描述

（1）教师准备路基环境保护施工实例，图片、多媒体资源等。

（2）本任务要求学生在路基施工中能够增强环境保护意识，严格执行环境保护操作规程。

相关知识

公路工程建设项目主要防治的环境污染包括四个方面：公路沿线设施内的生活污水、施工废水和工程废渣等对水环境的污染；公路交通噪声、施工作业噪声对声环境的污染；公路搅拌站（场）的烟尘和施工扬尘、沿线设施内锅炉排污对空气环境的污染；施工中的废弃物对景观环境的污染。

坚持"以防为主、防治结合、综合治理、化害为利"的原则，防止污染和破坏自然环境。路基施工现场扬尘、噪声、污水、废弃物排放应符合环保部门的控制标准，施工现场自然环境保护应满足国家和地方环保部门的法律、法规。

一、水土污染和流失防治

路基施工前，应制订相应的预防水土污染和水土流失措施，考虑土地资源的合理利用，缩短临时占地使用时间。路基施工过程中要严格控制临时用地数量，各种临时设施应尽可能设置在公路用地范围内或利用荒坡、废弃地。要采取有效措施保护水土资源，防止水土流失和农田污染。

水土污染和流失的防治要点如下：

（1）在施工筹划时考虑减少施工占地的措施和方法，严格履行各类用地手续，按划定的施工场地组织施工，不乱占、多占。保证施工结束后及时撤场、尽快恢复。

（2）在崩塌、滑坡危险区和泥石流易发区严禁取土、挖砂、采石。

（3）在施工过程中，各种排水沟渠的水流不得直接排放到饮用水源、农田、鱼塘中。

(4)使用工业废渣填筑路基时,当废渣中含有可溶性有害物质,可能造成土质和水的污染时,应采取措施予以处理。

(5)不得随意丢弃生产及生活垃圾(图7-5),垃圾的掩埋或处理应按当地环保部门的要求进行。

(6)不得随意排放含油废水及生活污水(图7-6),必要时采取净化措施处理后才可排放。做到现场无积水,排水不外溢、不堵塞,水质达标。

图7-5　随意丢弃垃圾

图7-6　随意排放污水

(7)公路通过林地时,应严格控制林木的砍伐数量,砍伐或迁移树木要报批,古树名木按要求进行特殊保护;严禁砍伐公路用地范围之外的不影响视线林木。在公路用地范围内,应按绿化设计要求进行栽植。

(8)公路经过草原时,应注意保护草原植被,取土场和弃土场应设置在牧草生长差的地方。

(9)公路进入法定保护的湿地时,其工程方案应避免造成生态环境的重大改变,施工废料应弃于湿地之外等。

二、噪声、空气污染防治

噪声和空气污染的主要污染来源有运输、开挖、燃油机械等,路基工程施工应合理布局施工场地、优化作业方案,尽量减少对周围居民生活的影响。

噪声、空气污染的防治要点如下:

(1)路基施工的堆料场、搅拌站、材料加工厂等要远离居民区、学校,以防止在操作过程中产生的噪声对人们的居住、工作和学习产生影响,应及时采取措施减少施工活动对沿线居民的干扰。

(2)路基施工期间在满足施工要求的条件下,根据噪声敏感点的位置和保护要求选择施工机械和施工方法,减小噪声强度和敏感点受噪声干扰的时间,建立必要的噪声控制设施,如隔声屏障等。

(3)路基施工堆料场、搅拌站、材料加工厂等宜设于主要风向的下风处的空旷地区。当无法满足该要求时,应采取必要的环保措施。施工作业人员在噪声较大的现场作业时,应采取有效的防护措施。

(4)石灰、粉煤灰等路用粉状材料宜采用袋装、罐装的方式运输,防止材料散落。当采用散装的方式运输时应采取遮盖措施,见图7-7;该类材料露天堆放时应采取遮盖或适时洒水措施,以防止扬尘污染。

图 7-7　运料车扬尘

（5）当采用粉状材料作为路基填料或对路基填料进行现场改良施工时，应避免在大风天作业，施工人员应佩戴防尘口罩等劳动保护用品，并采取环境保护措施。

（6）为防止进出现场的车辆轮胎携土污染周边公共道路，在出口处设立冲洗池，清除车轮携土，见图 7-8。

图 7-8　冲洗车轮携土

（7）施工前做好施工便道的规划设置，临时施工道路基层要夯实、路面要硬化。

三、生物保护有关规定

路基施工前，应采取相应措施对位于路基范围内的珍稀植物和野生动物进行保护。生物保护的有关注意事项如下：

（1）施工中严禁随意采摘、破坏野生植物资源及捕猎野生动物。

（2）在有国家级野生保护动物出没路段（图 7-9）进行路基施工时，应设置预告、禁止鸣笛等标志，注意维护野生动物的栖息环境，并根据野生动物的种类、习性、迁徙季节、路线和活动规律，合理安排施工计划，为动物横向过路设置必要的通道。

（3）砍伐林木必须符合相关法规的要求，不得随意砍伐（图 7-10）。《中华人民共和国森林法》第三十二条规定：采伐林木必须申请采伐许可证，按许可证的规定进行采伐。

（4）在草、木较密集的地区施工时，应遵守护林防火规定。在草、木较密集的地区焚烧清除的丛草、树木易引发火灾和导致空气污染，应严格禁止。

图7-9　野生动物出没路段

图7-10　随意砍伐树木

四、文物保护有关规定

在文物保护区周围进行路基施工时,应制订相应的保护措施,严防损毁文物古迹。路基施工过程中,应注意对文物进行保护,并做到以下几点:

(1)在文物保护区周围进行施工时,对施工过程中影响到的文物应采取保护措施。对需要保护的文物,应在文物单位的指导下提出监测保护方案,通报文物保护单位,并进行监测保护,严防损毁文物古迹。

《文物保护法》第十七条规定:文物保护单位的保护范围内不得进行其他建设工程或者爆破、钻探、挖掘等作业。但是,因特殊情况需要在文物保护单位的保护范围内进行其他建设工程或者爆破、钻探、挖掘等作业的,必须保证文物保护单位的安全,并经核定公布该文物保护单位的人民政府批准,在批准前应当征得上一级人民政府文物行政部门同意。

(2)在施工过程中发现文物时,应暂停施工,保护好现场,并立即报告当地文物管理部门研究处理,不得隐瞒不报或私自处置。根据《中华人民共和国文物保护法》的规定,建设工程中发现的文物属于国家所有,任何单位或者个人不得哄抢、私分、藏匿。

(3)加强施工人员对文物保护知识的学习和自我教育,增强文物保护意识,从自身做起并加强监督,确保祖国文化遗产不受侵害。

(4)配合文物管理部门做好必要的其他保护工作,并将文物遗迹的各类现场保护情况及时书面报告给建设单位。

思考与练习

一、单选题

1.当开挖深度超过( ),特别是在街道、居民区、行车道附近开挖土方时,不论深度大小,都视为高处作业。

A.2m　　　　　　　　B.3m　　　　　　　　C.4m　　　　　　　　D.5m

2.下列说法错误的是( )。

A.在开挖的坑(沟、槽)边沿1m以内不许堆土或堆放物料

B.距坑(沟、槽)边沿1~3m处的堆土高度不得超过1m

C.距坑(沟、槽)边沿3~5m处的堆土高度不得超过2.5m

D. 在距坑(沟、槽)边沿停放车辆、起重机械及振动机械时距离应不小于4m

3. 下列关于路基石方施工安全要点的叙述错误的是(　　)。

    A. 爆破器材库的选址应请当地公安部门进行指导和监督

    B. 导火索起爆应采用一次点火法点火

    C. 可在同一次爆破中使用不同燃速的导火索

    D. 进行露天爆破作业时,严禁使用明火点燃

4. 在雷雨季节、潮湿场地等情况下,应采用(　　)。

    A. 电力起火爆   B. 非电力起火爆

    C. 火花起爆   D. 明火起爆

5. 深度不超过10m的爆破用(　　)。

    A. 露天爆破   B. 电力起爆

    C. 火花起爆   D. 非电力起爆

6. 根据公路工程路基土石方作业安全技术要求,对机械车辆在危险地段作业时的要求错误的是(　　)。

    A. 必须设置明显的安全警告标志

    B. 重车让轻车

    C. 重车先行,下坡时两车的间距不小于10m

    D. 重车先行,前后两车的间距必须大于5m

7. 下列关于路基工程石方施工安全要点叙述错误的是(　　)。

    A. 人工打眼时,禁止对面使锤

    B. 在保管、运输爆破器材过程中,工作人员严禁穿石棉制服装

    C. 导火索长度不得小于1.2m

    D. 多人同时点火时,每个人的点火数量应相同

8. 下列关于路基土方施工安全要点说法错误的是(　　)。

    A. 开挖深度超过2m时,不论深度大小,都应视为高处作业

    B. 在开挖的坑(沟、槽)边沿1m以内不得堆土或堆放物料

    C. 在距坑(沟、槽)边沿停放车辆、起重机械及振动机械时距离应不小于4m

    D. 滑坡地段的开挖,应从滑坡体中部向两侧自上而下进行

9. 下列关于路基工程石方施工安全要点说法错误的是(　　)。

    A. 爆破后,确认已经解除警戒、悬岩危石处理后,清理石方人员方准进入现场

    B. 人工撬动岩石必须由下而上逐层撬(打)落

    C. 严禁人员上下双重作业

    D. 撬棍的高度不超过人的肩膀,不得将棍端紧抵腹部,也不得把撬棍放在肩上施力

10. 下列关于路基土方施工安全要点说法错误的是(　　)。

    A. 开挖工作面应与装运作业面相互错开,严禁上、下双重作业

    B. 弃土下方和有滚石危及的区域,应设警告标志

    C. 边坡上方有人作业时,下方严禁站人

    D. 清理路基边坡上的突石和整修边坡时,应从下而上进行

二、多选题

1. 路基工程土方施工安全要点包括( )。
   A. 在建筑物、电线杆、脚手架附近挖土时,必须采取安全防护措施
   B. 在人工挖掘土方时,作业人员之间必须保持足够的安全距离,横向间距应不小于
      3m,纵向间距应不小于2m
   C. 施工中如遇土质不稳、山体有滑动、发生坍塌危险,应暂停施工
   D. 开挖工作应与装运作业面相互错开,可以上、下双重作业

2. 开挖坑(沟、槽)时,应根据土质情况进行( )。
   A. 固壁措施   B. 坡面防护
   C. 边坡支挡   D. 支撑防护

3. 公路工程土方开挖应遵循的原则有( )。
   A. 开槽支撑   B. 自上而下
   C. 先撑后挖   D. 严禁掏(超)挖

4. 高边坡开挖土方时,下列施工安全要点正确的是( )。
   A. 作业人员要佩戴安全帽
   B. 安排专职人员对上边坡监视
   C. 作业人员横向间距应不小于1m,
   D. 边坡开挖中若遇地下水涌出,应先排水,后开挖

5. 噪声、空气污染的防治要点正确的是( )。
   A. 路基施工堆料场、搅拌站、材料加工厂等宜设于主要风向的上风处的空旷地区
   B. 石灰、粉煤灰等路用粉状材料宜采用袋装、灌装方式运输
   C. 采用粉状材料作为路基填料时,应避免在大风天作业
   D. 在噪声较大的现场作业时,施工作业人员应采取有效的防护措施

三、简答题

1. 土方工程及基坑支护工程的典型事故是什么?
2. 噪声、空气污染的防治要点有哪些?
3. 水土污染和流失的防治要点有哪些?

项目八 路基整修与质量验收

任务一 路基整修

学习目标

(1) 明确路基整修的目的。
(2) 知道路基整修的内容与整修方法。
(3) 能分析路基整修的重点与适用的整修方法。
(4) 能编制路基整修计划,并组织整修施工。

任务描述

(1) 教师准备路基整修施工实例,图片、多媒体资源等。
(2) 本任务要求学生能够针对具体的路基整修实例,指出整修的重点,提出切实可行的整修方案。

相关知识

路基工程基本完成后,在交工验收前,应对外观质量和局部缺陷进行整修或处理。整修的目的是为了路基工程达到或者优于设计文件和相关规范规定的技术标准和质量标准。在路基整修时需注意选择正确的施工方法。

路基整修由施工单位会同监理单位按设计文件和施工规范要求,检查路线中线、高程、宽度、边坡、防护与支挡、排水系统和临时工程等,根据检查结果制订整修计划并进行整修。整修工作应在检查结果及整修计划经监理工程师核查与批准后才能进行。(视频 8.1)

一、路基顶面表层整修

由于路面与路基施工的不连续性,路基顶面表层在多种因素的影响下,会产生不同类型的局部质量缺陷。为保证路床与路面的整体性,防止出现"夹层",应采取有针对性的处理措施。表层的整修,应根据质量缺陷的具体情况采用合理的方案、工艺进行。

(1) 土质路基表面达到设计高程后应采用平地机或推土机刮平,铲下的土不足以填补凹陷时,应采用与路基表面相同的土填平夯实。

(2) 补填的土层压实厚度应不小于 100mm,压实后表面应平整,不得有松散、起皮现象,见图 8-1。

(3) 石质路基表面应用石屑嵌缝紧密、平整,不得有坑槽和松石。

(4) 修整的路基表层厚 150mm 以内,对于松散的或半埋的尺寸大于 100mm 的石块,应从路基表面层移走,并按规定填平压实。

(5) 整修后的路基表面应平整、无坑凹,平整度和路拱坡度符合设计要求。

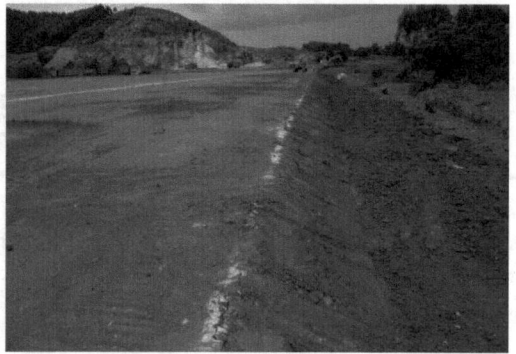

图 8-1   路基表面整修

二、路基边坡整修

路基边坡整修时需注意以下事项：

（1）对于深路堑土质边坡，应按设计要求坡度，自上而下进行边坡整修，不得在边坡上以土贴补。

（2）在边坡需要加固地段，应预留加固位置和厚度。对于路堤边坡两侧超填的宽度应予切除，使完工后的坡面与设计边坡一致，见图 8-2。

图 8-2   路基边坡整修

（3）当填土不足或路堑边坡受雨水冲刷形成小冲沟时，应将原边坡挖成台阶，分层填补，仔细夯实。如填补的厚度很小（10～20cm），而又非边坡加固地段时，可用种草整修的方法，以种植土来填补。

（4）石质路基边坡，应达到设计要求的边坡坡度，应及时清除坡面的松石、危石。

（5）填方路基边坡受雨水冲刷形成冲沟或坍塌缺口时，应自下而上分层挖台阶加宽填补夯实，再按设计坡面削坡，在弯道内侧路肩边缘应修建路肩拦水带。

（6）整修后的坡面应顺适、美观、牢固，坡度符合设计要求。

三、排水系统及其他整修

排水系统及其他整修注意事项如下：

（1）边沟的整修应挂线进行，边沟边坡必须平整、稳定，沟底纵坡应平顺，修整到符合设计图纸及规范要求，见图 8-3。

图 8-3 边沟整修

（2）对于截水沟、排水沟的断面、边坡坡度，应按设计要求施工。沟槽表面应整齐，沟底应平整，排水应畅通、不渗漏。如有质量缺陷应进行处理。

（3）在路面铺筑完成后或铺筑时，应立即填筑土路肩，同时按设计要求进行加固。

（4）防护与支挡工程应检查石料风化情况、泄水孔是否通畅、结构物是否有变形和位移等，如果有质量缺陷应进行处理。

（5）路基整修完毕后，对堆于路基范围内的废弃土料应予清除。

（6）修整过的路基，应继续维修养护，直到缺陷责任期满为止。

（7）应对临时工程和设施进行合理处置，使之与原地形及自然环境相协调。

工程应用

1. 工程概况

本工程为达州某产业区快速通道路路基边坡整修工程。根据《公路路基施工技术规范》（JTG F10—2006），路基工程的一般规定和已审批的施工组织设计中的路基填筑要求，结合路基填筑试验段的试验依据，在路基填筑施工中，采用了每侧增加碾压宽度（每侧增加宽50cm×2 侧 =100cm）的有效措施来保证路堤填筑全断面的压实质量，分层填筑增宽至路基顶面后，进行路基整形和边坡修整。将两侧增宽的宽度进行切除整修，整修后的坡面应顺直、美观、牢固，坡度符合设计要求，使之达到设计要求和各项技术指标。

2. 技术准备

（1）认真识读图纸，理解设计意图，了解和分析设计文件。

（2）对施工现场进行调查复核，根据掌握的资料，结合施工经验、技术水平和设备情况，制订施工方案。

（3）了解设计标准、路基边坡修整的质量要求及施工规范中推荐的施工措施。

（4）了解施工监理的有关文件、要求和程序。

（5）原始资料的调查分析、复核和施工测量。

3. 劳动力和机械设备准备

劳动力准备详见表8-1。机械设备按计划需要从项目部机械队调用，以满足工程需用，详见表8-1。

序号	工种名称	人数	序号	设备名称	数量
1	测量工	4	5	装载机	2 台
2	装载机司机	4	6	自卸车	6 辆
3	自卸车司机	6	7	胶轮车	20 辆
4	普工	120			

4. 施工工期

本工程工期为 40 天,因考虑降雨等不利天气的影响,实际施工工期控制为 24 天。为确保工程进度,施工中必须做到合理安排时间,保证质量,做好各机械和人力的协调配合工作。

5. 施工方案及施工方法

本工程边坡修整划分为三个施工段作业。由机械队及施工班组负责施工。先从 K4 + 700 开始施工至 K1 + 500,再进行 K1 + 500 ~ K0 + 000 段施工。机械由机械队负责统一调配管理。普工由人工辅助作业班组负责调配,以满足工程施工需要。

1)施工程序

施工测量放线→布点钉桩拉线→人工修整边坡→土石渣机械转运→边坡质量检测。

2)施工方法

(1)测量放线。在路床顶面用全站仪进行恢复路基中线,再根据路基中线量测至边坡顶面进行测量放桩。并在边坡的顶面和边坡的底面沿边坡纵向每 10m 钉上木桩,木桩露出坡面 10 ~ 20cm,有平台处多放两排小木桩(上坡脚及下坡顶),再用仪器和坡度尺将设计的边坡坡度抄测于木桩上,用红油漆做好标记,施工时人工根据小木桩上的高程和坡度进行横断面顺坡,通过上下木桩拉线来控制边坡坡度和高程。

(2)人工修边坡。路基填筑完成后,填方边坡采用人工刷坡修整,再根据木桩测放的坡度和高程线从上至下拉线人工清除每侧增宽填筑的 50cm 及松散部分,拍打密实,使之符合设计要求。

(3)土石渣转运。人工刷坡时,修刷出的多余土石渣,采用人工装入手推胶轮车,推送至距离路基边坡 6m 以外临时堆放,再用装载机装车,用自卸车转运至弃土场,平均运距 2.5km。

(4)质量检测。对修整成形后的路基边坡进行测量检验,检验结果符合设计要求和规范规定。

任务二　路基质量验收

学习目标

(1)明确路基质量验收的作用和目的。

(2)知道路基质量验收的内容与验收程序。

(3)能组织路基验收准备工作,会编写交工验收申请书。

![任务描述]

（1）教师准备路基质量验收实例，图片、多媒体资源等。

（2）本任务要求学生针对具体的路基质量验收，应能运用路基交工验收程序组织验收工作，编写交工验收申请书并按程序上报。

![相关知识]

为了保证路基工程施工质量达到规定的质量标准，除了切实做好路基工程施工质量初步控制和实施控制外，还应在路基工程交验时，根据工程项目合同的质量验收标准，进行施工质量控制，即工程质量检验评定或中间交验。

通过对路基工程质量的检验评定，对符合质量验收标准、达到规定的合格质量水平的分项工程，予以验收通过；对不符合验收质量标准的分项工程，应通过整修或返修后重新进行交验评定。（视频8.2）

一、路基检查与验收基本规定

公路工程质量验收是检查施工合同的执行情况，评价工程质量是否符合技术标准及设计要求，确定是否可以移交下一阶段施工或是否满足通车要求的一项工作。

路基质量验收包括中间检查验收和交工验收。

（1）中间检查验收。在分项工程、分部工程、单位工程完成后，按照《公路工程质量检验评定标准 第一册 土建工程》（JTG F80/1—2017）的要求进行质量验收。中间检查验收是保证工程质量的重要环节，对出现的质量事故、质量问题要按规定程序进行处理，对发现的质量缺陷应根据规范要求或设计要求进行返工或处理。

（2）交工验收。在路基质量验收前应按照《公路路基施工技术规范》（JTG F10—2006）及《公路工程质量检验评定标准 第一册 土建工程》（JTG F80/1—2017）的要求进行自检，自检合格后，编制符合要求的自检资料，申请进行质量验收。其主要工作是检查施工合同的执行情况，评价工程质量，对各参建单位的工作进行初步评价。

路基质量检查与验收基本规定：

（1）路基质量检查与评定应按分项工程、分部工程、单位工程逐级进行，其划分见表8-2。

路基工程划分 表8-2

单 位 工 程	分 部 工 程	分 项 工 程
路基工程 （每10km或每标段）	路基土石方工程（1～3km路段）	土方路基，填石路基，软土地基处治，土工合成材料处治层等
	排水工程（1～3km路段）	管节预制，混凝土排水管施工，检查（雨水）井砌筑，土沟，浆砌水沟，盲沟，跌水，急流槽，水簸箕，排水泵站沉井、沉淀池等
	防护支挡工程（1～3km路段）	砌体挡土墙，墙背填土，边坡锚固防护，土钉支护，砌体坡面防护，石笼防护，导流工程等
	大型挡土墙、组合式挡土墙（每处）	钢筋加工及安装，砌体挡土墙，悬臂式挡土墙，扶壁式挡土墙，锚杆、锚定板和加筋挡土墙，墙背填土等

(2)分项工程应按基本要求、实测项目、外观质量和质量保证资料等检验项目分别检查。

(3)分项工程质量应在所使用的原材料、半成品、成品及施工控制要点等方面符合基本要求,无外观质量缺陷且质量保证资料真实齐全时,才能进行检验评定。

(4)分项工程实测项目检验,即对检查项目按规定的检查方法和频率进行随机抽样检验并计算合格率。

$$检查项目合格率(\%) = \frac{合格的点(组)数}{该检查项目的全部检查点(组)数} \times 100$$

符合下列规定时,检查项目判定为合格:

①关键项目的合格率应不低于95%;

②一般项目的合格率应不低于80%;

③有规定极值的检查项目,任一单个检查值不应突破规定极值。

(5)对外观质量应进行全面检查,并满足规定要求。

(6)质量保证资料应有真实、准确、完整的施工原始记录、试验检测数据、质量检验结果等。质量保证资料应包括下列内容:

①所有原材料、半成品和成品质量检验结果;

②材料配合比、拌和加工控制检验和试验数据;

③地基处理、隐蔽工程施工记录;

④质量控制指标的试验记录和质量检验汇总图表;

⑤施工过程中遇到的非正常情况记录及其对工程质量影响分析评价资料;

⑥施工过程中如发生质量事故,经处理补救后达到设计要求的认可证明文件等。

(7)分项工程检验项目评为不合格的,应进行整修或返工处理直至合格。

二、土方路基施工质量验收标准

1. 基本要求

(1)在路基用地和取土坑范围内,应清除地表植被、杂物、积水、淤泥和表土,处理坑槽,并按规范和设计要求对基底进行压实。

(2)路基填料应符合规范和设计规定,经调查、试验检测后合理选用。

(3)填方路基应分层填筑压实,每层表面平整,路拱合适,排水良好,不得有明显的碾压轮迹,不得亏坡。

(4)应设置施工临时排水系统,避免冲刷边坡,路床顶面不得积水。

(5)在设定取土区内合理取土,不得滥开滥挖。完工后应按要求对取土坑和弃土场进行修整。

2. 实测项目

土方路基检测项目、允许偏差及检查方法见表8-3和图8-4。

3. 外观质量

(1)路基边线与边坡,不出现单向累计长度超过50m的弯折。

(2)路基边坡、护坡道、碎落台不得有滑坡、塌方或深度超过100m的冲沟。

项次	检 查 项 目			规定值或允许偏差			检查方法和频率
				高速公路、一级公路	其他公路		
					二级公路	三、四级公路	
1△	压实度	上路床	0～0.30m	≥96	≥95	≥94	按规定方法检查；密度法:每200m每压实层测2处
		下路床 轻、中及重交通荷载等级	0.30～0.80m	≥96	≥95	≥94	
		下路床 特重、极重交通荷载等级	0.30～1.20m	≥96	≥95	—	
		上路堤 轻、中及重交通荷载等级	0.80～1.50m	≥94	≥94	≥93	
		上路堤 特重、重交通荷载等级	1.20～1.90m	≥94	≥94	—	
		下路堤 轻、中及重交通荷载等级	>1.50m	≥93	≥92	≥90	
		下路堤 特重、极重交通荷载等级	>1.90m				
2△	弯沉(0.01mm)			不大于设计验收弯沉值			按规定方法检查
3	纵断面高程(mm)			+10,-15	+10,-20		水准仪:中线位置每200m测2点
4	中线偏位(mm)			50	100		全站仪:每200m测2点,弯道加HY、YH两点
5	宽度(mm)			满足设计要求			尺量:每200m测4处
6	平整度(mm)			≤15	≤20		3m直尺:每200m测2处×5尺
7	横坡(%)			±0.3	±0.5		水准仪:每200m测2个断面
8	边坡			满足设计要求			尺量:每200m测4点

注:1.表列压实度以重型击实试验法为准,评定路段内的压实度平均值下置信界限不得小于规定标准,单个测定值不得小于极值(表列规定值减5%)。按测定值不小于表列规定值减2%的测点占总检查点数的百分率计算合格率。

2.对于特殊干旱、特殊潮湿地区或过湿土路基,可按路基设计、施工规范所规定的压实度标准进行评定。

3.三、四级公路修筑沥青混凝土或水泥混凝土路面时,路基压实度应采用二级公路标准。

4.△表示关键项目,后同。

图　8-4

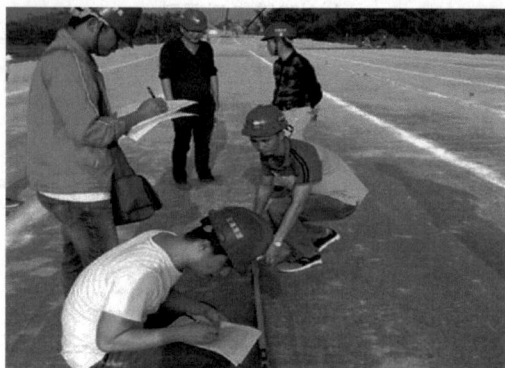

图 8-4　土方路基质量检测

三、填石路基施工质量验收标准

1. 基本要求

(1) 填石路基应分层填筑压实,每层表面平整,路拱合适,排水良好,上路床不得有碾压轮迹,不得亏坡。

(2) 修筑填石路基时应进行地表清理,填筑层厚度应符合规范规定并满足设计要求,填石空隙用石渣、石屑嵌压稳定。

(3) 填石路基应通过试验路确定沉降差控制标准。

2. 实测项目

填石路基实测项目、允许偏差及检查方法见表 8-4。

填石路基实测项目、允许偏差及检查方法 　　　　　　　　表 8-4

项次	检查项目		规定值或允许偏差		检查方法和频率
			高速公路、一级公路	其他公路	
1△	压实		孔隙率满足设计要求		密度法:每 200mm 每压实层测 1 处
			沉降差≤试验路确定的沉降差		水准仪:每 50m 测 1 个断面,每个断面测 5 点
2△	弯沉(0.01mm)		不大于设计值		按规定方法检查
3	纵断高程(mm)		+10,-20	+10,-30	水准仪:每 200m 测 2 点
4	中线偏位(mm)		≤50	≤100	全站仪:每 200m 测 2 点,弯道加 HY、YH 两点
5	宽度(mm)		满足设计要求		尺量:每 200m 测 4 点
6	平整度(mm)		≤20	≤30	3m 直尺:每 200m 测 2 处×5 尺
7	横坡(%)		±0.3	±0.5	水准仪:每 200m 测 2 个断面
8	边坡	坡度	满足设计要求		尺量:每 200m 测 4 点
		平顺度	满足设计要求		

注:上、下路床填土时,压实度检验标准同土方路基。△为关键项目,下同。

3. 外观质量

(1) 路基边线与边坡不应出现单向累计长度超过 50m 的弯折。

(2) 上边坡不得有危石。

212

四、软土地基验收标准

1. 基本要求

软土地基处治应符合下列基本要求：

（1）换填地基的填筑压实要求同土方路基。

（2）砂垫层：应分层碾压施工；砂垫层的宽度应宽出路基坡脚 0.5 ~ 1.0m，砂垫层的厚度及其上铺设的反滤层应满足设计要求。

（3）反压护道：护道高度、宽度应满足设计要求，压实度不低于 90%。

（4）袋装砂井、塑料排水板：砂袋和塑料排水板下沉时不得出现扭结、断裂等现象；井（板）底高程应满足设计要求，塑料排水板超过孔口的长度应伸入砂垫层不小于 500mm。

（5）粒料桩：施工工艺应符合规定要求；施工前应进行成桩工艺和成桩挤密试验，桩体应连续、密实。

（6）加固土桩：施工前应进行成桩工艺和成桩强度试验；施工设备必须安装喷粉（浆）自动记录装置，施工工艺应符合规范规定。

（7）水泥粉煤灰碎石桩：施工前应进行成桩工艺和成桩强度试验；混合料应拌和均匀，桩体施工应选择合理的施打顺序，成桩过程中应对已打桩的桩顶进行位移监测。

（8）软土地基上的路堤，应满足沉降标准和稳定性的要求。

2. 实测项目

软土地基处治的实测项目应符合表 8-5 ~ 表 8-8 的规定。

砂垫层实测项目　　　　　　　　　　　　　　　表 8-5

项次	检查项目	规定值或允许偏差	检查方法和频率
1	砂垫层厚度	不小于设计值	尺量：每 200m 测 2 点，且不少于 5 点
2	砂垫层宽度	不小于设计值	尺量：每 200m 测 2 点，且不少于 5 点
3	反滤层设置	满足设计要求	尺量：每 200m 测 2 点，且不少于 5 点
4	压实度（%）	≥90	密度法：每 200m 测 2 点，且不少于 5 点

袋装砂井、塑料排水板实测项目　　　　　　　　　　　表 8-6

项次	检查项目	规定值或允许偏差	检查方法和频率
1	井（板）间距（mm）	±150	尺量：抽查 2% 且不少于 5 点
2△	井（板）长度	不小于设计值	查施工记录
3	井径（mm）	+10,0	挖验 2% 且不少于 5 点
4	灌砂率（%）	-5	查施工记录

粒料桩实测项目　　　　　　　　　　　　　　　表 8-7

项次	检查项目	规定值或允许偏差	检查方法和频率
1	桩距（mm）	±150	抽查 2% 不少于 5 点
2	桩径（mm）	不小于设计值	抽查 2% 不少于 5 点
3△	桩长（m）	不小于设计值	查施工记录并结合重型动力触探
4	粒料灌入率（%）	不小于设计值	查施工记录
5	地基承载力	满足设计要求	抽查桩数的 0.1% 不少于 3 处

项次	检 查 项 目	规定值或允许偏差	检查方法和频率
1	桩距(mm)	±100	尺量:抽查2%且不少于5点
2	桩径(mm)	不小于设计值	尺量:抽查2%且不少于5点
3△	桩长(m)	不小于设计值	查施工记录并结合0.2%成桩取芯检查
4	每延米喷粉(浆)量	不小于设计值	查施工记录
5△	强度(MPa)	不小于设计值	取芯法:抽查0.5%且不少于3组
6	地基承载力	满足设计要求	抽查桩数的0.1%且不少于3处

五、排水工程验收标准

1.排水工程质量检查

排水工程质量检查应符合以下规定:

(1)排水工程施工应满足设计要求并符合施工规范的规定,依照实际地形,选择合适位置,将地面水和地下水排至路基以外。

(2)边沟、截水沟、排水沟等应按表8-9、表8-10的标准要求进行检验。

(3)跌水、急流槽、水簸箕等其他排水工程应按浆砌水沟标准的要求进行检验。

(4)路面拦水带应纳入路缘石分项工程,排水基层应按标准的要求进行检验。

(5)沟槽回填土施工应符合施工规范的规定并满足设计要求。

(6)钢筋混凝土构件应包含钢筋加工及安装分项工程,预应力混凝土构件应包括预应力钢筋的加工和张拉分项工程。

2.土沟

(1)基本要求

土沟应符合下列基本要求:土沟边坡应平整、坚实、稳定。

(2)实测项目

土沟的实测项目应符合表8-9的规定。

土 沟 实 测 项 目　　　表 8-9

项次	检 查 项 目	规定值或允许偏差	检查方法和频率
1	沟底高程(mm)	0,−30	水准仪:每200m测4点,且不少于5点
2	断面尺寸(mm)	不小于设计值	尺量:每200m测2点,且不少于5点
3	边坡坡度	不陡于设计值	尺量:每200m测2点,且不少于5点
4	边棱直顺度(mm)	50	尺量:20m拉线,每200m测2点,且不少于5点

(3)外观质量

土沟的外观质量应符合下列规定:沟内不得有杂物,无排水不畅。

3.浆砌水沟

(1)基本要求

①浆砌片(块)石、混凝土预制块的质量和规格,应符合国家和行业标准及合同约定的规定,并满足设计要求。

214

②砌体砂浆配合比准确,砌缝内砂浆均匀饱满,勾缝密实。

③基础中缩缝应与墙身缩缝对齐。

（2）实测项目

浆砌水沟的实测项目、允许偏差及检查方法见表8-10。

浆砌水沟实测项目、允许偏差及检查方法 表8-10

项次	检查项目	规定值或允许偏差	检查方法和频率
1△	砂浆强度（MPa）	在合格标准内	按规定检查
2	轴线偏位（mm）	50	全站仪或尺量;每200m测5点
3	沟底高程（mm）	±15	水准仪;每200m测5点
4	墙面直顺度（mm）	30	20m拉线;每200m测2点
5	坡度	满足设计要求	坡度尺;每200m测2点
6	断面尺寸（mm）	±30	尺量;每200m测2个断面,且不少于5个断面
7	铺砌厚度（mm）	不小于设计值	尺量;每200m测2点
8	基础垫层宽度、厚度（mm）	不小于设计值	尺量;每200m测2点

（3）外观质量

浆砌水沟的外观质量应符合下列规定：

①砌体抹面不得有空鼓。

②沟底不得有杂物,无排水不畅。

六、防护与支挡工程验收标准

1.砌体坡面防护

1）基本要求

砌体坡面防护应满足下列基本要求：

（1）勾缝砂浆强度不得小于浆砌砂浆强度。

（2）坡面下端基础埋置深度及其地基承载力应满足设计要求。

（3）护面下填土密实度应满足设计要求,对坡面刷坡整平后方可铺砌。

（4）砌块应相互错缝、咬扣紧密,嵌缝饱满密实。

（5）应按设计要求设置沉降缝、伸缩缝、泄水孔、坡面防排水设施。

2）实测项目

砌体坡面防护的实测项目见表8-11。

砌体坡面防护实测项目 表8-11

项次	检查项目		规定值或允许偏差	检查方法和频率
1△	砂浆强度（MPa）		在合格标准内	按规定方法检查
2	顶面高程（mm）	料、块石	±30	水准仪:长度不大于30m时测5点,每增加10m增加1点
		片石	±50	
3	表面平整度（mm）	料、块石	≤25	2m直尺:除锥坡外每50m测3处,每处纵、横向各1尺,锥坡处顺坡测3尺
		片石	≤35	

项次	检查项目	规定值或允许偏差	检查方法和频率
4	坡度 （%）	≤设计值	坡度尺：长度不大于 30m 时测 5 处，每增加 10m 增加 1 处
5△	厚度或断面尺寸 （mm）	≥设计值	尺量：长度不大于 50m 时测 10 个断面，每增加 10m 增加 1 断面
6*	框格间距（mm）	±150	尺量：抽查 10%

注：* 仅适用于框格式护面。

3）外观质量

砌体坡面防护的外观质量应符合下列规定：

（1）浆砌缝开裂、勾缝不密实和脱落的累计换算面积不得超过该面积（检测面积）的 1.5%，且单个最大换算面积不应大于 0.08m^2。换算面积按缺陷缝长度乘以 0.1m 计算。

（2）框格梁不得与坡面脱空。

（3）坡面不得出现塌陷，外鼓变形。

2. 边坡锚固防护

1）基本要求

边坡锚固防护应满足下列基本要求：

（1）边坡坡度、坡面应满足设计要求，坡面应无风化、无浮石，喷射前应用水冲洗干净。

（2）锚杆、锚索的数量不得少于设计数量。

（3）框格梁钢筋、钢筋网与锚杆或其他锚固装置连接牢固，喷射混凝土时钢筋不得晃动。

（4）注浆性能应符合相关施工技术规范的规定，锚孔内注浆应密实，注浆压力需满足设计要求。

（5）坡面混凝土喷射前，应对坡面的渗漏水、流水等进行处理。

（6）预应力锚杆、锚索应符合标准规定的基本要求，并按设计要求的工艺进行张拉。

（7）锚杆、锚索的长度应大于或等于设计长度，插入锚孔内的预应力锚杆、锚索长度不得小于设计长度的 97%，其他不得小于 98%。非锚段套管安装位置应满足设计要求。

（8）预应力锚杆、锚索应采用机械切割，锁定应满足设计要求。

（9）沉降缝、伸缩缝的位置、缝宽应满足设计要求，采用弹性材料填充密实，填充深度应满足设计要求。

（10）锚杆、锚索的防护应满足设计要求。

2）实测项目

边坡锚固防护的实测项目应符合表 8-12 和表 8-13 的规定。

边坡锚固防护实测项目 表 8-12

项次	检查项目	规定值或允许偏差	检查方法和频率
1△	注浆强度（MPa）	在合格标准内	按规定方法检查
2	锚孔深度（mm）	≥设计值	尺量：抽查 20%
3	锚孔孔径（mm）	满足设计要求	尺量：抽查 20%
4	锚孔轴线倾斜（%）	2	倾角仪：抽查 20%

项次	检 查 项 目		规定值或允许偏差	检查方法和频率
5	锚孔位置（mm）	设置框格梁	±50	尺量：抽查20%
		其他	±100	
6△	锚杆、锚索抗拔力（kN）		满足设计要求，设计未要求时，抗拔力平均值≥设计值；80%锚杆的抗拔力≥设计值；最小抗拔力≥0.9设计值	抗拔力试验：检查数量按设计要求，设计未要求时按锚杆数的5%，且不少于3根检查
7△	张拉力（kN）		满足设计要求	查油压表：逐根（束）检查
8	张拉伸长率（%）		满足设计要求；设计未要求时为±6	尺量：逐根（束）检查
9	断丝、滑丝数		每束1根，且每断面不超过钢丝总数的1%	目测：逐根（束）检查

注：实际工程中未涉及的项目不检查。

坡面结构实测项目　　　　　　　　　　表8-13

项次	检 查 项 目	规定值或允许偏差	检查方法和频率
1△	混凝土强度（MPa）	在合格标准内	喷射混凝土按规定方法检查
2	喷层厚度（mm）	平均厚度≥设计厚度；80%测定的厚度≥设计厚度；最小厚度≥0.6且大于或等于设计规定最小值	凿孔法或工程雷达法：每50m² 测1处，总数不少于5处
3	锚墩尺寸（mm）	+10，-5	尺量：抽查20%，每件测顶底面边长及高度
4	框格梁、地梁、边梁断面尺寸（mm）	≥设计值	尺量：抽查20%，每梁测2个断面
5	框格梁、地梁、边梁平面位置（mm）	±150	尺量：抽查10%

注：实际工程中未涉及的项目不检查。

3）外观质量

边坡锚固防护的外观质量应符合下列规定：

（1）喷射混凝土应无突变、漏喷、脱落，空鼓、开裂的累计面积不得超过喷射面积的1.5%，且单个缺陷最大面积不大于0.02m²，开裂按裂缝长度乘以0.1m计算面积。

（2）锚索墩、框格梁、地梁、边梁、封锚等。混凝土构件表面不应存在标准所列限制缺陷。

（3）钢筋网、土工格栅及锚杆、锚索不得外露。

（4）框格梁不得与坡面脱空。

3. 石笼防护

1）基本要求

石笼防护应满足下列基本要求：

（1）石笼、绑扎线及填充料的种类、规格和质量应满足设计要求。

（2）地基处理及承载力应满足设计要求。

（3）石笼应充填饱满，充填料密实。

(4)石笼的坐码或平铺应错缝,绑扎应牢固,不得出现松脱、遗漏。

2)实测项目

石笼防护的实测项目应符合表8-14的规定。

石笼防护实测项目

表8-14

项次	检查项目	规定值或允许偏差	检查方法和频率
1	平面位置偏位(mm)	≤300	全站仪:按设计控制坐标测
2	长度(mm)	≥设计长度 – 300	尺量:每段测
3	宽度(mm)	≥设计宽度 – 200	尺量:每段测 5 处
4	高度(mm)	≥设计值	水准仪或尺量:每段测 5 处

3)外观质量

石笼防护的外观质量应符合下列规定:

(1)坐码石笼不得出现通缝。

(2)不得出现外鼓变形。

4.其他砌石构筑物

1)基本要求

其他砌石构筑物应符合下列基本要求:

(1)勾缝砂浆强度不得小于浆砌砂浆强度。

(2)砌块应错缝砌筑、相互咬紧;浆砌时砌块应坐浆挤紧,砂浆饱满;干砌时无松动、无叠砌和浮塞。

2)实测项目

其他砌石构筑物的实测项目应符合表8-15和表8-16的规定。

其他砌石构筑物实测项目

表8-15

项次	检查项目		规定值或允许偏差	检查方法和频率
1△	砂浆强度(MPa)		在合格标准内	按规定方法检查
2	顶面高程(mm)	料、块石	±15	水准仪:长度不大于 30m 时测 5 点,每增加 10m 增加 1 点
		片石	±20	
3	坡度(%)	料、块石	≤0.3	铅锤法:长度不大于 30m 时测 5 处,每增加 10m 增加 1 处
		片石	≤0.5	
4△	断面尺寸(mm)	料石	±20	尺量:长度不大于 50m 时测 10 个断面,每增加 10m 增加 1 个断面
		块石	±30	
		片石	±50	
5	表面平整度(mm)	料石	≤15	2m 直尺:每 20m 测 3 处,每处测竖直、水平两个方向
		块石	≤25	
		片石	≤35	

干砌片石砌体实测项目   表 8-16

项次	检查项目		规定值或允许偏差	检查方法和频率
1	顶面高程（mm）		±30	水准仪:长度不大于 30m 时测 5 点,每增加 10m 增加 1 点
2△	断面尺寸（mm）	高度	±100	尺量:长度不大于 30m 时测 5 处,每增加 10m 增加 1 点
		厚度	±50	
3	表面平整度（mm）		≤50	2m 直尺:每 20m 测 3 处,每处测竖直、水平两个方向

3) 外观质量

其他砌石构筑物的外观质量参照砌体坡面防护的规定。

5. 导流工程

1) 基本要求

导流工程应符合下列基本要求:

(1) 导流堤、坝的基础埋置深度及地基承载力应满足设计要求。

(2) 填筑材料应分层压实。

(3) 导流堤、坝的接缝应按设计要求施工,与边坡、岸坡的接合处理应稳定、牢靠。

2) 实测项目

导流工程的实测项目应符合表 8-17 的规定。

导流工程实测项目   表 8-17

项次	检查项目	规定值或允许偏差	检查方法和频率
1△	砂浆和混凝土强度（MPa）	在合格标准内	按规定检查
2	堤(坝)体压实度（%）	满足设计要求	密度法:每压实层测 3 处
3	平面位置偏位（mm）	30	全站仪:按设计控制坐标测
4	长度（mm）	≥设计长度 −100	尺量:测每个
5	断面尺寸（mm）	≥设计值	尺量:测 5 个断面
6	坡度（%）	≤设计值	坡度尺:测 5 处
7	顶面高程（mm）	±30	水准仪:测 5 点

3) 外观质量

导流工程的外观质量应符合下列规定:

(1) 导流堤、坝体不得出现亏坡。

(2) 表面不规整、边线不顺畅的累计长度不得超过总长度的 10%。

6. 支挡工程

防护支挡工程的质量检验应符合以下规定:

(1) 当砌体挡土墙平均墙高大于或等于 6m 且墙身面积大于 1200m² 时,为大型挡土墙,每处应作为分部工程进行检验。

（2）桩板式、锚杆、锚定板等组合式挡土墙，每处应作为分部工程进行检验。

（3）对丁坝、护岸，可参考挡土墙的相关规定进行检验。

（4）钢筋混凝土结构或构件均应包含钢筋加工及安装分项工程。

1）砌体挡土墙

（1）基本要求

砌体挡土墙应符合下列基本要求：

①勾缝砂浆强度不得小于砌筑砂浆强度。

②地基承载力、基础埋置深度须满足设计要求。

③砌筑应分层错缝。浆砌时坐浆挤紧，嵌填饱满密实，不得有空洞；干砌时不得松动、叠砌和浮塞。

④混凝土应分层浇筑，施工缝及片石埋放应符合施工技术规范的规定。

⑤沉降缝、伸缩缝、泄水孔位置、尺寸和数量应满足设计要求；沉降缝、伸缩缝应竖直、贯通，采用弹性材料填充密实，填充深度应满足设计要求。

（2）实测项目

砌体挡土墙检查项目、允许偏差及检查方法见表8-18、表8-19。

浆砌挡土墙实测项目、允许偏差及检查方法 表8-18

项次	检查项目		规定值或允许偏差	检查方法和频率
1△	砂浆强度（MPa）		在合格标准内	按规定方法检查
2	平面位置（mm）		≤50	全站仪：测墙顶外边线，长度不大于30m时测5点，每增加10m增加1点
3	墙面坡度（%）		≤0.5	铅锤法：长度不大于30m时测5处，每增加10m增加1处
4△	断面尺寸（mm）		≥设计值	尺量：长度不大于50m时测10个断面，每增加10m增加1个断面
5	顶面高程（mm）		±20	水准仪：长度不大于30m时测5点，每增加10m增加1点
6	表面平整度（mm）	块石	≤20	2m直尺：每20m测3处，每处测竖直、墙长两个方向
		片石	≤30	
		混凝土预制块、料石	≤10	

干砌挡土墙实测项目、允许偏差及检查方法 表8-19

项次	检查项目	规定值或允许偏差	检查方法和频率
1	平面位置（mm）	≤50	全站仪：测墙顶外边线，长度不大于30m时测5点，每增加10m增加1点
2	墙面坡度（%）	≤0.5	铅锤法：长度不大于30m时测5处，每增加10m增加1处
3△	断面尺寸（mm）	≥设计值	尺量：长度不大于50m时测10个断面，每增加10m增加1个断面
4	顶面高程（mm）	±50	水准仪：长度不大于30m时测5点，每增加10m增加1点
5	表面平整度（mm）	≤50	2m直尺：每20m测3处，每处测竖直、墙长两个方向

（3）外观质量

砌体挡土墙的外观质量应符合以下规定：

①浆砌缝开裂、勾缝不密实和脱落的累计换算面积不得超过该面积的 1.5%，且单个最大换算面积不应大于 0.08m²。换算面积应按缺陷缝长度乘以 0.1m 计算。

②混凝土表面不应存在标准所列缺陷。

③砌体不得出现外鼓变形。

④泄水孔应无反坡、堵塞。

2）锚杆和锚定式挡土墙

（1）基本要求

锚杆和锚定式挡土墙的基本要求如下：

①锚杆根数不得少于设计数量。

②地基承载力应满足设计要求。

③锚杆的长度应大于或等于设计长度，锚杆插入锚孔内的长度不得小于设计长度的 98%。

④锚杆注浆性能应符合施工技术规范的规定，锚孔内注浆应密实，注浆压力满足设计要求。

⑤沉降缝、伸缩缝、泄水孔位置、尺寸和数量应满足设计要求；沉降缝、伸缩缝应竖直、贯通，采用弹性材料填充密实，填充深度应满足设计要求。

（2）实测项目

锚杆和锚定式挡土墙的实测项目应符合表 8-20 的规定。

锚杆和锚定式挡土墙实测项目 表 8-20

项次	检 查 项 目		规定值或允许偏差	检查方法和频率
1	墙顶和肋柱平面位置（mm）	路堤式	+50，-100	全站仪：长度不大于 30m 时测 5 点，每增加 10m 增加 1 点
		路肩式	±50	
2	墙顶和柱顶高程（mm）	路堤式	±50	水准仪：长度不大于 30m 时测 5 点，每增加 10m 增加 1 点
		路肩式	±30	
3	肋柱间距（mm）		±15	尺量：每柱间
4	墙面平整度（mm）		≤15	2m 直尺：每 20m 测 3 处，每处测竖直、墙长两个方向

（3）外观质量

锚杆和锚定式挡土墙的外观质量应符合以下规定：

①混凝土构件不应存在《公路工程质量检验评定标准》（JTG F80/1—2017）规定的限制缺陷。

②锚头不得外露，封锚混凝土或砂浆应无裂缝、疏松。

③墙体不得出现外鼓变形。

④泄水孔应无反坡、堵塞。

3）墙背填土

（1）基本要求

墙背填土的基本要求如下：

①墙背填土应采用设计要求的填料,不应含有机物、冰块、草皮、树根等杂物或生活垃圾。

②墙背填土和挖方路基、填方路基搭接,并满足设计要求。

③应分层填筑压实,每层表面应平整,顶层路拱应合适。

④反滤层材料的铺设范围应满足设计要求。

⑤墙身强度达到设计强度的75%以上才可开始回填。

(2)实测项目

墙背填土的实测项目应符合表8-21的规定。

墙背填土实测项目 表8-21

项次	检查项目	规定值或允许偏差	检查方法和频率
1△	距面板1m范围以内的压实度(%)	≥90	按标准检查,每50m每压实层测1处,且不得少于1处
2	反滤层厚度(mm)	≥设计厚度	尺量:长度不大于50m时测5处,每增加10m增加1处

(3)外观质量

墙背填土的外观质量应符合以下规定:

①填土表面不平整的累计长度不得超过总长度的10%。

②不得出现亏坡。

七、路基质量保证措施

路基施工质量采取的质量保证措施如下:

(1)严格按照施工技术规范要求进行,并接受监理工程师监督,把好工序质量关。

(2)坚持三级质量检查验收制度,上一道工序完工后,经初检、复检、会检验收合格现场监理签字认可后,才能允许进入下一道工序施工。

(3)坚持三级技术交底制度,规范操作程序。通过技术交底的方式,将工序施工意图,施工质量要求,实施过程中的注意事项,质量预控措施,自上而下落实到每一个环节和施工队伍中去。

(4)加强工程测量和测量复核制度,保证测量精度。

(5)加强施工管理人员现场监督和指导施工的旁站制度,并做好交接班记录,将施工质量责任落实到人。

(6)做好原始资料的收集和管理工作,保证原始资料的真实性和可靠性。

工程应用

1. 工程概况

某道路路基工程2.673km,本工程标段为K0+000~K2+673,路基宽9.8m。由三个施工单位完成路基土石方工程,总工期90天。

2. 施工情况

1)路基基底处理

(1)路基经过水塘和水田地段,根据规范和施工要求,抽干积水,清除淤泥和腐殖土,压实基底后进行填筑。

（2）经过稻田、池塘、河沟地段的淤泥或潮湿土深度大于2m的部分,采用抛石挤淤的施工方法。片、块石排淤层高于水面或淤泥层1m,且经碾压密实。抛投片、块石的粒径应大于30cm,抛投顺序以路堤的中部开始向两侧扩展或从高处向低处扩展。采用重型压路机碾压,然后在其上铺设碎石反滤层,厚度为50cm,再填土分层碾压。

2）验收路段

本次验收的 K0 +000 ~ K2 +673 路段,路基宽9.8m。

3. 路基质量验收情况

1）主控项目

在 K0 +000 ~ K2 +673 路段上进行路床铺装找平,基底岩质为页岩,粗挖至设计高程后进行找平,其自检压实度和弯沉结果如下:

该段路基压实度应检测一区12点,实际检测12点,合格12点,合格率100%。

该段路基弯沉值应检测一区5点,实际检测5点,合格5点,合格率100%。

2）一般项目

平整度应检测一区6点,实际检测6点,合格6点,合格率100%。

纵断高程应检测一区10点,实际检测10点,合格10点,合格率100%。

路基宽度应检测一区10点,实际检测10点,合格8点,合格率88%。

中心偏位应检测2点,实际检测2点,合格2点,合格率100%。

4. 路基质量验收结果

检查项目合格率情况符合规范要求:

（1）关键项目的合格率不低于95%。

（2）一般项目的合格率不低于80%。

自检结果满足要求,可向建设单位提出检查验收申请。

思考与练习

一、单选题

1. 土质路基表面压实后应平整,不得有松散、（ ）现象。

　　A. 坑槽　　　　　　B. 低洼　　　　　　C. 松石　　　　　　D. 起皮

2. 修整的路基表层150mm以内,松散的或半埋的尺寸大于（ ）的石块,应从路基表层移走,并按规定填平压实。

　　A. 120mm　　　　　B. 100mm　　　　　C. 50mm　　　　　D. 30mm

3. 深路堑土质边坡整修应按设计要求坡度,（ ）进行边坡修整,不得在边坡上以土贴补。

　　A. 自下而上　　　　　　　　　B. 自中向下

　　C. 自上而下　　　　　　　　　D. 随意开挖

4. 以下工程属于分部工程的是（ ）。

　　A. 路肩　　　　　　　　　　　B. 排水工程

C. 石方工程   D. 路缘石

5. 对分项工程质量进行检验评定时,必须满足( )的相关规定才能进行。
     A. 外观鉴定   B. 质量保证资料
     C. 基本要求   D. 实测项目

6. 下列检测项目中不属于土方路基实测项目的是( )。
     A. 强度   B. 宽度   C. 压实度   D. 平整度

7. 下列指标中对土方路基质量评定影响最大的指标是( )。
     A. 压实度   B. 平整度   C. 宽度   D. 纵断高程

8. 工程质量评分与等级评定工作包括:①单位工程质量评分;②分项工程质量等级评定;③合同段和建设项目质量评分;④分部工程质量等级评定;⑤分项工程质量评分;⑥单位工程质量等级评定;⑦分部工程质量评分;⑧合同段和建设项目等级评定。正确的评定顺序为( )。
     A. ⑦⑤③①④②⑥⑧   B. ⑤⑦①③②④⑥⑧
     C. ⑦⑤①③②④⑥⑧   D. ⑤⑦①③④②⑥⑧

9. 一个合同段的路基土石方工程在建设项目中作为一个( )。
     A. 单位工程   B. 主体工程
     C. 分部工程   D. 分项工程

10. 分项工程评分包括:①计算分项工程得分;②计算外观鉴定减分;③计算分项工程评分值;④实测项目计分;⑤基本要求检查;⑥质量保证资料不全减分。正确的评分顺序为( )。
     A. ①③④⑥⑤②   B. ①②③④⑥⑤
     C. ④①②③⑥⑤   D. ⑤④①②⑥③

11. 某分项工程经加固、补强后,复评分值为80分,那么该分项工程可评为( )。
     A. 优良   B. 合格   C. 不合格   D. 无法评定

12. 分部工程质量评定等级分为( )。
     A. 合格与不合格   B. 合格、不合格与良好
     C. 优质、合格及不合格   D. 优质、良好、合格及不合格

13. ( )不属于石方路基的实测项目。
     A. 平整度   B. 弯沉   C. 边坡   D. 压实度

14. 进行挡土墙评定时,墙背填土距面板1m的范围内压实度应达到( )。
     A. 90%   B. 95%   C. 96%   D. 97%

15. 挡土墙平均墙高超过( )且墙身面积不小于$1200m^2$时,作为大型挡土墙评定。
     A. 4m   B. 5m   C. 6m   D. 7m

二、多选题

1. 工程项目施工质量检查验收时,应重点检查的施工质量保证资料包括( )。
     A. 施工日志   B. 施工检测资料
     C. 测量复核资料   D. 工地施工例会会议纪要

2. 分项工程的扣分项目包括( )。
     A. 外观缺陷扣分   B. 资料不全扣分
     C. 基本要求不符扣分   D. 实测项目不合格扣分

3. 在分项工程质量检验评分中不得进行检验和评定的情况有(　　)。

    A. 实测项目不合格   B. 不符合基本要求规定

    C. 存在外观缺陷   D. 缺乏基本数据

4. 对于砌体挡土墙，每处可以作为分项工程进行评定的是(　　)。

    A. 挡土墙的平均墙高小于6m

    B. 挡土墙的平均墙高小于10m

    C. 挡土墙的墙身面积大于1200m²

    D. 挡土墙的墙身面积小于1200m²

5. 压实度评定时的控制指标包括(　　)。

    A. 压实度平均值   B. 压实度代表值

    C. 单点合格值   D. 单点极值

三、简答题

1. 路基工程的分部工程包括哪些？

2. 土方路基的实测项目包括哪些？

3. 简述路基整修的基本要求。

4. 何时对路基进行中间检查？

5. 路基施工质量保证资料应包括哪些方面？

6. 简述路基交工验收的内容与验收程序。

四、计算题

    某二级公路路基工程进行交工验收，已知压实度规定值为95%，规定极值为90%，测得某段的压实度数值为95.5%、97.0%、92.5%、96.5%、94.5%、96.0%、97.5%、95.6%、96.5%，试对该段的压实度检测结果进行评定。

附录 "课程思政"案例

1. 中国公路:500 万公里的诞生

2019 年我国公路里程突破 501 万公里。世界上本没有路,那我们就去开路。1949 年新中国成立之初,全国公路通车里程仅有 8 万公里。随后一批批公路建设者们向边疆、向全国开路。1954 年青藏公路建成,1954 年康藏公路建成。改革开放之初(1988 年)中国大陆第一条高速公路沪嘉高速建成。随着技术的突破,连绵群峰、沙漠戈壁、茫茫海峡、高山深谷,更多公路跨海穿山。中国公路 500 万公里的诞生,见证了一代又一代公路人的坚持和信仰,承载着每一位公路人的交通强国梦。

2. 你知道修了 48 年的墨脱公路有多难吗?

资源出处:三维地图看世界 https://www.zhihu.com/zvideo/1274383000495259648

墨脱公路,一条名副其实的"天路",都说"蜀道难,难于上青天",可墨脱公路却是一条比蜀道更难的路。墨脱县隶属林芝市,位于西藏东南部,地处雅鲁藏布江下游,全县仅有一万四千人,还不及其他省市的一个镇人多,但这座小镇一定要修一条公路,因为它对于中国领土完整意义重大。几十年来,面对极其复杂的自然地理和水文地质条件,墨脱公路经历了无数次修建,凝聚了无数人的苦心孤诣。终于在 2013 年 10 月,全长 117 公里的扎墨公路建成通车,中国最后一个不通公路的县城——西藏墨脱县也通上了公路,全国 2856 个县一个不少,全部紧密相连。尽管这条连接墨脱与外界的公路每年只能通车 9 个月,并不能算作一条真正的畅通公路,但仍然创造了中国公路的历史。向奋战在墨脱公路建设一线的前辈致敬,我们要以百折不挠的精神完成各项任务!

3. "天路"铸丰碑——追忆"青藏公路之父"慕生忠将军

资源出处:中国交通报 https://m.sohu.com/a/297932209_100122961? _trans_ = 010004_ pcwzy

慕生忠,1910 年出生于陕北吴堡县,1930 年参加陕北红军。新中国成立后,先后担任西北铁路干线工程局政治部主任、青藏铁路工程局局长、甘肃省交通厅副厅长等职。慕生忠是一个传奇,不仅有着辉煌的战绩,他的名字还和举世瞩目的青藏公路紧紧联系在一起,被誉为"青藏公路之父"。他曾两次骑马进藏,入藏之艰难让这位身经百战的将军萌生了在世界屋脊修筑一条现代公路的设想。格尔木是青藏公路的起点,1954 年 5 月 11 日,慕生忠带领 19 名干部、1200 多名民工组成的筑路大军来到格尔木开始了艰难的筑路进程。在财力匮乏、技术短缺、自然环境极其恶劣的情况下,慕将军带领 10 万军民,靠铁锹、钢钎等极为简陋的工具,仅用 7 个月零 4 天的时间,在"生命禁区"打通了格尔木至拉萨的公路运输线,创造了世界公路史上的奇迹,结束了西藏没有公路的历史,开启西藏迈向现代文明的新征程。青藏公路修通那天,喜悦散去之后还有无尽的悲凉,当初进藏的修路人,有三分之一牺牲在了建设一线。他们用英勇无畏、舍我其谁的行动,忠实践行并树立了"一不怕苦、二不怕死,顽强拼搏、甘当路石,军民一家、民族团结"的"两路"精神。1994 年 10 月 19 日,84 岁的慕生忠将军在兰州病逝,遵照他的遗愿,子女们把他的骨灰撒向莽莽昆仑。

4.匠心铸就大国梦:大勇不惧 中铁二局二公司隧道爆破高级技师彭祥华

资源出处:CCTV 综合频道 https://tv.cctv.com/2016/09/30/VIDAtVQu8llYDhLV4Cii285o 160930.shtml

彭祥华是中铁二局二公司技术中心专家,隧道爆破技师。1994 年 7 月参加工作,被推选为木工班班长。可他并不满足于当一个木工班长,而是看向爆破领域。1997 年,参加山西省朔黄铁路建设时,彭祥华开始接触隧道爆破技术,并产生了浓厚兴趣,他一边从事木工班长工作,一边深入开挖班学习,熟练掌握了隧道开挖爆破技术,没人能预料,这个半路出家的爆破工,日后竟成了闻名全国的"爆破王"。他多年战斗在祖国偏远地区,不怕艰辛,为祖国建设付出了青春与热血,先后参加了横南铁路、朔黄铁路、菏日铁路、青藏铁路、川藏铁路(拉林段)等10 余项国家重点工程建设。川藏铁路,凌云而建。在软若豆腐的岩层上实施精准爆破,是彭祥华的绝活。超前地质预报的测量、炸药分装、炮孔间距和深度及起爆时差均控制得十分准确,对于这些的计量,彭祥华从来都是以"毫米""毫克"来进行计量,他总是能把误差控制得远远小于规定的最小误差。

"对于我们爆破工来说,最希望看到的就是隧道贯通的那一刻。以前听老爆破工人说隧道贯通是爆破工人必须要看到的。贯通的时候,隧道外面的阳光照进来,那个时候大家心里都非常开心。所以不管遇到什么样的问题,我心里想的就一定要打通它,看到那一线光。"——彭祥华

5.警钟长鸣:天定高速公路质量事故的反思

资源出处:CCTV 综合频道 https://tv.cctv.com/2016/09/30/VIDAtVQu8llYDhLV4Cii285o 160930.shtml

天水至定西高速公路是国道主干线连霍高速 G30 的组成部分,全长约 235 公里,于 2010年 12 月投入试运营。2011 年 6 月下旬,天定高速公路部分路面出现质量问题,主要集中在路面 1 标段秦州隧道以东约 31 公里路段内。依据交通运输部《公路工程质量事故等级划分和报告制度》规定,天定高速公路路面 1 标段质量问题属一级重大质量事故。调查认定,施工单位对此次质量事故负有直接责任,同时,监理单位、建设单位、质监机构也负有重要责任。质量和安全是一切工程项目的红线,必须严格遵守。

6.那些你不知道的青藏铁路冻土路基黑科技

资源出处:CCTV 综合频道 https://tv.cctv.com/2016/09/30/VIDAtVQu8llYDhLV4Cii285o 160930.shtml

青藏地区是世界第三极,被称为地球屋脊,其自然资源和能源非常丰富。被称为"天路"的青藏铁路,是中国新世纪四大工程之一,也是无数中国人的骄傲。青藏铁路是世界海拔最高、线路最长的的高原铁路,从青海省会西宁到西藏首府拉萨,海拔 4000 米以上的路段达 960公里,最高点海拔 5072 米,穿越戈壁荒漠、沼泽湿地和雪山草原,全线总里程 1142 公里。青藏铁路大部分线路处于高海拔地区和"生命禁区",修建青藏铁路面临着三大难题,其中最难解决的是冻土问题。面对冻土问题,工程人员大量的使用桥梁代替地面道路,在青藏铁路沿线的众多桥梁中,清水河特大桥全长 11.7 公里,是世界上横跨高原冻土最长的大桥。在无法搭桥的地区,工程人员使用能主动降温的通风管路基、热棒、保温板等材料,以防止冻土随着季节变化而导致路基变软沉降。片石通风路基也是中国工程人员的创举,这一设计让千年冻土的不

稳状态变成相对固定的稳状态。这些设计让冻土问题得到了解决,是我国科技实力的证明。

7.2200年前的超级治水工程:都江堰

资源出处:星球研究所 https://www.zhihu.com/question/29193737

修建在野外的公路不能不受地面水、地下水的影响,路基排水系统是保证路基正常使用必不可少的部分,它的规划设计和施工必须与路基主体工程统筹协调。2200年前,勤劳的中国人民就创造了因势利导、人与自然和谐的治水工程典范。都江堰是战国时期秦国蜀郡守李冰及其子李二郎总结前人的治水经验并探查周围地貌和勘测岷江,最终选址修建的超级工程。工程主要分为三个部分:一座分水堤坝,名为"金刚堤",它将岷江分为近西一侧的外江和靠近玉垒山一侧的内江,堤坝的顶端名为"鱼嘴";以及飞沙堰、宝瓶口,外加其他辅助设施。可以说,有了都江堰,才有了富甲一方的成都平原。"蜀守冰凿离碓(堆),辟沫水之害,……有余则用溉浸,百姓飨[sūn]其利——出自《史记·河渠书》"。"水旱从人,不知饥馑,时无荒年,天下谓之天府也——出自《华阳国志·蜀志》"。

8.青藏铁路的环境保护,史上最严!

资源出处:中华人民共和国中央人民政府 http://www.gov.cn/test/2006-06/21/content_316615.htm

青藏铁路沿线经过可可西里、三江源(长江、黄河、澜沧江)等自然保护区,它的修建面临着脆弱的生态,必须执行严格的环境保护措施。承担青藏铁路设计的铁道第一勘察设计院在设计中采取了史上最严格的环保标准,具体有哪些呢?我们一起看一看吧:(1)预留了专门供野生动物迁徙的专用通道。(2)线路选择通过两大保护区的边缘交界地带,不直穿保护区。(3)线路经过的高原草甸地区,受严酷的气候条件控制,植被生长非常缓慢。施工中因取、弃土,路基占压不可避免地要破坏部分高原植被,对植被难以生长的地段,采用分段施工,逐段移植的方法,将每段路基划分为若干个施工段,将本段取土坑及路基基底草皮铲下后,及时移植到已先期施工完毕的路基边坡和取土完成后的取土场地表,使对地表植被的破坏减少到最小程度。(4)对昆仑山以南,自然条件稍好的地段,进行人工培植草皮。(5)严禁破坏冻土的热平衡;甚至对施工的季节,也要按照设计要求进行:冻土地区有必要在冬季开展施工的,必须严格在冬季进行,以免破坏冻土的热平衡和稳定性。(6)对线路所经的自然保护区,严格控制废弃物排放。(7)列车采用密闭设计,克服了高原缺氧,又防止了废弃物污染沿线环境等。

参 考 文 献

[1] 中华人民共和国行业标准.公路路基设计规范:JTG D30—2015[S].北京:人民交通出版社股份有限公司,2015.

[2] 中华人民共和国行业标准.公路路基施工技术规范:JTG F10—2006[S].北京:人民交通出版社,2006.

[3] 中华人民共和国行业标准.公路工程质量检验评定标准　第一册　土建工程:JTG F80/1—2017[S].北京:人民交通出版社股份有限公司,2017.

[4] 刘志,刘创明.路基工程施工技术[M].北京:人民交通出版社,2010.

[5] 赵毅,李中秋.路基施工技术[M].北京:北京邮电大学出版社,2015.

[6] 文德云,彭富强.路基路面施工技术[M].北京:人民交通出版社,2006.

[7] 殷青英,杨平,朱小辉.路基路面工程[M].北京:高等教育出版社,2009.

[8] 冯春.公路工程路基施工[M].北京:人民交通出版社,2012.

[9] 沙爱民.路基路面工程[M].北京:高等教育出版社,2011.

[10] 王书斌,杜群乐.公路路基施工要点与质量控制[M].北京:人民交通出版社,2004(12).

[11] 全国一级建造师执行资格考试用书编写委员会.公路工程管理与实务[M].北京:中国建筑工业出版社,2015.

[12] 全国二级建造师执行资格考试用书编写委员会.公路工程管理与实务[M].北京:中国建筑工业出版社,2015.